中国特色高水平高职学校项目建设成果系列教材

高等职业教育教学改革特色教材·市场营销专业

U0648868

Market Research and Analysis

市场调查与分析

刘岩　主编

曲艺　张志民　马玲　副主编

东北财经大学出版社　大连

Dongbei University of Finance & Economics Press

图书在版编目（CIP）数据

市场调查与分析 / 刘岩主编 . —大连：东北财经大学出版社，2025.6 . —（高等职业教育教学改革特色教材·市场营销专业）. —ISBN 978-7-5654-5629-9

Ⅰ . F713.52

中国国家版本馆 CIP 数据核字第 2025045H5M 号

市场调查与分析

SHICHANG DIAOCHA YU FENXI

东北财经大学出版社出版

（大连市黑石礁尖山街 217 号　邮政编码　116025）

网　　址：http://www.dufep.cn

读者信箱：dufep@dufe.edu.cn

大连天骄彩色印刷有限公司印刷　东北财经大学出版社发行

幅面尺寸：185mm×260mm	字数：311千字	印张：14.5
2025 年 6 月第 1 版		2025 年 6 月第 1 次印刷
责任编辑：张晓鹏　刘晓彤		责任校对：赵　楠
封面设计：原　皓		版式设计：原　皓
书号：ISBN 978-7-5654-5629-9		定价：45.00 元

中国特色高水平高职学校项目建设成果系列教材
编审委员会

编写说明

中国特色高水平高职学校和专业建设计划（简称"双高计划"）指党中央、国务院为建设一批引领改革、支撑发展、中国特色、世界水平的高等职业学校和骨干专业（群）而实施的重大决策建设工程。哈尔滨职业技术大学（原哈尔滨职业技术学院）入选"双高计划"建设单位，学校对中国特色高水平高职学校建设项目进行顶层设计，编制了定位高端、理念领先的建设方案和任务书，并扎实地推进人才培养高地、特色专业群、高水平师资队伍与校企合作等项目建设，借鉴国际先进的教育教学理念，开发具有中国特色、国际标准的专业标准与规范，深入推动"三教改革"，组建模块化教学创新团队，推进实施"课程思政"，开展"课堂革命"，出版校企双元开发的活页式、工作手册式新形态教材。为适应智能时代先进教学手段的应用，学校加大力度进行优质在线资源的建设，丰富教材的载体，为开发以工作过程为导向的优质特色教材奠定基础。按照教育部发布的《职业院校教材管理办法》的要求，教材编写的总体思路是：依据学校"双高"建设方案中的教材建设规划、国家相关专业教学标准、专业相关职业标准及职业技能等级标准，服务学生成长成才和就业创业，以立德树人为根本任务，融入课程思政，对接相关产业发展需求，将企业应用的新技术、新工艺和新规范融入教材之中。教材编写遵循技术技能人才成长规律和学生认知特点，适应相关专业人才培养模式创新和优化课程体系的需要，注重以真实生产项目、典型工作任务、生产流程及典型工作案例等为载体开发教材内容，理论与实践有机融合，满足"做中学、做中教"的需要。

本系列教材是哈尔滨职业技术大学中国特色高水平高职学校项目建设的重要成果之一，也是哈尔滨职业技术大学教材改革和教法改革成效的集中体现。教材体例新颖，具有以下特色：

第一，教材研发团队组建创新。按照学校教材建设的统一要求，遴选教学经验丰富、课程改革成效突出的专业教师担任主编，邀请相关企业作为联合建设单位，形成了一支由学校、行业、企业和教育领域高水平专业人才组成的开发团队，共同参与教材编写。

第二，教材内容整体构建创新。精准对接国家专业教学标准、职业标准、职业技能等级标准，确定教材内容体系，参照行业企业标准，有机融入新技术、新工艺、新规范，构建基于职业岗位工作需要的、体现真实工作任务与流程的内容体系。

第三，教材编写模式形式创新。与课程改革相配套，按照"工作过程系统化""项目+任务式""任务驱动式""CDIO式"四类课程改革需要设计四种教材编写模式，形成新形态的活页式或工作手册式教材编写形式。

第四，教材编写实施载体创新。依据专业教学标准和人才培养方案要求，在深入企业调研岗位工作任务和职业能力分析的基础上，按照"做中学、做中教"的编写思路，以企业典型工作任务为载体进行教学内容设计，将企业真实工作任务、真实业务流程、真实生产过程纳入教材之中，并开发与教学内容配套的教学资源，以满足教师线上线下混合式教学的需要。本系列教材配套资源同时在相关平台上线，可随时下载相关资源，也可满足学生在线自主学习的需要。

第五，教材评价体系构建创新。从培养学生良好的职业道德、综合职业能力、创新创业能力等角度出发，设计并构建评价体系，注重过程考核和学生、教师、企业、行业、社会参与的多元评价；在学生技能评价方面，借助社会评价组织的"1+X"考核评价标准和成绩认定结果进行学分认定，每部教材根据专业特点设计综合评价标准。为确保教材质量，哈尔滨职业技术大学组建了"中国特色高水平高职学校项目建设成果系列教材编审委员会"。教材编审委员会由职业教育专家组成，同时聘用企业技术专家指导。学校组建了专业与课程专题研究组，对教材编写持续提供培训、指导、回访等跟踪服务，具有常态化质量监控机制，能够为修订完善教材提供稳定支持，确保教材的质量。

本系列教材是在国家骨干高职院校教材开发的基础上，经过几轮修改，融入"课程思政"内容和"课堂革命"理念编写而成的，既具教学积累之深厚，又具教学改革之创新，凝聚了校企合作编写团队的集体智慧。本系列教材充分展示了课程改革成果，力争为更好地推进中国特色高水平高职学校和专业建设及课程改革做出积极贡献！

哈尔滨职业技术大学
中国特色高水平高职学校项目建设成果系列教材编审委员会
2025年

前言

随着中国特色高水平高职学校和专业建设计划（简称"双高计划"）的推进、社会对工匠型人才需求的不断增长，以及高等职业教育教学改革的不断深化和信息技术的飞速发展，打造具有高职特色的新形态一体化教材已经成为当前高等职业院校教学中的重要内容。

党的二十大报告明确指出，要构建全国统一大市场，深化要素市场化改革，建设高标准市场体系。这为我国社会主义市场经济的发展指明了方向，也凸显了精准把握市场动态、深入开展市场分析的重要性。在此背景下，《市场调查与分析》教材的价值愈发凸显。本教材系统地阐述了市场调查的科学方法与精准分析的有效策略，助力读者深刻洞察市场规律，从而更好地适应新时代市场发展的需求，为在复杂多变的市场环境中做出明智决策提供坚定有力的支持。

本教材主要针对行业企业市场调查的需要来安排和选取相关内容。本教材选用了大量的真实案例，生动地诠释了理论知识，助力学生快速地将抽象概念具象化，进而高效地理解复杂的专业内容，以适应现代学徒制课程教学的需要。教材中的五个项目均来源于企业真实工作场景，包括市场调查策划、调查方法与工具设计、市场调查实施、市场调查数据处理、市场调查报告的撰写。

本教材打破了传统教材理实分开的编写方式，采用项目式、"教、学、做"一体化编写模式，注重培养学生市场调研项目的实践应用能力，实现了理论创新。

本教材以职业岗位需求为导向，遵循中国特色现代学徒制试点实施教育理念，选取典型案例进行项目编写，并融入了职业资格考试和职业技能大赛的有关内容。《市场调查与分析》纸质教材、在线课程和资源共享课、课堂教学三位一体同步设计，整体研发；支持线上线下混合式教学，以智慧树平台为支撑，教学中实现翻转，实现了模式创新。

本教材是市场营销专业核心课程"市场调查"的配套教材，既承担学生课程考核的任务，又是该专业学生考取商务管理师、连锁经营管理师、数字营销师等职业资格证书的重要课程。教材中的每个项目均融入了职业资格考试的有关内容，课程考核采取项目-任务的多元考核方法，为培养学生的职业能力起到了至关重要的作用。

本教材是"双高计划"电子商务专业集群市场营销专业课程体系改革和建设的成果，以零售业职业岗位需求为导向，按照"一体双元三师四融合"的人才培养模式，本着"学生主体、工学结合、项目导向"的开发思路来编写,重在培养学生的实践应用能力。

本教材配有大量的多媒体教学课件、教案、教学录像、微课及相关的立体化教学资源,学生扫描教材中的二维码即可获得在线资源并进行学习,并且教学内容可以实时更新。

本教材由哈尔滨职业技术大学、哈尔滨科学技术职业学院、黑龙江职业学院的骨干教师,哈尔滨中央红小月亮超市有限责任公司、黑龙江维壹房地产经纪有限责任公司的市场营销专家校企合作开发编写;校内教师全部通过了国家信息化教学能力培训,获得了初中级培训等级证书,完全胜任新形态一体化教材的编写。

本教材由哈尔滨职业技术大学刘岩担任主编,哈尔滨科学技术职业学院曲艺、黑龙江职业学院张志民、哈尔滨职业技术大学马玲担任副主编,参加编写的还有哈尔滨中央红小月亮超市有限责任公司的战佳娜、黑龙江维壹房地产经纪有限责任公司的李泽一。其具体编写分工如下:刘岩编写了项目一;刘岩、战佳娜、李泽一编写了项目二;曲艺编写了项目三;马玲编写了项目四;张志民编写了项目五;全书最后由刘岩统稿。

本教材在编写过程中参考了大量的相关书籍,查阅了大量的网络资源,还得到了很多企业一线运营人员的大力支持与帮助,在此表示深深的敬意和感谢。参考文献所列不全之处,敬请谅解。

尽管编者本着认真的态度、专业的水准、实用的角度、实效的要求进行了教材的编写,但由于市场瞬息万变,教材涉及的内容具有较强的时效性,加之编者理论与实践水平有限、时间仓促,教材中难免有疏漏之处,真诚地期望广大读者提出宝贵的意见和建议,以便我们更好地完善教材。

编　者
2025 年 3 月

目 录

项目一

市场调查策划

▧ 任务导入

　　某高职院校的毕业生韩云和几个朋友合伙开了一家服装公司，经过6年的经营，该公司已经成为一家集服装设计、生产、服务于一体的大中型专业性服装企业。目前，公司计划设计一款新的休闲服装，面对国内休闲服装市场品牌众多、市场竞争激烈的局面，公司决策层认为要取得产品开发与市场推广的成功，就要对目前的市场环境有一个清晰的认识，从现有市场中发现机会，进行正确的市场定位，制定正确的营销策略。因此，公司决定委托专业的市场调查机构开展市场调查与预测分析，通过对市场的深入了解，确定如何进行产品定位，如何制定价格策略、渠道策略、促销策略以及如何将各类因素进行有机整合，从而优化资源配置，使新设计的休闲服装成功进入市场。市场调查是一项科学性强、工作流程系统化的工作。它由调查人员收集相关材料，并对其加以整理、统计，然后对统计结果进行分析，以便为决策提供依据。在市场调查工作中，面对一个调查项目，调查人员需要做的首要工作是确定市场调查的目标，制订调研计划并科学设计调查方案。

▧ 学习目标

★ 知识目标

1.能够复述市场调查的内容；

2.能够描述市场调查的程序；

3.能够讲述调查计划的内容；

4.能够陈述调查方案的一般格式；

5.能够列举调查方案的撰写技巧。

★ 能力目标

1.能有效组织市场调查活动；

2.能确定市场调查的目的；

3.能根据调查目的准确选择调查内容；

4.能根据市场调查程序初步设计调查流程；

5.能撰写市场调查方案。

★素养目标

1.具有市场调查的先导意识；

2.具备团队合作能力、协调沟通能力和创新能力；

3.具有爱岗、敬业、细致、全面的基本职业素养。

任务1　确定调查目标

【任务解析】

市场调查的最终目的是了解市场信息、预测市场走势、减少企业决策风险，通过运用科学的方法，以系统和客观的方式，收集、处理、分析和解释相关市场信息，因此，必须运用科学的程序进行市场调查。本任务首先需要明确调查意图，确定调查目标。

【知识链接】

一、市场调查的含义

市场调查是为了形成特定的市场营销决策，采用科学的方法和客观的态度，对市场营销有关问题所需要的信息，进行系统的收集、记录、整理和分析，以了解市场活动的现状和预测未来发展趋势的一系列活动过程。

市场调查对于营销管理来说，其重要性犹如侦查之后的军事指挥。不做系统、客观的市场调查与预测，仅凭经验或不够完备的信息，就做出种种营销决策是非常危险的，也是十分落后的行为。

具体来看，市场调查对营销管理的重要性主要表现在以下五个方面：第一，提供作为决策基础的信息；第二，弥补信息不足的缺陷；第三，了解外部信息；第四，了解市场环境变化；第五，了解新的市场环境。

微课1-1

市场调查的内涵

作为市场营销活动的重要环节，市场调查为消费者提供了一个表达自己意见的机会，使他们能够将自己对产品或服务的意见、想法及时地反馈给企业或供应商。通过市场调查，能够让产品生产或提供服务的企业了解消费者对产品或服务质量的评价、期望和想法。

二、市场调查的特点

市场调查执行特殊职能和任务，具有如下的特点：

（一）系统性

首先，市场调查包括确定问题与假设、拟订调查计划、收集调查资料、整理与分析资料、撰写调查报告等环节，涉及人、财、物等要素，各环节与要素之间构成一个有机系统；其次，影响调查的因素也是一个相互制约、相互依存的系统。因此，进行市场调查时，要用系统的思维来设计调查方案，要用全面、联系的观点来确定调查对象，并分析调查结果。

（二）目的性

市场调查是一种有目的、有意识地认识市场的活动。任何一项市场调查，都不能盲目进行，要围绕企业经营活动中存在的问题展开，有明确的目的性，从而提升市场预测和决策的科学性。因此，调查前要明确调查目的，调查过程中要围绕调查目的，调查结果要能够体现并实现调查目的。

（三）实践性

市场调查不是纸上谈兵，更不是闭门苦想就能获取有关市场信息的，需要到市场一线进行实地调查，收集相关资料并获取信息。可见，市场调查活动自始至终都离不开实践。

（四）科学性

市场调查是企业为达到营销目的而进行的活动。为了获得准确反映市场情况的、企业所需要的资料和信息，并减少费用开支，企业必须采用科学的方法和技术手段，才能保证资料和信息的真实性；只有调查结果正确、可靠，才能得到准确的结论。

（五）保密性

调查公司经常受很多企业的委托进行调查，调查过程中难免会出现竞争对手交叉使用和共享信息的情况。因此，为了防止调查内容外泄情况的出现，企业应向调查公司提出保密要求。另外，企业自身组织的调查信息同样不能随意泄露，所以，市场调查过程中一定要注意保密。

三、市场调查的功能

（一）交换功能

商品交换是市场功能的核心。通过市场进行商品的购销，能够实现商品所有权与货币所有权的转移，使买卖双方都能得到满足。市场上交易当事人的情况、交易商品的情况、交易方的交易手段、交易机会、交易风险、交易环境、交易费用、交易效率及效益等诸多问题，都与市场的交换功能是否健全有关。

（二）价值实现功能

商品的价值是在劳动过程中创造的，其价值的实现则是在市场上通过交换来完成的。任何商品都要经受市场的检验。商品的状况好，能够顺利地在卖者和买者之间转移，最终送到消费者手里实现消费，其价值才能得到实现。例如，麦当劳公司从一家名不见经传的快餐店，发展成为在全美有5 000多家分公司、在全世界有上万家分店的国际快餐经营集团。麦当劳公司在营销过程中遵循的一个重要宗旨就是利用市场调研研究的成功，确保市场营销的成功。

（三）反馈功能

市场是洞察商品供求变化的窗口。它就像一种示波器，以其特有的信息反馈功能将供求正常或供求失调的信息反馈给生产经营者，以利于商品生产和流通的正常进行。

（四）调节功能

市场的调节功能是通过价值规律和竞争规律加以体现的。企业的经营者获得有关市场供求、市场价格和市场竞争情况的信息后，可以通过一定的调节手段和措施来适应市场的需求。

四、市场调查的分类

（一）根据购买商品的目的分类

根据购买商品的目的不同，市场调查可分为消费者市场调查和产业市场调查。

微课 1-2

市场调查的分类

1.消费者市场调查

消费者市场的购买目的是满足个人或家庭的生活需要。消费者市场是最终产品的消费市场，是社会再生产环节的实现。消费者市场调查的主要目的是了解消费者需求数量和结构的变化。消费者需求数量和结构的变化受到多方面因素（如人口、经济、社会文化、购买心理和购买行为等）的影响。对消费者市场进行调查，除直接了解其需求数量及结构外，还必须对诸多的影响因素进行调查。

2.产业市场调查

产业市场也称为生产资料市场，其购买目的是生产出新的产品或进行商品转卖。产业市场是初级产品的消费市场，涉及生产领域和流通领域。产业市场调查主要是对市场商品供应量、产品的生命周期、商品流通渠道等方面的内容进行调查。

（二）根据调查范围分类

根据调查范围的不同，市场调查可分为需求调查和供给调查。

1.需求调查

需求调查是对市场中消费的调查，包括对现实的消费、潜在的消费、购买行为以及消费水平变化的调查。

2.供给调查

供给调查是对某一时期内，在某市场中投放商品供给量的调查，包括对进货途径、进货数量和货源结构的调查。

（三）根据商品流通环节分类

根据商品流通环节的不同，市场调查可分为批发市场调查和零售市场调查。

1.批发市场调查

批发市场调查主要是从商品交易的参与者、批发商品流转环节的不同层次、批发商品的购销形式、批发市场的数量和规模等方面进行的调查。批发市场调查需要重点掌握我国批发市场的商品交易状况，分析批发市场的流通数量、流通渠道与社会再生产和零售市场的关系等。

2.零售市场调查

商品零售是为了满足个人或社会集团消费的商品交易。零售市场调查主要是调查不同经济形势下零售商的数量与社会零售商品的流转情况，研究其发展变化的规律，调查消费者在零售市场上的购买心理和购买行为，调查零售商品的数量和结构等。

（四）根据产品层次分类

根据产品层次的不同，市场调查可分为不同商品类别和不同商品品种的调查。

按商品大类可分为食品类、服饰类、日用品类、医药类、燃料类等市场调查。按商品大类进行的市场调查，其资料可以用来研究居民的消费结构及其变化，从总体上研究市场。各种商品大类的市场调查还可进一步划分为不同的小类或具体商品品种的市场调查，如食品大类商品又可划分为粮食类、副食类、调味品类等小类商品的市场调查。按商品小类进行的市场调查，其所获得的资料对于研究不同商品的供求平衡，组织商品生产与营销，提高企业的经济效益是有用的，对于宏观上的研究也具有重要作用。

（五）根据空间层次分类

根据空间层次的不同，市场调查可分为国内市场调查和国际市场调查。

1.国内市场调查

国内市场调查是以国内市场为对象进行的调查，可以划分为全国性和地区性的市场调查，还可以划分为城市和农村的市场调查。

2.国际市场调查

国际市场调查是以世界市场的需求动向为对象进行的调查。我国国内市场是国际市场的重要组成部分，国际市场同时也影响着我国国内市场。

按不同空间进行的市场调查所获得的资料，对于研究不同空间市场的特点，合理地组织各地区商品的生产与营销，进行地区间合理的商品流通，具有十分重要的价值。

（六）根据时间层次分类

根据时间层次的不同，市场调查可分为定期市场调查和不定期市场调查。

1.定期市场调查

定期市场调查是指对市场现象每隔一段时间就进行一次调查。其目的是获得关于事物全部发展变化过程及其结果的信息资料。

2.不定期市场调查

不定期市场调查是指为了解决某种市场问题而专门组织的一次性调查。其目的是收集事物在某一特定时间点上的水平、状态等的信息资料。例如，物价调查就是根据物价管理部门的需要而不定期进行的市场调查。

（七）根据调查组织方式分类

根据调查组织方式的不同，市场调查可分为全面市场调查和非全面市场调查。

1.全面市场调查

全面市场调查又称为普查，是对市场调查对象总体的全部单位进行的调查。其目的是了解市场中一些重要的基本情况，对市场状况做出全面、准确的描述，从而为制定有关政策、规划提供可靠的依据。

2.非全面市场调查

非全面市场调查是对总体中的部分单位进行的调查，其又分为市场典型调查、市场重点调查和市场抽样调查。市场典型调查是从总体中通过选择具有代表性的部分单位作为典型进行的调查，其目的是通过典型单位的调查来认识同类市场总体的规律性及其本质。市场重点调查是从调查对象总体中选择少数重点单位进行的调查，其目的是通过对这些重点单位的调查，反映市场的基本情况。市场抽样调查是根据概率原则抽出适当的样本进行的调查，其结果可以控制，在市场调查中应用较广。

（八）根据调查内容分类

根据调查内容的不同，市场调查可分为定性市场调查和定量市场调查。

1.定性市场调查

定性市场调查是根据事物的性质和内容对市场进行的调查，如对市场环境、政治经济环境以及来自消费者各个方面的反应等进行定性分析，为企业的营销决策提供可靠的依据。

2.定量市场调查

定量市场调查主要是收集和了解有关市场变化的各种数据进行量化或模型分析，预测潜在的需求量和商品销售量的变化趋势的调查。

（九）根据调查方法分类

根据调查方法的不同，市场调查可分为文案调查和实地调查。

1.文案调查

文案调查是指通过收集各种历史和现实的动态统计资料，从中选择与市场调查课题有关的信息所进行的调查。文案调查具有简单、快速、节省调查经费的特点，尤其适用于对历史资料和现状的了解，既可以作为一种独立的方法来运用，也可以作为实地调查的补充。

2.实地调查

实地调查是指调查工作人员通过亲自收集第一手市场资料来进行的调查。实地调查在借助科学研究方法的基础上，能够得到比较真实的资料和信息。

五、确定调查问题和调查目标

微课1-3

确定调查目标

确定调查问题就是明确市场调查需要解决的问题，调查什么，为什么要调查，从而明确调查目标。这是市场调查的第一步，也是最关键的步骤。俗话说，"对一个问题做出恰当定义等于解决了一半"。同时，决策者和调查者必须把握问题的范围，做出相应的假设。所以，市场调查者应当首先分析有关资料，然后找出研究问题并进一步做出假设，提出研究目标。假如是，为什么？假如不是，又是为什么？从未来调查所获得的资料中检验所作的假设是否成立，为企业找出问题、明确方向、制定策略提供有力的帮助。

（一）明确调查意图

明确调查项目的意图，即为什么要进行市场调查。明确调查意图的渠道主要有：和决策者讨论、会见专家、分析二手资料。这些工作通过对环境状况的分析，帮助调查者了解企业对于调查问题的需求情况。

1.和决策者讨论

和决策者讨论非常重要。决策者需要了解调查的作用和局限性。调查可以提供相关的信息，但不一定能够提供解决问题的方案，这需要决策者的判断。反之，调查者也需要了解决策者所面临的具体问题，以及决策者希望从调查中获得的信息和需要解决的问题。

为了明确调查问题，调查者必须擅长和决策者接触。许多因素使这种接触变得非常复杂，如与决策者接近比较困难等。有些单位针对接近最高层领导规定了非常复杂的程序和礼节，调查者或调查部门在单位的地位决定了在调查的初期阶段接近关键决策者的难易程度。另外，一个单位可能拥有不止一位关键决策者，无论是单独见面还是集体见面都可能有困难。尽管存在这些问题，调查者仍然很有必要和关键决策者接触。

2.会见专家

除了和决策者讨论以外，会见对调查问题非常熟悉的专家，对系统地阐述调查问题也是非常有帮助的。这里所说的专家，既包括公司内部的专家，也包括公司外部的专家。通常情况下，专家的知识可以通过随意的个人交谈获得，无须制作正式的调查问卷。当然，在会见之前，将会见所需要谈论的题目列示出来是非常有用的，但是会见无须严格按照提前准备的题目顺序和问题进行，可以灵活地对计划进行随机调整，只要达到获得专家知识的目的即可。和专家会面，只是为了界定调查问题，而不是寻找解决问题的方法。然而，从专家处获得建议，存在两个潜在的困难：

（1）有些人自称具有知识并积极地希望参与，但他们未必是真正的专家。

（2）向委托单位以外的专家求助往往比较困难。

因此，会见专家的方法更多地适用于为工业公司或产品技术特性而进行的营销调查，这类专家相对比较容易发现和接近。这种方法也适用于没有其他信息来源的情况，如对一个全新的产品进行调查。

3.分析二手资料

二手资料是指并非为解决现有的问题而收集的资料。一手资料则是指调查者为解决具体调查问题而亲自收集的资料。二手资料的来源渠道包括：企业和政府渠道、商业性的营销调研公司和计算机数据库。二手资料是了解背景知识最迅速的渠道。分析二手资料对于界定调查问题非常有必要，只有充分分析了二手资料，才能开始收集一手资料。

有些情况下，根据从决策者、专家处获得的信息以及收集的二手资料，仍不足以界定调查问题，这时，还应采取定性调查等其他方法来明确调查问题。

（二）确定调查目的

只有确定了调查目的，才能确定调查的对象范围、内容和方法，否则就会列入一些无关紧要的调查项目，而漏掉一些重要的调查项目，无法满足调查的要求。

调查目的即调查的主题，但有些调查是属于多目的性的，也就是属于比较广泛性的市场调查。例如，某一服饰公司拟推出设计较为新颖的服饰，除了需要调查一般对象的样式喜好程度和购买潜力以外，还希望了解该服饰的配饰设计是否理想。因此，此项调查目的（主题）包括了多层意义，在整体的计划中必须加以考虑。

（三）确定调查对象和调查单位

明确了调查目的之后，就要确定调查对象和调查单位，这主要是为了解决向谁调查和由谁具体提供资料的问题。调查对象就是根据调查目的来确定调查的总体，其是由某些性质上相同的许多调查单位所组成的。调查单位就是所要调查的社会经济现象总体中的个体，即调查对象中的一个个的具体单位，其是调查中所要调查登记的各个调查项目的承担者。

某职业技术学院是全国的一所知名高职院校。学校西门有一条繁华商业街，因地理位置的优势，是大学城里学生的重要娱乐、休闲及消费场所。商业街里商铺林立，餐饮、超市、服装店、数码港、体育用品店、影院、银行、SOHO办公室等一应俱全。今年3月份，该商业街东端新建了一栋商业大楼。该大楼目前已经封顶，管道铺设和外部装修基本完成，正在加紧路面铺设。虽然该项目还在施工期，但已经吸引了众多投资商，项目招商正在火热进行中。

万德商贸有限公司是一家新近成立的商贸公司。公司老板是几位拥有梦想的年轻人，他们也想在这拥有近7万消费人群的商圈里实现自己的创业梦想。但是，该商业街里已有各类商铺，且数量繁多，公司应该立足何种业务，做出什么样的特色，才能在机会与竞争并存的商业街里分得一羹半炙呢？这可愁坏了几位年轻人。俗话说："知己知彼，百战不殆。"在这种情况下，有人建议不妨对现有商业街做一个全方位的市场调查，根据市场调查结果再做定夺。

在此情况下，该项调查任务最终由该职业技术学院市场营销专业的大二某班学生承担。该班"市场调查与分析"的任课教师将学生分为若干小组，以小组为单位，每小组选定一个主题。该班学生在老师的带领下，一边进行本门课程的学习，一边开始了市场调查之旅……

一、本次市场调查之旅所涉及的主要相关知识点

（一）市场调查与市场的关系有：＿＿＿＿＿＿＿＿＿＿＿＿＿＿＿＿＿＿＿＿

（二）市场调查与市场营销的关系有：＿＿＿＿＿＿＿＿＿＿＿＿＿＿＿＿＿＿

（三）市场调查的行业发展状况是：＿＿＿＿＿＿＿＿＿＿＿＿＿＿＿＿＿＿＿

二、本次市场调查之旅的成果检验

（一）完成任务的意义有：＿＿＿＿＿＿＿＿＿＿＿＿＿＿＿＿＿＿＿＿＿＿＿

（二）学到的知识有：＿＿＿＿＿＿＿＿＿＿＿＿＿＿＿＿＿＿＿＿＿＿＿＿＿＿

（三）学到的技能有：＿＿＿＿＿＿＿＿＿＿＿＿＿＿＿＿＿＿＿＿＿＿＿＿＿＿

（四）你对市场调查的初步印象是：＿＿＿＿＿＿＿＿＿＿＿＿＿＿＿＿＿＿＿＿

任务 2　制订调查计划

【任务解析】

市场调查计划是对市场调查工作的总任务的各个方面和各个阶段进行的整体构思和安排，市场调查工作能够有目的、有计划、有组织地进行，必须首先制订市场调查计划。本任务是接受企业委托，成立调查小组，承接调查项目，明确市场调查计划的重要意义，掌握市场调查计划的相关内容，进行市场调查计划的制订。

【知识链接】

项目调研问题与目的确定之后，接下来便是调研计划的制订。

微课 1-4
调研计划的
内容（1）

一、调研计划的内容

（一）确定资料来源

制订调研计划必须考虑资料的来源。调研资料按其来源不同，可分为第一手资料和第二手资料。第一手资料是指为了一定的目的所收集的原始资料。采用第一手资料的费用较高，但是资料的价值相对较大。这种资料常常来自现场的调查。第二手资料是指为了其他目的而收集的现成资料。在现代的项目调研中，往往采用第二手资料。因为第二手资料比较方便获取，而且成本较低。调研人员可以从内部资料中获取，也可以利用外部资料间接获取。内部资料常常来自企业的财务报表、资金平衡表、销售统计表以及其他报表或档案，外部资料常常来自政府的文件、书籍、报纸、期刊以及各种出版物。项目调研的起点通常来自第二手资料，但是这类的第二手资料必须精确、可靠且真实。

（二）确定调研方法

调研资料的收集往往采用以下三种调研方法：

微课 1-5
调研计划的
内容（2）

1.观察法

观察法是一种单向调研行为，主要是由项目调查人员通过直接观察，进行实地记录，以获取所需的资料。这种方法可以采取跟踪观察的形式在不同的地点连续进行，以获取动态的数据记录，供调研人员使用；也可以从不同角度对调查对象进行观察，从而对调查对象做出整体评价。

2.询问法

微课 1-6
调研计划的
内容（3）

询问法是一种双向沟通行为，一般分为口头询问法和书面询问法。口头询问法是指项目调研人员直接通过语言与访问对象进行交谈，从交谈中获取所需要的信息资料，也可以采取座谈会的形式。这种方法简单、快速、灵活，但是要求询问者思维敏捷，能够及时捕捉有价值的信息资料。书面询问法是指调研人员事先制定出调查表，以当面填写或邮寄填写的形式收集信息。这种方法收集资料的速度比较慢，但是成本比较低、资料比较丰富。

3.实验法

微课 1-7
调研计划的
内容（4）

实验法是指将调查对象随机地分成若干组，通过有意识地控制实验条件中的若干变量，观察条件变化后的各种反应，从中找出各种反应的差别。这种方法可以控制实验条件，排除其中非可控因素的影响，从中找出因果联系，所以运用得比较广泛。

（三）确定费用预算

调研需要一定的费用支出，这样便要合理地制定费用预算，以确保调研费用支出小于调研后产生的收益。在制定费用预算时，要将可能需要的费用尽可能地考虑全面，并认真做出一个合理的估计，以免将来出现一些问题而影响调研的进度。例如，预算中没有鉴定费，但是调研结束后需要对成果做出科学鉴定，否则无法发布或报奖。在这种情况下，课题组将面临十分被动的局面。当然，没有必要的费用就不要列示，必要的费用也应该认真核算并做出一个合理的估计，切不可随意多报、乱报预算。不符合实际的预算将不利于调研方案的审批或竞争。因此，既要全面细致，又要实事求是，这样才是调研预算正规的核算方式。在制定调研经费预算时，一般需要考虑如下几个方面：总体方案策划费或设计费；抽样方案设计费（或实验方案设计费）；调查问卷设计费（包括测试费）；调查问卷印刷费；调查实施费（包括选拔、培训调查员及试调查的费用，以及交通费、调查员劳务费、管理督导人员劳务费、礼品或礼金费、复查费等）；数据录入费（包括编码、录入、查错等费用）；数据统计分析费（包括上机、统计、制表、作图、购买必需品等费用）；调研报告撰写费；资料费、复印费、通信联络等办公费用；专家咨询费；劳务费（包括公关、协作人员劳务费等）；上缴管理费或税金；鉴定费、新闻发布会及出版印刷费用等。

（四）调查资料整理

调查资料整理是指运用科学的方法，将调查所得的原始资料按调查目的进行审核、汇总与初步加工，使之系统化和条理化，并以集中、简明的方式反映调查对象总体情况的过程。调查资料整理有广义、狭义之分。狭义的调查资料整理的对象是调查表数目、调查表质量，包括录入误差已经消除的干净资料。广义的调查资料整理还包括资料录入、纠错、电脑辅助检查、电脑辅助汇总等内容。本书侧重介绍广义的调查资料整理。

1.调查资料整理的意义

（1）调查资料整理是市场调查与预测中非常重要的环节

市场调查与预测的根本目的是获取足够的市场信息，为正确的市场营销决策提供依据，从市场调查与预测的过程可知，在市场信息的收集与市场信息的使用之间，必然有一个信息的加工整理环节。这是因为运用各种方法，通过各种途径所收集到的各类信息资源，尤其是各种一手资料，大多处于无序的状态，很难直接运用。即使是二手资料，也难以直接运用，必须经过必要的加工整理。对市场信息的加工整理，可以使收集的信息资料统一化、系统化、实用化，从而方便使用。可以说，收集的任何信息资料都必须经过一定的整理与分析。

（2）调查资料整理有利于提高信息资料的价值

未经整理的信息资料由于比较杂乱、分散，其使用价值有限。调查资料整理是一个去粗取精、去伪存真、由此及彼、由表及里、综合提高的过程，其能够大大提高市场信息的清晰度和准确性，从而大大提高信息资料的价值。

（3）调查资料整理可以产生新的信息

在信息资料的整理过程中，通过调查人员的智力劳动和创造性思维，已有的信息资料产生交互作用，从而有可能产生一些新的信息资料。这些资料可以用于推测和估计市场的未来状态。

（4）调查资料整理有利于发现工作中的不足

在市场调查与预测工作的各个阶段、各个具体环节中，都可能会出现计划不周或偏差等问题。例如，对市场调查与预测问题的定义可能并不十分全面；对市场调查与预测的设计可能忽视了某些工作；信息资料的收集可能存在遗漏或者收集方法的欠缺等。这些问题有可能在实施过程中，通过检查、监督、总结等活动被发现，并加以纠正。

2.调查资料整理的步骤

（1）制订整理方案

良好的方案是调查资料整理工作顺利进行的重要保障。在资料整理工作开始之前，首先应该制订资料整理方案，其主要内容包括：

a.选择资料汇总的方式，是采用手工汇总还是采用计算机汇总资料，如果采用计算机汇总，还需要确定采用哪种方式（集中汇总或逐级汇总）。

b.做好组织工作和时间进度的具体安排。

c.确定资料验收与编辑的内容和方法，要确定对资料进行哪些检查，使用什么方法，形成完整的质量控制方案。

d.确定与历史资料衔接的方法。如果有历史资料可供对比分析，要注意调查收集汇总的资料与历史资料口径的衔接问题。

（2）资料的验收

资料的验收是对资料的总体检查，检查资料中是否存在重大问题，以决定是否采纳此份资料，这是资料整理的第一步。一般而言，此项工作是从大的方面对资料进行真实性和完整性的检查。只有当所获得的资料是真实的、完整的，调查才是有意义的。

（3）资料的编辑

资料的编辑是对资料进行细致的检查，检查资料中是否存在具体的错误或疏漏，以保证资料的正确性和完整性的过程。

在完成对资料的验收以后，需要认真、仔细地对资料进行复校，以保证资料的客观性、准确性和完整性。这一步工作的效率，直接影响到数据的质量，最终会影响分析结果的准确性。

（4）资料的分组与编码

资料的分组是根据市场调查的需要，按照一定的标志，将调查总体划分为若干组成部分的资料整理方法。通过分组，使得同一组内的各单位在分组标志上具有同质性，不同组之间的单位具有差异性，以便进一步对其进行分析。资料的编码就是使用一个规定的数字或符号代表一个种类的回答，将资料中的信息数字化。对资料进行编码是为了便于统计与分析，方便计算机的存储和分析。此项工作的实质是一种信息转换的过程。编码工作的最终结果是将其转化为数字，这些数字代表了信息的不同特性，这些编码的成功与否，对市场分析和解释工作将有重大影响。

（5）资料的转存

资料的转存是指将经过编码的资料输入并储存在计算机中，以便计算机分析的过程。将资料输入计算机，一般可以使用计算机卡、光电扫描仪等设备，但最常见的还是使用计算机键盘直接输入。

（6）基础数据分析

从狭义的概念来看，资料的整理并不包括资料的任何分析工作，但是大型的调查项目由于数据庞杂，资料的整理往往包括对基础数据的简单统计分析。市场调查人员进行一些基本的数据统计分析，对这些资料进行有效的表述，使之能够清晰明了地反映调查的成果，有助于后续的分析与预测等工作。

（五）调查资料的检验

资料回收后，首先是检查所有资料的完整性和质量，通常这种检查应该在现场实施过程中进行。如果现场工作是交由数据收集公司进行的，则调查人员应该在其结束之后再进行独立的检查。资料的验收主要包括以下三项内容：

1.检查所有资料的完整性

这一步工作的目的，是确定每份资料是否为一份可以接受的资料。

（1）资料是否完整清楚。例如，有的问卷只有开头部分回答完整；有的问卷在截止日期之后收回；回收的问卷有缺页或多页的情况。此外，如果邮寄的答案是手写的，可能由于字迹潦草，一些问题的答案难以分辨。开放式问题越多，难读的答案就越多。

（2）调查对象的回答差异性是否明显。例如，有的调查对象填写级量表时，总是会选择4。

（3）资料中主要的关键问题是否回答。例如，调查对象的回答表明其没有弄清楚问题的含义或没有阅读说明，如有些问题其不必回答但回答了，而有些问题其应该回答却没有回答。

（4）资料中是否存在明显的错误或疏漏。例如，年龄是30岁，工龄却为35年。对于存在遗漏的资料，如果遗漏的项目过多或漏选的关键项目过多，可以作废处理；在尚可以使用的情况下，一般将漏项用空白表示或以其他符号表示。对于含义模糊的答复，可以根据具体的情况，要么作废处理，要么参考前后几个问题的回答加以判断。

2.检查调查工作的质量

这一步工作的目的，是尽可能地确保每份资料都是有效资料。是否有效是指调查是否按既定的方式进行，调查人员是否有作假行为。例如，在大多数的问卷中都设计有这样的内容，用以记录被调查者的姓名、地址、电话号码，其作用是提供证实问卷有效性的相关信息。通常，在电话调查、入户调查中，调查组织人员要对每位调查人员的调查结果做出适当比率的电话复查，电话复查的比率一般为10%～20%。电话复查主要是为了确定以下五个方面的内容：

（1）确认此人是否接受了调查。

（2）被调查者的资格，即被调查者是否属于规定的抽样范围。例如，如果调查是针对广州市天河区的消费者，那么就需要确定被调查者是否真的符合这个要求，而不是其他地区的消费者。

（3）确认调查是否按要求的方式进行。例如，如果一项调查要求在超市进行，那么就应该确认被调查者是否在超市接受的调查。调查人员应该确保所有的数据都是在规定的条件下取得的。

（4）确认调查人员是否全部、如实地填写调查表。有时，调查人员考虑到被调查者工作繁忙，没有时间完成问卷的所有项目，或者被调查者很难找到，所以有些问题有可能是由调查人员自己代为填写的。鉴于这种情况的存在，应该询问被调查者是否被问及调查中的所有问题。

（5）确认调查过程中还应检查的其他方面的问题。例如，调查人员是否明确介绍了调查的目的？被调查者对调查人员或调查过程有什么意见？

3.检查有效资料的份数是否符合调查方要求达到的比例

在抽样调查中，为保证调查的可信度，对调查样本量的大小都会事先做出规定，并在组织调查过程中予以落实。例如，在问卷调查中，收回的调查问卷中可能会有一些问卷因不符合要求而被舍弃，造成有效问卷的数量不足。对此，验收人员必须及时发现，并做出调整，可以对问题较少的问卷进行补充调查，或增加新的调查对象，以确保调查分析所需的样本数量。

【小思考】

资料验收过程是否能够帮助我们发现问卷设计过程中存在的问题？如果可以，是哪一类的问题？

（六）调查资料的验收

1.调查资料的处理方法

导致资料中出现问题的原因是多种多样的，可能是问卷设计的问题，也可能是调查方式或被调查者态度等的问题，但是验收人员的任务不是寻找造成问题的原因，而是如何发现并处理问题。验收人员的主要任务是审查资料中的重大问题，而一些具体的细致问题，可以留在下一步的资料编辑中处理。在资料验收中，对不同资料的处理方法有以下三种：

（1）接受基本正确的资料

经过初次筛选以后，将总体上没有问题的资料留下来，进入下一步更为详细的检查。一般来说，大部分的资料都能够通过验收。

（2）将问题较多的资料作废

对于超过调查规定时间收回的资料、不属于调查范围的人员填写的资料、前后答案没有变化的资料等问题较多的资料，应该予以作废。

（3）对某些问题较少的资料进行补救

调查补救就是将不满意的资料退回去，让调查人员再次调查原来的被调查者。这种处理方法主要适用于规模较小的、被调查者很容易找到的情况。但是，调查的时间不同，调查的方式不同（如第一次是面谈调查，第二次只是电话询问），都可能影响二次调查的数据。

2.二手资料的验收

调查资料的验收主要是针对初级资料（一手资料）而言的，但在许多情况下，为了调查某些市场经济问题，也常常利用二手资料。对二手资料的验收包括：

（1）对著述性文献的验收

对于这类以文字为主的文献，从中摘取资料时需要注意以下两点：第一点是弄清楚作者或编纂者的身份和背景，对那些客观性相对较差的文献要持保留态度，应该尽可能引用客观性较强的文献。第二点是注意文献的编写时间，这对记叙历史事件的文献尤为重要。一般来说，文献编写日期事件发生时间越近，其具体内容就越可靠，文献编写日期事件发生时间越远，就越有可能旁引相关情况，并能较大幅度地摆脱当时的社会政治影响，站在较高的、较新的立场上客观地反映和深入地分析事件的真实情况。

（2）对引用统计资料的审核

在引用现成的统计资料之前，要注意它们的指标口径和资料分组问题。指标口径是指标的内涵、外延、计量单位、空间或时间等的总和。在引用资料的时候，必须按照统计指标的科学概念，对现象的数量表现进行细致观察、分析、判断，要确认这些资料的统计口径与本调查项目所用的口径是一致或吻合的，如果不符合这个要求，则需要对原有资料进行必要的"加工"和"改造"，即利用现有的资料和统计方法进行推算和改写。同时，要尽可能采用国家统计部门统一规定的口径。

例如，我国现行的统计指标体系可以分为反映全社会和整个国民经济全貌的国民经济基本统计指标体系和反映各部门或专业的部门专业统计指标体系。联合国教科文组织建立的《社会和人口统计体系》共有12个方面，200多个指标，我国在社会统计方面，国家统计局已经制定的社会统计指标体系也有1 000多个指标。在引用统计资料时，应该尽量使用统一的指标体系，以避免造成统计工作的混乱和不一致现象。

对于次级资料，可以根据其来源出处再划分为直接整理的资料和多次整理的资料。在审核时，应该根据资料所注的来源出处对其进行区别对待。确定为直接整理的次级资料可以直接为调查所用，而对于再次整理的次级资料只能是间接参考，即顺其来源寻求直接整理的次级资料。

（七）撰写调查报告

撰写调查报告是市场调查的一项重要工作内容，市场调查工作的成功将体现在调查报告中。市场调查报告将提交给企业决策者，作为企业制定市场营销策略的依据。

1.调查报告的重要性

撰写调查报告是市场调查的关键步骤，尽管其他步骤对于实现调查目标都非常重要，但大多数人还是通过调查报告对整个项目的完成情况做出最终评价的。

2.调查报告的格式

市场调查报告的格式一般由标题、目录、引言、正文、结论与建议、附录等部分组成。

（1）标题

标题和报告日期、委托方、调查方，一般应列示在扉页上。

关于标题，一般应将被调查单位、调查内容明确、具体地表示出来，如《关于××市家电市场调查报告》。有的调查报告还采用主、副标题的形式，一般主标题表达调查的主题，副标题则具体表明调查的单位和问题，如《消费者眼中的××——××都市报读者群研究报告》。

（2）目录

如果调查报告的内容、页数较多，为了方便读者阅读，应当使用目录或索引形式列出报告的主要章节和附录，并注明标题、有关章节号码及页码。一般来说，目录的篇幅不宜超过一页。例如：

目　录

1.调查设计与组织实施

2.调查对象构成情况简介

3.调查的主要统计结果简介

4.综合分析

5.数据资料汇总表

6.附录

（3）引言

引言主要阐述课题的基本情况，其是按照市场调查课题的顺序对问题进行展开的，并阐述对调查的原始资料进行选择、评价，并做出结论、提出建议的原则等。引言主要包括三个方面的内容：第一，简要说明调查目的，即调查的由来和委托调查的原因。第二，简要介绍调查对象和调查内容，包括调查时间、地点、对象、范围，调查要点以及所要解答的问题。第三，简要介绍调查的方法。介绍调查的方法，有助于人们确信调查结果的可靠性。因此，应该对所选用的方法进行简短叙述，并说明选用该方法的原因。例如，是用抽样调查法还是用典型调查法，是用实地调查法还是用文案调查法，这些都是在调查过程中经常采用的方法。另外，还要对分析中使用的方法（如指数平滑分析、回归分析、聚类分析等方法）做出简要说明。如果引言部分内容较多，应有详细的工作技术报告加以补充说明，并列在市场调查报告最后部分的附录中。

（4）正文

正文是市场调查报告的主体部分。这部分内容必须准确阐明全部有关论据，包括问题的提出、得出的结论、论证的全部过程、分析研究问题的方法等。此外，还应包含可供市场活动的决策者进行独立思考的全部调查结果和必要的市场信息，以及对这些情况和内容的分析评论。

（5）结论与建议

结论与建议是撰写市场调查报告的主要目的。这部分内容包括总结引言和正文部分所阐述的主要内容，提出如何利用已证明为有效的措施、解决某一具体问题可供选择的方案与建议。结论与建议同正文部分的论述要紧密对应，不能给出无证据的结论，也不能没有结论性意见的论证。

（6）附录

附录是指调查报告正文无法包含或没有提及，但与正文有关，必须附加说明的部分。它是对正文报告的补充或更详尽的说明，包括数据汇总表及原始资料的背景材料和必要的工作技术报告，如为调查选定样本的有关细节资料及调查期间所使用的文件副本等。

3.调查报告的内容

调查报告的主要内容一般分为八个部分：

（1）说明调查目的及所要解决的问题。

（2）介绍市场背景资料。

（3）采用的分析方法，如样本的抽取，资料的收集、整理，采用的分析技术等。

（4）列示调研数据并对其进行分析。

（5）提出论点，即表明自己的观点和看法。

（6）阐述论证所提及观点的基本理由。

（7）提出解决问题可供选择的建议、方案和步骤。

（8）预测可能遇到的风险及采取的对策。

（八）报告跟踪

在耗费大量精力和资金开展市场调研并撰写调研报告后，关键是要将调研报告付诸实践。企业决策者应该判断调查报告的有效性和可靠性，并决定是否实施调查报告提出的建议。在报告跟踪调研中，有时会发现某些正确的意见及建议并未被决策者所采纳。这时，首先要检查调研报告的表述是否清楚，是否满足决策者的需要；其次要查明未被采用的原因，以便有针对性地向决策者提出补充说明，或者在今后的工作中加以改进。报告跟踪是市场调研的检验和实践环节，和市场调研的其他六个环节同样重要，并与它们一起构成市场调研的一个循环往复的闭环。

案例分享 1-1 　　　　　　　　　　　　　　　　　　　新能源汽车市场调研报告

一、行业概述

随着全球对环境保护和可持续发展的关注度不断提高，新能源汽车作为传统燃油汽车的重要替代方案，近年来得到了迅猛发展。新能源汽车主要包括纯电动汽车（BEV）、插电式混合动力汽车（PHEV）和氢燃料电池汽车（FCEV）等类型，其核心技术涵盖电池技术、电机控制系统、充电基础设施以及轻量化材料等领域。

二、市场规模与增长趋势

市场研究机构数据显示，过去五年，全球新能源汽车销量持续攀升。2020年，全球新能源汽车销量约为 3 680 万辆，到 2023 年，这一数字已经突破 9 000 万辆，年复合增长率超过 30%。在我国市场，新能源汽车的发展尤为突出，2023 年销量达到 3 000 万辆，占全球市场份额的 1/3 以上，成为全球最大的新能源汽车市场。预计未来 5 年，全球新能源汽车市场规模将继续保持高速增长，到 2028 年，销量有望突破 2 亿辆。

三、竞争格局

目前，新能源汽车市场竞争激烈，呈现多元化的竞争格局。特斯拉作为全球新能源汽车的领军企业，在技术创新、品牌影响力和全球市场布局方面具有显著优势。比亚迪在电池技术、新能源汽车产品线丰富度，以及国内市场份额方面占据领先地位。此外，大众、丰田、本田等传统汽车巨头也纷纷加大在新能源汽车领域的投入，加速电动化转型，推出了一系列具有竞争力的新能源车型。我国的新势力车企，如蔚来、小鹏、理想等，凭借创新的商业模式、智能化的车辆体验和精准的市场定位，在中高端新能源汽车市场崭露头角，与传统车企和特斯拉形成了多足鼎立的竞争态势。

四、消费者需求与购买行为

为深入了解消费者对新能源汽车的需求和购买行为，我们进行了一项涵盖5 000名消费者的问卷调查。调查结果显示，消费者购买新能源汽车的主要动机包括环保意识（占比45%）、较低的使用成本（占比35%）、政策优惠（占比12%）以及科技感与智能化体验（占比8%）。在购车决策过程中，消费者最为关注的因素依次为车辆续航里程（占比60%）、电池安全性（占比55%）、充电便利性（占比48%）、车辆价格（占比42%）和品牌信誉（占比38%）。此外，消费者对新能源汽车的智能化配置，如自动驾驶辅助系统、智能互联功能等也表现出较高的兴趣，有70%的受访者表示愿意为具备先进智能化功能的新能源汽车支付更高的价格。

五、技术发展趋势

电池技术：电池技术是新能源汽车发展的关键驱动力。当前，锂离子电池是主流的动力电池技术，但固态电池被认为是未来的发展方向。固态电池具有更高的能量密度、更长的续航里程、更短的充电时间和更好的安全性，各大电池厂商和汽车制造商都在加大对固态电池研发的投入，预计固态电池将在2028—2030年间实现商业化量产。

自动驾驶技术：自动驾驶技术是新能源汽车智能化的核心应用之一。目前，L2-L3级别的自动驾驶辅助系统已经在部分新能源汽车上得到广泛应用，能够实现自适应巡航、自动紧急制动、车道保持等功能。未来，随着传感器技术、人工智能算法和高精度地图的不断发展，L4-L5级别的完全自动驾驶技术将逐步成熟并商业化，届时，新能源汽车将实现真正的无人驾驶。

充电基础设施：充电基础设施的完善程度直接影响新能源汽车的使用便利性和市场普及速度。目前，全球范围内正在加快充电桩、换电站等充电设施的建设。无线充电技术作为一种新兴的充电方式，也受到了广泛关注，其具有无须插拔充电线、充电效率高、安全性好等优点，有望在未来成为充电基础设施的重要补充。

六、政策环境

各国政府为推动新能源汽车的发展，纷纷出台了一系列支持政策。在我国，政府提供购车补贴、免征车辆购置税、新能源汽车专用号牌等优惠政策，同时加大对充电基础设施建设的支持力度，制定了严格的新能源汽车积分政策，要求传统汽车制造商生产一定比例的新能源汽车。欧盟制定了严格的碳排放标准，规定到2035年新车平均碳排放量较2021年减少100%，这将促使汽车制造商加速电动化转型。美国政府也通过税收抵免、补贴等政策鼓励消费者购买新能源汽车，并加大对电池研发和充电基础设施建设的投资。

七、发展前景与挑战

发展前景：随着技术的不断进步、成本的持续降低、充电基础设施的逐步完善以及消费者环保意识的提高，新能源汽车市场前景广阔。新能源汽车将逐渐取代传统燃油汽车，成为全球汽车市场的主流产品。同时，新能源汽车产业的发展还将带动相关产业链的协同发展，如电池材料、电机制造、电子控制系统、充电设施等，创造巨大的经济价值和就业机会。

挑战：尽管新能源汽车发展势头强劲，但仍面临诸多挑战。首先，电池成本仍然较高，尽管近年来电池价格有所下降，但与传统燃油汽车相比，新能源汽车的制造成本仍然较高，导致其售价相对较高，限制了市场普及速度。其次，充电基础设施建设不够完善，尤其是在偏远地区和农村地区，充电桩数量不足、分布不均，以及充电速度慢等问题仍然存在，影响了消费者的使用体验。此外，新能源汽车的续航里程焦虑、电池安全性、二手车保值率低等问题也需要进一步解决。

资料来源　根据东方财富财富号相关资料整理而得。

二、市场调查程序

（一）准备阶段

微课 1-8

市场调查程序

准备阶段的主要任务有：明确调查目的，确定调查项目；设计调查方案；落实调查人员和组织。为了保证市场调查的质量，必须充分、全面地做好一切准备工作。

1.明确调查目的，确定调查项目

长期以来，人们都比较重视认识问题和解决问题，而忽视发现问题、提出问题，然而，发现问题、提出问题却是认识问题、解决问题的前提。因此，明确调查目的，确定调查项目，这一步骤是做好市场调查的首要前提，其需要回答为什么要进行调查、调查要了解什么问题、了解这些问题后有什么用处、应该收集哪些方面的信息资料等问题。

选择调查项目，实际上就是确定调查总方向、总水平的根本性问题，还决定着调查方案的设计，制约着调查的全过程。这是因为选择的调查项目不同，调查的内容、方法、对象和范围，调查人员的选择，以及调查组织工作也将随之不同。

2.设计调查方案

设计调查方案包括调查总体方案的设计和调查指标的设计，还包括对调查方案进行可行性研究。这是确保市场调查取得成功的关键步骤。凡事预则立，不预则废。进行市场调查，必须事前编制详细、周密的调查方案。调查方案设计出来之后，还应对其科学性和实用性进行可行性论证，经过仔细的评价和比较，才能确定相对满意的调查方案。

3.落实调查人员和组织

认真选拔人员，组建调查队伍，是完成调查任务的基本保证。选择综合素质高、专业能力强、善于协调沟通的人员参与市场调查，组建调查队伍，发挥组织效能。此外，还应对调查人员进行有针对性的培训，以适应市场调查工作的要求。

（二）实施阶段

这一阶段是整个市场调查过程中的关键阶段，对调查工作能否满足准确、及时、完整的基本要求有着直接的影响。调查实施阶段的主要任务是组织调查人员，按照调查方案的要求，系统地收集资料和数据，听取被调查者的意见。

这一阶段大体有两个步骤：①对调查人员进行培训，使其理解调查方案，掌握调查

技术和同调查目标有关的经济知识，这是保证调查质量的一项重要措施。②实地调查，即调查人员按照方案规定的时间、地点、方法具体地收集有关资料，不仅要收集第二手资料（现成资料），而且要收集第一手资料（原始资料）。实地调查的质量取决于调查人员的素质、责任心和组织管理的科学性。

在整个市场调查工作中，该阶段是唯一的现场实施阶段，是获取第一手材料的关键阶段。在这个阶段，调查人员的接触面最广，工作量最大，情况最复杂，变化最迅速，实际问题最多，指挥调度也最困难。因此，市场调查的领导者和组织者应亲临第一线，集中精力做好外部协调和内部指导工作，力求以最少的人力、最短的时间、最好的质量完成收集资料的任务。这个阶段的工作做好了，下一阶段的研究工作也就有了良好的基础。

（三）研究阶段

研究阶段的主要任务有：

1.鉴别、整理资料

鉴别资料就是对调查的文字资料和数字资料等进行全面审核，区分真假和精粗，消除资料中的假、错、缺、冗现象，即对所收集的资料进行"去粗取精，去伪存真"，以保证资料的真实、正确和完整。整理资料则是对鉴别后的资料进行初步加工，使之条理化、系统化，并以集中、精简的方式反映调查对象的总体情况，即"由此及彼，由表及里"。

2.进行统计分析

进行统计分析，就是运用统计学的原理和方法来研究市场现象的数量关系，揭示事物的发展规模、水平、结构和比例，说明事物的发展方向和速度等问题，为进一步开展理论研究提供准确而系统的数据资料。调查人员应用电子计算机来处理各种数据，以提高统计分析的精度和效率。

3.开展理论研究

开展理论研究，就是运用逻辑方法和与调查课题有关的各类学科的科学理论，对鉴别、整理后的事实材料和统计分析后的数据进行思维加工，揭示事物的内在本质，说明事物的前因后果，预测事物的发展趋势，做出自己的理论说明，并在此基础上提出对实际工作的具体建议。研究阶段是市场调查的深化、提高阶段，是从感性认识向理性认识飞跃的阶段。在这一阶段，"跑腿"的工作量已经大大减少，"动脑、动手"的工作量大大增加，特别是对于市场调查的领导者和组织者、统计人员和研究人员来说，工作任务更为繁重和紧张。

市场调查能否出成果，以及成果作用的大小，在很大程度上就取决于这个阶段的工作。其具体方法后面相关部分将详细介绍。

（四）总结阶段

总结阶段的主要任务是：撰写调查报告、总结调查工作和评估调查结果。

1.撰写调查报告

调查报告是调查研究成果的集中体现，是市场调查工作最重要的总结。一般来说，市场调查都要撰写调查报告，并尽可能使调查报告在理论研究或实际工作中发挥应有的决策作用。市场调查报告一般由引言、正文、结论、附录等组成。其基本内容包括开展调查的目的、被调查单位的基本情况、对调查分析过程的说明、调查结论和建议等。

2.总结调查工作

总结调查工作包括对整个市场调查工作的总结和每个参与者的个人总结。通过总结，积累成功的经验，吸取失败的教训，特别是要注意寻找改进市场调查工作的途径和方法，为今后更好地开展市场调查工作打下基础。

3.评估调查成果

评估调查成果一般包括两个方面：一是从学术成果看，要对市场调查所提供的事实和数据资料、理论观点和说明、所使用的调查研究方法做出客观的评价；二是从经营成果看，要对市场调查结论的采用率、转引率和对实际工作的指导作用做出实事求是的估计。此外，了解结论是否被重视和采纳、采纳的程度、采纳后的实际效果、调查结论与市场发展是否一致等，对调查成果的评估必须以实践为基础。

总结阶段是市场调查的最后阶段，认真做好总结工作，对提高调查研究的能力和水平具有十分重要的意义。总结工作如果草率，会使市场调查没有明确的结论，起不到相应的作用，会导致整个调查工作前功尽弃。

在实际的市场调查工作中，上述四个阶段是相互连接、相互交错的，它们共同构成市场调查的完整过程。

案例分享1-2　　　　　　　**两个调查项目的调查对象和调查单位**

为了解某市各广告公司的经营情况及存在的问题，需要对全市所有广告公司进行全面调查，则该市所有广告公司就是调查对象，每个广告公司就是调查单位。

在某市职工家庭基本情况的调查中，该市全部职工家庭是这一调查的调查对象，每户职工家庭就是调查单位。在确定调查对象和调查单位时，应该注意以下四个问题：

（1）由于市场现象具有复杂多变的特点，因此，在许多情况下，调查对象也是比较复杂的，必须以科学的理论为指导，严格规定调查对象的含义，并指出其与其他有关现象的界限，以免调查登记时由于界限不清而发生差错。例如，以城市职工为调查对象，就应明确职工的含义，划清城市职工与非城市职工、城市职工与居民等的界限。

（2）调查单位的确定取决于调查目的和调查对象，调查目的和调查对象变化了，调查单位也要随之改变。例如，要调查城市职工本人的基本情况，这时的调查单位就不再是每一户城市职工家庭，而是每一个城市职工。

（3）调查单位与填报单位是有区别的，调查单位是调查项目的承担者，而填报单位是调查中填报调查资料的单位。例如，对某地区工业企业设备进行普查，调查单位为该地区工业企业的每台设备，而填报单位是该地区的每家工业企业。但在有些情况下，两者又是一致的。例如，在进行职工基本情况调查时，调查单位和填报单位都是每一个职工。在调查方案设计中，当两者不一致时，应当明确从何处取得资料并防止调查单位的重复和遗漏。

（4）不同的调查方式会产生不同的调查单位。如果采取普查方式，调查总体所包括的全部单位都是调查单位；如果采取重点调查方式，只有选定的少数重点单位是调查单位；如果采取典型调查方式，只有选出的有代表性的单位是调查单位；如果采取抽样调查方式，则利用各种抽样方法抽出的样本单位是调查单位。

任务实施1-2

　　某职业技术学院市场营销专业的学生通过对课堂上理论知识的学习，掌握了以下内容：作为企业，必须充分认识市场、了解市场，在把握市场运行的规律和作用的机制基础上，广泛收集市场信息，深入开展市场调查，对市场未来的发展动向做出准确的预测，从而为企业正确制定经营目标和发展战略奠定基础。明确调查项目的意图，即为什么要做市场调查。明确调查项目的意图的渠道主要有：和决策者讨论、会见专家、分析二手资料。通过对环境状况的分析，帮助调查者了解企业对调查问题的需求情况。课后老师要求学生根据掌握的理论知识完成北京长城饭店的日常调查工作任务。

一、对市场调查内涵的掌握

通过理论知识的学习、对成功市场调查报告的分析，学生掌握了市场调查报告的含义、特点、功能、分类、内容、程序等内容。

二、北京长城饭店的市场调研

北京长城饭店（The Great Wall Hotel Beijing）是1979年6月由国务院批准成立的全国第三家中外合资合营企业，1984年6月正式营业，是北京五星级饭店中最早开业的，也是北京的第一座玻璃大厦，被评为20世纪80年代北京十大建筑之一。随着改革开放的深入，北京新建的大批高档饭店投入运营，饭店业竞争日益加剧。北京长城饭店之所以能够在激烈的竞争中立于不败之地，成为京城饭店的佼佼者之一，除了出色的推销工作和优质的服务外，公共关系工作在塑造饭店形象上也发挥了重要的作用。

提及北京长城饭店，人们便会立刻想到那里曾举办过举世闻名的里根总统的答谢宴会、由北京市副市长证婚的95对新人的集体婚礼，以及推出的颐和园中秋赏月和十三陵野外烧烤等一系列活动，这些专题公关活动使北京长城饭店声名鹊起。北京长城饭店的大量公关工作，尤其是围绕为客人服务的日常公关工作，源于其周密、系统的市场调研。

北京长城饭店的市场调研，通常由以下三个方面组成：

1.日常调查

（1）问卷调查。每天将调查问卷放在客房内，调查项目包括客人对饭店的总体评价、对十几个类别的服务质量的评价、对服务员的服务态度评价，以及是否加入喜来登俱乐部和客人的游历情况等。

（2）接待投诉。几名大堂经理24小时轮班在大厅内值班，随时随地帮助客人处理难题、受理投诉、解答各种问题。

2.月度调查

（1）顾客态度调查。每天向客人发送喜来登集团在全球统一使用的调查问卷，每日收回，月底集中寄到喜来登集团总部，进行全球性综合分析，并在全球范围内进行季度评比。根据量化分析，对全球最好的喜来登饭店和进步最快的饭店给予奖励。

（2）市场调查。前台经理与北京其他各大饭店的前台经理每月交流一次游客情况，互通情报，共同分析本地区的旅游形势。

3.半年调查

喜来登集团总部每半年会召开一次世界范围内的全球旅游情况会议，其所属的各饭店的销售经理会从世界各地带来大量的信息，相互交流、研究，使每个饭店都能了解到世界旅游形势，站在全球的角度商议经营方针。

这种系统的全方位调研制度，使饭店决策者宏观上可以了解全世界旅游业的形势，进而可以了解本地区的行情；微观上可以了解本店每个岗位、每项服务及每位员工工作的情况，从而使他们的决策有的放矢。

综合调查表明，任何一家饭店，仅有较高的知名度是远远不够的，要想保持较高的"回头率"，主要是凭借优质的服务使客人满意。怎样才能使客人满意呢？经过调查研究和策划，喜来登集团面对激烈的竞争提出了"宾至如归方案"。该方案中提出，在3个月内对北京长城饭店所有员工（上至总经理，下至一般服务员）进行强化培训，不准请假，合格者发证上岗。在每人每年100美元培训费的基础上另设奖金，奖励先进。该方案的宗旨就是向宾客提供令其满意的服务，使他们有宾至如归的感觉。随着这一方案的推行，北京长城饭店的服务水平又有了新的提高。

资料来源　根据北京长城饭店相关资料整理而得。

讨论并填写表1-1。

表1-1　　　　　　　　　　　　任务实施表

任务安排	内容
调研范围	
调研性质	
调研内容	
调研时间	
收集资料使用的方法	
调研的类型	
市场调研的原则	

任务3　调查方案设计

【任务解析】

市场调查方案是依据市场调查计划形成的书面文件。它详细描述了获取信息和分析信息所必须遵循的程序，包括调查目的、对象、内容、方法、步骤和时间安排等。这一程序是顺利和高效完成调查的前提和保证。通过本任务的学习，学生能够了解市场调查方案的格式设计，能够解释市场调查方案的要求，能够独立执行市场调查方案的设计。

【知识链接】

一、调查方案的格式设计

市场调查方案设计是对调查工作各个方面和全部过程的通盘考虑，包括整个调查工作过程的全部内容。调查方案是否科学、可行，是整个调查成败的关键。调查方案设计的格式和内容取舍是随着具体情况而有所变化的，不过一般都要包括以下七个方面的内容：

（一）标题和扉页

标题必须准确揭示调查方案的主题思想，做到题文相符，要求高度概括并具有较强的吸引力。标题的形式可分为直叙式、表明观点式和提出问题式。

（1）"直叙式"标题，如"电信服务产品北京市场调查方案"。

（2）"表明观点式"标题，如"关于增强贫困地区县属工业发展后劲的调查方案"。

（3）"提出问题式"标题，如"中学生早恋问题说明了什么"。

标题可分为单标题与双标题。单标题只有正标题，如"2024年度全国电信服务质量用户满意度指数测评调查方案"；双标题一般是正标题表明调查的主题，副标题则具体表明调查的单位和问题，如"'上帝'心中的中国移动——中国移动客户满意度调查方案"。

扉页是市场调查方案的开头引言部分，主要是简明扼要地介绍市场调查与分析工作的背景与原因，形式有如下几种：

（1）开门见山，揭示主题。例如，2025年3月学校对2024级电子商务专业的学生进行有关心理障碍的调查，目的是有针对性地对学生进行健康教育、矫正、疏导各种不良心理，使学生健康成长。

（2）结论先行，逐步论证。例如，2025年3月学校对高一400名学生的心理状况进行调查，调查结果表明，不少学生存在这样或那样的心理障碍，大致可分为以下几类……

（3）交代情况，逐层分析。例如，"放眼未来之路——1 011名专家人士眼里的中国数据通信网络"的开头：工信部信息通信管理局与北京新华信商业风险管理有限公司于

微课 1-9
调查方案的
格式设计（1）

微课 1-10
调查方案的
格式设计（2）

微课 1-11
调查方案的
格式设计（3）

今年4、5月间在北京、上海、广州进行了一次大规模的抽样调查，力图考察我国通信网络的现状，并展望未来之路。在这次调查中，除了涉及特定专业问题外，还围绕着网络化的大趋势设计了许多问题，包括用户目前的网络使用情况、意见、需求等，调查对象是各种单位信息通信网络或计算机方面的技术人员。

（4）提出问题，引入正题。例如，2016年，765万人；2017年，795万人；2018年，820万人；2019年，834万人；2020年，874万人；2021年，909万人……这是教育部发布的一组不断攀升的高校毕业生数字。然而，与之相对的是就业率连年持续下滑，大学生就业形势目前很严峻，且今后将会持续严峻……

（二）调查目标与任务

确定调查目标是市场调查方案设计的首要问题，市场调查目标就是在调查方案中列出本次市场调查的具体目的和要求，明确在调查中要解决哪些问题，通过调查要获得什么样的资料。调查任务是指在调查目标既定的条件下，市场调查应获取什么样的信息以满足调查的要求。明确调查目标与任务是调查方案设计的首要问题，因为只有调查目标与任务明确，才能确定调查的对象、内容和方法，才能保证市场调查具有针对性。例如，1990年我国第四次人口普查的目标就规定得十分明确，即"准确地查清第三次人口普查以来我国人口在数量、地区分布、结构和素质方面的变化，为科学地制定国民经济和社会发展战略与规划、统筹安排人民的物质和文化生活、检查人口政策执行情况提供可靠的依据"。可见，确定调查目标，就是明确在调查中要解决哪些问题，通过调查要获得什么样的资料，取得这些资料有什么用途等。衡量一项调查设计是否科学的标准，主要是看方案的设计能否体现调查目标的要求，是否符合客观实际。

（三）调查课题的内容与范围界定

在明确了调查目标的基础上，要进行市场调查，首先要确定调查内容，或者称为调查项目，也就是向被调查者了解哪些问题。调查项目一般就是调查单位的各个标志的名称。例如，在消费者调查中，消费者的性别、民族、文化程度、年龄、收入等标志，可分为品质标志和数量标志。品质标志表明事物的品质特征，不能用数量表示，只能用文字表示，如性别、民族和文化程度；数量标志表明事物的数量特征，如年龄和收入。标志的具体表现是指在标志名称后所标明的属性或数值，如消费者的年龄为30岁或50岁，性别是男性或女性等。在确定调查项目时，除了要考虑调查目标和调查对象的特点外，还要注意以下几个问题：

（1）确定的调查项目应当既是调查任务所需，又是能够取得答案的，要尽量做到"精"而"准"。"精"就是调查项目所涉及的资料能够满足调查分析的需要，不存在对调查主题没有意义的多余项目；"准"就是要求调查项目反映的内容与调查的主题有密切的相关性，能够反映调查所要了解问题的信息。

（2）项目的表述必须明确，使答案具有确定的表示形式，如数字式、是否式或文字式等；否则，会使被调查者产生不同理解而给出不同的答案，造成汇总时的困难。

（3）确定调查项目时应尽可能地做到项目之间相互关联，使取得的资料相互对照，以便了解现象发生变化的原因、条件和结果，便于检查答案的准确性。

（4）调查项目的含义要明确、肯定，必要时可辅以调查项目解释。

确定了调查内容后，还要确定调查对象和调查单位，这主要是为了解决向谁调查和由谁来具体提供资料的问题。调查对象就是根据调查目标、任务确定的调查范围以及所要调查的总体，其是由性质上相同的许多调查单位所组成的。调查单位就是所要调查的社会经济现象总体中的个体，即调查对象中的一个个具体单位。它是调查中所要调查登记的各个调查项目的承担者。例如，为了解某市各广告公司的经营情况及存在的问题，需要对全市的广告公司进行全面调查，那么，该市所有广告公司就是调查对象，每一个广告公司就是调查单位。确定调查对象、调查范围和单位，主要是为了解决向谁调查和由谁来具体提供资料的问题。因此，必须严格规定调查对象的含义和范围，以免调查登记时由于含义和范围不清而发生错误。

（四）调查表或问卷

调查项目确定之后，即可设计调查表或问卷，作为收集市场调查资料的工具。调查表或问卷既可以作为书面调查的记载工具，也可以作为口头询问的提纲。

调查表是用纵横交叉的表格按一定顺序排列调查项目的形式，一般由表头、表体和表脚三部分组成。表头包括调查表的名称、调查单位（或填报单位）的名称、性质和隶属关系等。表头上填写的内容一般不作统计分析之用，但其是核实和复查调查单位的依据。表体包括调查项目、栏号和计量单位等，其是调查表的主要部分。表脚包括调查者或填报人的签名和调查日期等，其目的是明确责任，一旦发现问题便于查询。调查表分单一表和一览表两种，单一表是每张调查表只登记一个调查单位的资料，常常在调查项目较多时使用。它的优点是便于分组整理，其缺点是每张表都注有调查地点、时间及其他共同事项，人力、物力和时间的耗费较大。一览表是指一张调查表可登记多个单位的调查资料。它的优点是当调查项目不多时，应用一览表能够让使用者一目了然，还可将调查表中各有关单位的资料相互核对；其缺点是对每个调查单位不能登记更多的项目。调查表拟定后，为便于正确填表、统一规格，还要附加填表说明。其内容包括对调查表中各个项目的解释、有关计算方法以及填表时应注意的事项等，附表说明应力求准确、简明扼要、通俗易懂。

问卷是根据调查项目设计的对被调查者进行调查、询问并由其填答的测试试卷，是市场调查收集资料的常用工具。问卷调查根据载体的不同，可分为纸质问卷调查和网络问卷调查。纸质问卷调查就是传统的问卷调查，调查公司雇用人员来分发这些纸质问卷并回收答卷。这种形式的问卷存在一些缺点：分析与统计结果比较麻烦，成本比较高。网络问卷调查是指用户利用一些在线调查问卷网站进行调研，这些网站提供设计问卷、发放问卷和分析结果等一系列服务。这种方式的优点是无地域限制，成本相对低廉；其缺点是答卷质量无法保证。按照问卷填答者的不同，问卷调查可分为自填式问卷调查和代填式问卷调查。其中，自填式问卷调查按照问卷传递方式的不同，可分为报刊问卷调查、邮政问卷调查和送发问卷调查；代填式问卷调查按照与被调查者交谈方式的不同，可分为访问问卷调查和电话问卷调查。

（五）市场调查进度安排

市场调查工作一般都有严格的时间要求，多数调查工作都要求在有限的时间内完成，以配合企业领导者决策和满足调查目标的需要。还有一些市场调查，受具体特征的制约必须在某一特定的时间内完成，如某产品国庆"黄金周"销售情况调查等。因此，对于市场调查，一定要制定一个完整的时间规划。

制定完整的时间规划，首先要制订可行的调查计划。其具体内容包括：调查的组织领导、调查机构的设置、人员的选择和培训、工作的具体步骤和善后处理等。调查公司可以根据具体调查任务各个环节的特点、重要性、难易程度、逻辑顺序等情况，考虑意外情况发生的可能性，编制合理可行的工作进度表。表1-2是市场调查进度安排表的一般格式。

表1-2　　　　　　　　　　　　　　市场调查进度安排表

活动内容	时间	参与单位及活动小组	活动负责人及团队成员	备注

（六）市场调查经费预算

开展市场调查活动必然会有一定的费用支出，因此，在调查方案设计过程中应该编制费用预算。一般可以通过两种方式预估调查活动的费用：

（1）估算调查各阶段的支出。调查人员可以通过方案设计费用、调查表制作印刷成本、调查实施费用、资料整理费用、报告撰写费用、外地出差费用、专家会议等费用来预估总费用。

（2）估算调查活动所需费用。调查人员可以通过问卷设计费、调查管理费、人员培训费、购买资料费、专家咨询费、员工差旅费、被访问者奖励费用、印刷费、计算机处理费、统计分析与报告费以及其他不可预见的费用等来预估总费用。

虽然这两种预估费用的形式不同，但编制经费预算时应尽可能地全面，将可能出现的必要费用都考虑在内，以免调查活动进行中出现麻烦。此外，要注意节约，即在保证实现调查目标的前提下，尽可能地节省调查费用。最后，还要保证准确性，预算的编制要求合理、公正，不能随意多报、乱报或漏报。

（七）调查的组织计划

市场调查工作的开展最终要依靠人来实现，一支合理、有效、精干的工作队伍和完备的组织计划，是完成市场调查工作的基础。该部分主要包括调查的组织领导、调查机构的设置、调查人员的选择与培训、课题负责人及成员、各项调研工作的分工等。企业委托外部市场调查机构进行市场调查时，还应对双方的责任人、联系人、联系方式做出规定。

二、调查方案的要求

调查方案的设计应遵循如下要求：

（一）可行性

可行性是指在调查的基础上，通过市场分析、技术分析、财务分析和国民经济分析，对各种市场调查方案的可行性与经济合理性进行综合评价，提出可行的调查方案。可行性研究的基本任务，是对市场调查方案的可行性问题，从技术经济角度进行全面的分析，并对市场调查方案实施后的经济效果进行预测，在既定的范围内进行论证方案的选择，以便最合理地利用资源，实现预定的社会效益和经济效益。

（二）经济性

经济性是指市场调查方案为最优方案，包括资金的使用、人力时间的损耗，必要时可以预测自身实际的产出和投入的比值，这个比值越大越好。

（三）灵活性

灵活性是市场调查执行中最主要的要求，其主要针对市场调查方案的制订过程，使方案本身具有适应性、适度性，要求调查方案的制订"量力而行，留有余地"。至于调查方案的执行，则必须严格准确，要"尽力而为，不留余地"。

三、对调查方案的评估

市场调查方案评估是指对整个调查方案中的各个环节所可能产生的问题和偏差进行排查，检验调查的信度和效度，以评定市场调查分析的真实性和可靠性。通过对调查工作的梳理和检查，一方面可以在下一次的市场调查中对各环节加以修正；另一方面可以清楚了解调查过程中存在的问题，有利于调查结论的实际应用。

微课 1-12

调查方案的
评估

（一）调查方案评估标准

调查方案是市场调查工作实施的纲领和依据，调查工作的成败，在很大程度上取决于调查方案的适用性、科学性和可行性。因此，对调查方案进行评估时，可以从以下三个方面入手来检查方案设计是否存在问题或偏差：

1.方案设计是否基本体现了调查的目标和要求

一切调查工作都是围绕着目标而展开的，调查工作做得再好，得出的结论再准确，偏离了目标也是没有意义的。目标体现得越充分，方案的适用性就越强，得出的结论也越具有意义。同时，为了达到这个目标，一些相应的要求也需要满足。要求是对目标的分解，满足要求有利于更好地实现目标。要求体现得越充分，针对目标的方向就越准确，偏差也就越小。

2.方案设计是否科学系统

市场调查是一项系统性工作，包括众多环节，并且各环节都是相互联结、相互作用的，市场调查方案就是要将这一系列的工作全部考虑周全并做出统一安排。这就需要方案设计者能够全面、周到地把控全局，并采用科学的方法进行设计。

3.方案设计是否具有可行性

设计方案是为了指导实施，方案可行才能真正使调查工作得以展开，调查目的得以实现。要评估方案设计是否可行，就要检查方案是否充分考虑到各种外部因素和可能发生的环境变化，并且是否对不适宜的外部因素采取了相应措施或解决方法，以及是否对可能发生的环境变化提出应对措施。

（二）调查问卷评估

市场调查最常用的方法便是问卷调查法。采用这种方法的关键在于调查问卷的设计。调查问卷是问卷调查法获取信息的工具，其质量高低对调查结果的真实性和适用性等起着决定性作用。因此，如果调查工作采用的是问卷调查法，就需要专门针对调查问卷做出评估，主要是评估调查问卷的信度和效度，也就是可靠性和有效性。

1.调查实施问卷是否可靠

信度即可靠性，是指采用同一方法对同一对象进行调查时，问卷调查结果的稳定性和一致性，即测量工具（问卷或量表）能否稳定地测量所测的事物或变量。评估信度，一是在相同条件下所得问卷调查结果的一致程度；二是不同对象用同一种问卷同时调查所得结果的一致程度；三是同一对象用同一种问卷在不同时间调查所得结果的一致程度。

2.调查问卷是否有效

效度通常是指问卷的有效性和正确性，也就是问卷能够测量出其所希望测量特性的程度。问卷调查的目的就是要获得高效度的结论，效度越高，越能够达到问卷调查的目的，该问卷才正确而有效。评估效度，一是检查问卷所测量的内容是否真正属于应调查的领域；二是检查所包含的项目是否覆盖了调查领域的各个方面；三是检查问卷题目的构成比例是否恰当。

（三）调查实施评估

调查实施阶段的很多因素会影响资料收集的质量，如环境因素、被调查者的个人特征、调查者的误导或暗示等都会对调查的质量产生影响。要保证调查实施的有效性，调查员是关键因素。调查员的素质、培训情况、访问经验、应变能力等都会影响调查实施的质量。很多市场调查公司都是临时聘用调查员，主要是大学生。临时调查员在经验和技能（如入户技巧、询问技巧、营造和谐的谈话气氛、意外情况处理等）上都远不如有经验的专职调查员，使用过多的临时调查员容易导致调查结果产生偏差。因此，调查实施评估要从三个方面入手：一是实施组织的建立，二是实施前的培训，三是实施过程中的控制。

1.调查实施组织的建立是否完备

完备的组织是调查实施的前提。对调查实施组织的评估是要检查组织是否完整，是否有领导小组，是否安排了调查控制人员，调查人员的数量和结构是否合理，调查人员的素质是否符合要求。

2.调查实施前的培训是否充分

对调查人员进行培训是调查实施的关键，是调查人员能够按照规范和要求完成实施工作的重要环节。对这一方面的评估是要检查是否进行了完整、系统的培训，调查人员培训的情况如何，是否通过考试等反馈形式考查了调查人员的接受和掌握程度。

3.调查实施过程中的控制是否有效

在调查的现场实施过程中，还应该采取必要的措施对调查人员的执行情况进行有效监督，避免个别调查人员作假等现象的发生，以确保调查的质量。这需要检查是否有完善的实施控制的机制，包括奖惩制度等，控制工作能否按规范完成，有无发现问题以及问题是否得到及时处理。

对于市场调查方案的评价，具有以下两个方面的重要意义：第一，架起了方案与实施之间的桥梁，为市场研究创造了条件；第二，对于研究者来说，可以不断总结经验，提高市场调研的质量，推动市场调研的发展。

总之，只有科学可行的市场研究调查才能提高调查的质量，才能保证市场调查活动的顺利进行。

案例分享1-3　　　　　　　　宜家（IKEA）在中国市场的创新模式

宜家是全球最大的家居用品零售商之一，在我国市场也有着长期的发展历史和广泛的影响力。然而，在我国这样一个以传统实木家具为主流产品的国家，宜家如何打开市场并取得成功呢？其中一个关键因素就是市场调研。宜家在进入中国市场之前，就进行了深入的市场调研，了解了中国消费者的家居需求、审美偏好、购买行为和生活方式，以及中国市场的竞争格局、法律法规、文化差异和社会变化。基于市场调研的结果，宜家制定了一系列的创新模式，包括：

调整产品组合，推出符合中国消费者需求和审美的家居用品，如增加收纳空间、适应小户型、融合中西风格等，并且提供多样化的颜色、款式和尺寸选择。

调整价格策略，根据不同城市和地区的消费水平和购买力，制定合理的价格区间和折扣优惠，并且采用自助式购物模式。

调整渠道策略，选择适合中国消费者生活方式和消费场合的店铺位置和设计，如郊区、商业中心、地铁站等，以及提供宽敞、明亮、舒适的店内环境和服务，打造家居体验中心的概念。

调整促销策略，利用社交媒体、移动支付、会员计划等方式，与中国消费者建立互动和沟通，提升品牌知名度和忠诚度，以及推出针对中国节日和文化特色的主题活动和限量产品，增加品牌吸引力和差异化。

通过市场调研和创新模式，宜家在我国市场取得了巨大的成功。截至2021年8月底，宜家在中国拥有超过30家门店，在全球超过50个国家和地区排名第一。宜家也成为中国消费者心目中的高品质家居用品品牌之一，享有较高的品牌美誉度和客户满意度。

资料来源　根据http：//https：//baijiahao.baidu.com/s？id=1781897063800848967相关资料整理而得。

【素质园地】

习近平经济思想的理论体系由经济理念、经济制度、经济发展、经济战略等方面的内容构成，体现了党对马克思主义政治经济学认识的进一步深化、拓展和创新，反映了生产力与生产关系的辩证关系和社会主义本质的内在要求，从经济视角科学回答了新时代坚持和发展什么样的中国特色社会主义、怎样坚持和发展中国特色社会主义，建设什么样的社会主义现代化强国、怎样全面

知识拓展1-1

建设社会主义现代化强国，建设什么样的长期执政的马克思主义政党、怎样建设长期执政的马克思主义政党等重大时代课题。

经济理念方面的内容体现了习近平经济思想的根本立场和价值导向，指引中国特色社会主义经济建设的正确方向。习近平经济思想的理论创新和实践创新，始终坚持"中国特色社会主义是社会主义，不是别的什么主义"这条基本原则，强调解放和发展社会生产力，增强社会主义国家的综合国力，是社会主义的本质要求和根本任务；消除贫困、改善民生、实现共同富裕，是中国特色社会主义的本质要求，是中国共产党的重要使命；加强党对经济工作的领导，全面提高党领导经济工作水平，是坚持民主集中制的必然要求，也是政治制度的优势。这些重大理论观点，坚持和发展了党关于社会主义本质的理论，深化了对中国特色社会主义本质的认识。理念是行动的先导。发展理念具有战略性、纲领性、引领性，是发展思路、发展方向、发展着力点的集中体现。创新、协调、绿色、开放、共享的新发展理念是习近平经济思想的主要内容，强调坚持以人民为中心的发展思想，使创新成为第一动力、协调成为内生特点、绿色成为普遍形态、开放成为必由之路、共享成为根本目的，阐明了党关于发展的政治立场、价值导向、发展模式、发展道路等重大政治问题，有力指导了我国新的发展实践。

经济制度方面的内容确保了我国经济制度的社会主义属性，使经济发展具有坚实制度保障。比如，习近平总书记在关于公有制为主体、多种所有制经济共同发展的所有制结构分析中，提出坚持"两个毫不动摇"，支持国有资本和国有企业做强做优做大，构建亲清政商关系，促进非公有制经济健康发展和非公有制经济人士健康成长等重大理论观点；在关于按劳分配为主体、多种分配方式并存的分配制度分析中，提出建设体现效率、促进公平的收入分配体系，构建初次分配、再分配、三次分配协调配套的基础性制度安排，使全体人民朝着共同富裕目标扎实迈进等重大理论观点；在关于社会主义市场经济体制的分析中，提出要健全社会主义市场经济条件下新型举国体制，充分发挥市场在资源配置中的决定性作用，更好发挥政府作用，推动有效市场和有为政府更好结合等重大理论观点。习近平经济思想在经济制度方面的一系列原创性思想和重大理论观点，巩固和增强了中国特色社会主义的经济基础，确保经济制度的社会主义属性，为新时代我国构建更加有效管用、逻辑贯通、衔接匹配的经济制度体系提供了根本遵循。

经济发展方面的内容科学回答了关于新时代经济发展的一系列理论和实践问题。习近平经济思想鲜明提出增进民生福祉是发展的根本目的，强调完整、准确、全面贯彻新发展理念，创造性地提出了推动经济高质量发展的理论；基于我国经济发展进入新常态，提出了关于供给侧结构性改革的理论，提出了建设现代化经济体系的战略目标和重要举措；基于我国进入新发展阶段，做出"统筹中华民族伟大复兴战略全局和世界百年未有之大变局"的重大论断，提出了关于构建新发展格局的理论；基于中国特色社会主义现代化建设实践，提出了中国式现代化道路和人类文明新形态的重大思想等。习近平经济思想在经济发展方面的一系列原创性思想和重大理论观点，系统回答了经济形势怎么看、经济工作怎么干、社会主义经济现代化怎么建的问题，为实现更高质量、更有效率、更加公平、更可持续、更为安全的发展提供了科学理论指导。

经济战略方面的内容明确了做好新时代经济工作的战略抓手。比如，着眼于推动高质量发展和更好满足人民美好生活需要，提出深入实施科教兴国战略、人才强国战略、创新驱动发展战略、制造强国战略、知识产权强国战略、自由贸易区战略等。着眼于解决区域发展不平衡问题，提出深入实施京津冀协同发展、长江经济带发展、粤港澳大湾区建设、长三角一体化发展、黄河流域生态保护和高质量发展等区域重大战略和深入推进西部大开发、东北全面振兴、中部地区崛起、东部率先发展等区域协调发展战略。着眼于促进城乡协调发展，提出实施乡村振兴战略和深入推进以人为核心的新型城镇化战略。着眼于促进全球共同发展繁荣、推动构建人类命运共同体，提出并推动共建"一带一路"倡议等。着眼于统筹发展和安全，提出深入实施粮食安全战略、能源资源安全战略、金融安全战略等。习近平经济思想关于经济战略方面的内容，明确了各项经济工作的战略抓手，明确了贯彻落实重大思想的实践路径，使习近平经济思想形成了从实践到理论再到实践，从认识规律、掌握规律再到运用规律的完整逻辑链条。

任务实施1-3

根据企业市场调查的实际需要以及案例的学习，完成市场调查方案设计的初步框架撰写。

1.调查方案标题与扉页

标题："关于蒙牛广告传播对于其品牌影响力的调查方案"。

广告是品牌传播的主要方式之一，其通过各种传播媒介向消费者传播品牌信息，诉说品牌情感，构建品牌个性，进而在消费者心中形成强大的品牌形象。广告在品牌传播方面除了具有广告对消费者的一般影响之外，还会传达给消费者一种情感，对品牌形成一种认同并最终购买该品牌。蒙牛是我们大家非常熟悉的一个知名品牌，也是我国消费者十分信赖的一个品牌。在国内，蒙牛拥有较高的知名度及关注度，其给我国亿万家庭带来了健康。如今，随着国内其他乳业如伊利、光明、旺仔、三元的崛起以及国际知名品牌"雀巢"等闯入我国市场，已经严重危及了蒙牛乳制品的市场占有率。如何发展，怎么发展，如何做中国乳业的佼佼者，是蒙牛成长过程中不断思考的问题。广告传播对于蒙牛形象的塑造，以及品牌知名度的提高至关重要。

为配合蒙牛产品扩大市场占有率，评估蒙牛的营销环境，制定相应的营销策略，预先进行蒙牛广告传播对于其品牌影响力的调查大有必要。本次市场调查将围绕市场环境、广告传播、竞争者等因素来进行。

2.调查目的与任务

要求详细了解蒙牛乳制品在芜湖的广告宣传、销售情况、消费者对其品牌的认知程度以及竞争品牌的销售情况，为该产品在芜湖的销售制订科学合理的营销方案提供依据，特撰写此市场调研计划方案。

（1）了解蒙牛品牌在芜湖消费者心目中的知名度、渗透率、美誉度和忠诚度。

（2）全面了解本品牌及主要竞争对手如伊利、光明等品牌在芜湖的销售现状。

（3）全面了解目前蒙牛主要竞争品牌的价格、广告、促销等营销策略。

（4）了解蒙牛消费者对乳业产品消费的观点、习惯。

（5）了解蒙牛在芜湖的人口统计学资料，预测蒙牛市场的容量及潜力。

（6）了解消费者对蒙牛品牌的评价，以更好地调整营销策略，抢占市场。

3.调查课题的内容与范围界定

市场调研的内容要根据市场调查的目的来确定。市场调研分为内、外调研两个部分，此次蒙牛广告传播对于其品牌影响力的调研主要运用外部调研。其主要内容有：

（1）行业市场环境调查。其主要调研内容有：①蒙牛市场的容量及发展潜力；②蒙牛产品质量调查（包括包装、口味、产品质量以及消费者反应等）；③蒙牛乳业的营销特点及行业竞争状况；④广告对蒙牛在芜湖销售的影响程度；⑤当前蒙牛各类乳品在芜湖的消费状况；⑥该行业中蒙牛各产品的经销网络状态。

（2）消费者调查。其主要调研内容有：①消费者对蒙牛的购买形态（购买过什么品牌、购买地点、选购标准等）与消费心理（必需品、偏爱、经济、便利等）；②消费者对乳业各品牌的了解程度（包括功效、特点、价格、包装等）；③消费者对品牌的意识、对本品牌及竞争品牌的观念及品牌忠诚度；④消费者平均月开支及消费比例的统计；⑤消费者对理想乳业的描述；⑥消费者购买蒙牛的动机以及是如何将蒙牛品牌与其他品牌区分开来的。

（3）竞争者调查。其主要调研内容有：①主要竞争者的产品与品牌优、劣势；②主要竞争者的营销方式与营销策略；③主要竞争者的市场概况；④本产品主要竞争者的经销网络状态。

（4）调研对象及抽样。蒙牛在我国乳品业中享有重要地位，各类生活层次的人群都可能购买蒙牛这一品牌，因此调查对象非常广泛。但由于不同群体消费者对某一类产品（或场所）的消费心理、消费行为、消费需求、消费动机、消费决策过程以及信息获取渠道、收入等存在着差异，导致消费购买习惯产生差异性，因此，他（她）们在选择蒙牛的品牌、档次、价格方面都会有所不同。为了准确、快速地得出调查结果，此次调查决定采用分层随机抽样法：由于芜湖各大超市坐落地点不同以及价格上存在差异，因此，消费者会根据超市距家的便捷程度以及价格、种类的不同而选择购买，所以应在芜湖各大超市门口对消费者进行随机抽样，如世纪联华、乐天玛特、沃尔玛、上海华联等。此外，分布在芜湖各大学校的在校学生也是本次调查的对象，因其年龄、消费观，以及对金钱的支配程度、认知等差异性，决定采用判断抽样法。此外，除了以上两种调查方案之外，我们也会采取电话调查、入户调查、邮寄调查等方法。

随机抽样调查方法具体情况如下：

消费者：300名

经销商：5家

大型综合商场：1家

中型综合商场：2家

专卖店：2家

综合商场：5家

判断抽样调查方法具体情况如下：

幼儿园：50名

小学生：80名

中学生：120名

大学生：200名

电话调查方法具体情况如下：

弋江区：拨打20家

鸠江区：拨打20家

镜湖区：拨打20家

三山区：拨打20家

入户调查方法具体情况如下：

市中心附近小区：长江长现代城，春江花园

远离市区小区：鸠江区大圣小区，弋江区春暖花开小区

邮寄调查方法具体情况如下：

主要针对网购人群采取邮寄调查方法，调查者样本要求包括：①家庭成员中没有人在蒙牛乳业生产单位或经销单位工作。②家庭成员中没有人在市场调查公司或广告公司工作。③消费者没有在最近半年内接受过类似产品的市场调查测试。④消费者所学专业不能为市场营销、调查或广告类。

4.设计调查问卷

关于蒙牛广告宣传对品牌影响消费者调查

（请您在问卷的方框内选择您的意见并打上"√"号）

（1）您来超市的距离有多远？

□3千米内 □5千米内 □8千米内 □10千米内

（2）您饮用蒙牛乳品的频率：

□每天饮用 □一周饮用一次 □很少饮用 □从不饮用

（3）您每月购买乳品的花费：

□50元以下 □50元～100元 □100元～150元 □150元～200元

（4）您比较信赖哪个乳品类品牌？

□蒙牛 □伊利 □光明 □其他

（5）您是通过何种渠道深化了对蒙牛品牌的认知？

□广告宣传 □促销活动 □身边人都在饮用 □其他

（6）您认为蒙牛广告宣传对您产生的购买行为影响大吗？

□影响较大 □影响不大 □没影响

（7）您认为蒙牛产品在哪些方面需要改进？

□包装 □口味 □价格 □其他

（8）您会继续信赖蒙牛品牌吗？

□会 □不会

（9）说说您对蒙牛未来发展的几点意见以及建议：

_____

_____

_____

5.市场调查进度安排

市场调研大致来说可分为准备、实施和结果处理三个阶段。

（1）准备阶段：其一般分为界定调研问题、设计调研方案、设计调研问卷或调研提纲三个部分。

（2）实施阶段：根据调研要求，采用多种形式，由调研人员广泛地收集与调查活动有关的信息。

（3）结果处理阶段：将收集的信息进行汇总、归纳、整理和分析，并将调研结果以书面的形式——调研报告表述出来。

在客户确认项目后，有计划地安排调研工作的各项日程，用以规范和保证调研工作的顺利实施。按照调研的实施程序，可分为八个小项来对时间进行具体安排：

调研方案、问卷的设计　　　　　　　…………3个工作日

调研方案、问卷的修改、确认　　　　…………1个工作日

项目准备阶段（人员培训、安排）　　…………1个工作日

实地访问阶段　　　　　　　　　　　…………5个工作日

数据预处理阶段　　　　　　　　　　…………2个工作日

数据统计分析阶段　　　　　　　　　…………3个工作日

调研报告撰写阶段　　　　　　　　　…………2个工作日

论证阶段　　　　　　　　　　　　　…………2个工作日

6.市场调查经费预算（见表1-3）

表1-3　　　　　　　　　　　　　　　经费预算表

序号	项目	金额（元）
（1）	策划费	2 000
（2）	交通费	800
（3）	调查人员培训费	1 200
（4）	公关费	500
（5）	访谈费	500
（6）	问卷调查费	1 800
（7）	统计费	1 500
（8）	报告费	1 000
	合计	9 300

7.调查的组织计划

（1）人员安排。根据所设计的调研方案，在全国范围内进行本次调研所需要的人员有三种：调研督导、调查员、复核员。其具体配置如下：

调研督导：5名。

调查员：100名（其中，60名对消费者进行问卷调查，40名对学生群体进行问卷调查）。

复核员：10~15名可由督导兼职，也可另外招聘。

如有必要，还将配备辅助督导（10名），协助进行访谈、收发和检查问卷与派送礼品。问卷的复核比例为全部问卷数量的30%，全部采用电话复核方式，复核时间为问卷回收的24小时内。

（2）调查员的规定。①仪表端正、大方。②举止谈吐得体，态度亲切、热情。③具有认真负责、积极的工作精神及职业热情。④具有把握谈话气氛的能力。⑤经过专门的市场调查培训，专业素质良好。

（3）调查员的培训。培训必须以实效为导向，本次调查员的培训决定采用举办培训班、集中讲授的方法，针对本次活动聘请有丰富经验的调查员面授调查技巧、经验，并对他们进行思想道德方面的教育，使之充分认识到市场调查的重要意义，培养他们强烈的事业心和责任感，端正其工作态度、作风，激发他们对调查工作的积极性。

（4）具体实施方法。在完成市场调查问卷的设计与制作以及调查员的培训等相关工作后，就可以开展具体的问卷调查了。将调查问卷平均分发给各调查员，统一选择上午9点之后或傍晚这段时间开始进行调查（因为一般9点各大超市才开门营业，便于集中调查，能够为本次调查节约时间和成本）。调查员在对消费者进行调查时需要说明来意，并特别声明在调查结束后将赠送被调查者精美礼物一份，以吸引被调查者的积极参与，并得到准确有效的调查结果。在调查过程中，调查员应当耐心等待，切不可督促。记得一定要求被调查者在调查问卷上写明姓名、电话号码，以便日后的问卷复核。调查员可以在当时收回问卷，也可以于第二天收回（这有利于被调查者充分考虑，得出更为真实有效的结果）。

由于调查形式的不同，对调查者所提出的要求也有所差异。与经销商进行深度访谈的调查者（访员）相对于实施问卷调查的调查者而言，其专业水平要求更高一些。因为时间较长，调查员对经销商进行深度访谈以前，一般要预约好时间并承诺给予一定的报酬，访谈前调查员要做好充分的准备，列出调查所要了解的所有问题。调查者在访谈过程中应当占据主导地位，把握整个谈话的方向，能够准确筛选谈话内容并快速做好笔记，以得到真实有效的调查结果。

调查者查找资料时应当注意其权威性及时效性，以尽量减少误差。由于该工作的简易性，其可以直接由复核员完成。入户调查者应当有礼貌地入户调查，说明来意，并赠送礼品；电话调查者在拨打电话时要说明意图，耐心礼貌地进行访问。

资料来源　根据https://www.renrendoc.com/paper/111188060.html相关资料整理而得。

任务实训

知识拓展1-2

实训：以小组为单位制作一份市场调查方案

实训目的：

1.培养团队成员的协作意识。

2.培养市场调查方案设计的能力。

实训准备：

1.智慧教室或一体化实训室，能够围坐在一起交流。

2.学习用具。

实训内容：

1.将学生分成4~5组，以小组为单位组建公司。

2.分析学生所在小组的群体状况（和谐程度、优势与缺点、团体氛围等），并表述公司愿景目标。

3.每个小组成员制订一份市场调查方案。

4.班级组织交流，每个公司推选2名成员做出介绍，并进行现场质询与评价。

实训要求：

1.组建的公司主营业务明确且合理合法。

2.每个同学在小组内必须承担公司某一职位。

3.每个同学必须积极参与研讨，不允许"搭便车"。

4.展示交流时尊重发言同学，不允许随意打断。

成果要求：

每组同学提交一份《××公司市场调查方案》。

考核及评价：

1.每组制订一份市场调查方案作为一次作业。

2.根据班级交流中的具体表现评定成绩，填写表1-4。

表1-4　　　　　　　　　　　　　　　实训考核评价表

评量向度	小组互评	教师复评	综合得分
团队协作性（20%）			
环节连贯性（20%）			
内容专业性（20%）			
气氛感染力（20%）			
团队贡献度（10%）			
语言表达力（10%）			
合计			

基本训练

一、单项选择题

基本训练1

答案

1.市场调查首先要解决的问题是（　　　）。

A.明确调查目的　　　　　　　　　B.明确调查项目

C.确定调查形式　　　　　　　　　D.确定调查方法

2.市场调查的目的是（　　　）。

A.预见市场未来的发展趋势　　　　B.为经营决策提供依据

C.了解市场活动的历史与现状　　　D.收集企业生产活动的相关信息

3.在开发产品、开发新市场等情况下开展的市场调查活动，通常属于（　　　）。

A.经常性市场调查　　　　　　　　B.不定期市场调查

C.定期市场调查　　　　　　　　　D.临时性市场调查

4.下列项目中，不属于市场调查主要任务的是（　　　）。

A.探求商品销售的潜在数量　　　　B.寻求合理的流通渠道形式

C.寻找商品适销对路的途径　　　　D.评价选择少投入、多产出的方案

5.要求受访者回答有没有做过，或者是否准备做某事以及是否拥有某物的问题是（　　　）。

A.事实性问题　　　　　　　　　　B.行为性问题

C.动机性问题　　　　　　　　　　D.态度性问题

6.我国著名的市场调查公司零点公司属于（　　　）。

A.外资研究公司　　　　　　　　　B.国有持股公司

C.民营市场调查公司　　　　　　　D.非经营性学术性调查机构

7.受访者感到有心理压力的不乐意或很难做出正面回答的问题，适合采用的提问方式是（　　　）。

A.直接提问　　　　　　　　　　　B.间接提问

C.虚拟提问　　　　　　　　　　　D.假设提问

8.调查方案的制订，最主要的依据是调查的（　　　）。

A.内容　　　　　B.目的　　　　　C.方法　　　　　D.资料

9.在对研究对象缺乏了解的情况下，要回答"有没有、是不是"等问题时进行研究的调查是（　　　）。

A.描述性调查　　　　　　　　　　B.因果性调查

C.探测性调查　　　　　　　　　　D.实地性调查

10.下列选项中，不属于市场调查策划内容的是（　　　）。

A.调查目的　　　　　　　　　　　B.确定调查对象和调查单位

C.市场调查报告撰写　　　　　　　D.调查项目的费用与预算

二、判断题

1.市场调查方案设计是从定性认识过渡到定量认识的开始阶段。　　　　　　　（　　　）

2.市场信息具有较强的无序性和可传递性。 （　　）

3.选择调查组织形式，主要是选定收集第二手资料进行实地调查的组织形式。 （　　）

4.市场调查实践中常用的典型调查、重点调查，其实质属于配额抽样法的具体应用。 （　　）

5.内容项目较多，比较复杂，需要深入探求的调查内容，以面谈访问或留置问卷的调查方式进行调查为好。 （　　）

6.间接资料不受调查人员和调查对象主观因素的干扰，反映的信息内容较为真实客观。 （　　）

7.调查对象是指根据调查目的、任务确定调查的范围以及所要调查的总体，调查单位是指开展调查的单位或部门。 （　　）

8.在选择焦点座谈会的参加对象时，应当选择有经验的、经常参加座谈会的人员。 （　　）

9.市场调查方案可以在市场调查进行过程中设计。 （　　）

10.调查方案能否体现调查目的和要求，是市场调查方案总体评价的重要方面。 （　　）

项目二

调查方法与工具设计

任务导入

任务导入

　　韩云的服装公司所委托的市场调查机构已经成功完成了调查问题的确定、调查计划的制订、调查方案的设计。市场调查是一项复杂的、严肃的、技术性较强的工作，一项全国性的市场调查往往需要组织成千上万的人员参加。首先，必须事先制订一份科学、严密、可行的调查方案；其次，需要选择调查方式与方法并借助合适的调查工具；最后，在市场调查过程中需要进行控制与监督。

学习目标

★ 知识目标

1. 能够说出市场调查方案的一般格式；

2. 能够描述市场调查方案的要求；

3. 能够列举比较各种市场调查工具的优缺点；

4. 能够陈述调查过程的控制与监督内容。

★ 能力目标

1. 能够撰写合格的市场调查方案实施计划；

2. 能够根据调查项目选择合适的调查方式与方法；

3. 能够运用市场调查工具。

★ 素养目标

1. 具备深刻理解习近平新时代中国特色社会主义思想理论体系内涵的素养；

2. 具备分析理解市场调查工具为我国经济高质量发展提供的帮助的重要性；

3. 具备建立团队合作的能力，能够积极主动地与他人交流、分享学习成果；

4. 具备建立务实认真的工作作风，积极参加项目调查所要求的实践和操作活动。

任务1　调查方法选择

【任务解析】

市场调查目标和计划确定以后，接下来就要选择合适的方式和方法，通过本任务的学习，学生能够认识各种调查方式与方法的含义，能够比较各种调查方式与方法的作用，能够执行依据调查项目选择合适的调查方式与方法。

【知识链接】

一、调查方式的分类

微课 2-1

调查方式的分类

市场调查中的一手资料，是指通过科学的、系统的调查方法从市场上获得的信息。一手资料相对而言更全面、更准确，并能够客观反映市场的变化，是企业分析市场和制定决策的重要依据之一。

按照调查样本的选取方式，一手资料的获取可分为两大类：一类是涉及全体的调查，如全面调查；另一类是涉及部分的调查，即非全面调查，如抽样调查、典型调查及重点调查等。由于样本选取的多寡及对研究对象实施调查的深度与广度不同，不同方式的调查具有不同的特点和作用。

（一）全面调查

全面调查是对调查对象的所有单位逐一进行调查的调查方式。例如，要掌握全国人口总数及其构成情况，就需要对全国每一户居民进行调查。各种普查和多数的定期统计报表，都属于全面调查。全面调查需要耗费较多的人力、物力、财力和时间，因此，通常仅用来反映最基本、最重要的社会经济现象资料。其具有全面性、精确性、周期性和统一性的特点。同时，全面调查存在以下的局限性：①全面调查时间较长，人力、资金消耗较大。②由于全面调查方法要高度统一、集中，因此就要求每次全面调查必须有一个高度集中的组织协调班子，有严密的全盘考虑和计划，要规定统一的调查时间，局限较多。③全面调查无法做到深入、细致。

（二）抽样调查

抽样调查是一种非全面调查，其是从全部调查研究对象中抽选一部分单位进行调查，并据以对全部调查研究对象做出估计和推断的一种调查方法。显然，抽样调查虽然是非全面调查，但其目的是获得反映总体情况的信息资料，因而也可以起到全面调查的作用。根据抽选样本的方法，抽样调查可分为概率抽样和非概率抽样两类。概率抽样是按照概率论和数理统计的原理从调查研究的总体中，根据随机原则来抽选样本，并从数量上对总体的某些特征做出估计推断，对所推断的可能出现的误差从概率意义上加以控制。习惯上将概率抽样称为抽样调查。抽样调查具有经济性、调查周期短、时效快、灵活性和相对准确性的特点。

二、调查方法的选择

（一）文案调查法

1.文案调查法的定义

文案调查法又称文献资料调查法，是指利用各种文献、档案资料所进行的调查。其包括两个方面的内容：一是从文献档案资料（包括公开资料和未公开资料）中检索出有用的资料；二是不断地查索新的有关文献资料。文献调查的作用在于，可以为企业的产品销售活动提供部分必要的信息，同时也为实地调查打下基础，从而节约大量的实地调查费用开支，节约调查时间，并为实地调查提出所需调查的问题，鉴别资料的来源。

微课 2-2
调查方法的
选择

2.文案调查法的资料来源

在文案调查中，熟悉文献资料的来源及其检索方法，是调查工作成败的关键。文献资料最主要的来源是企业内部资料、有关机构资料、图书资料等三大类。

（1）企业内部资料。其主要来源为调查人员个人笔记和企业档案，前者包括各次调查的资料积累，后者则是企业的历史记录，如客户名单、历年销售记录、市场报告、客户函电等内容。

（2）有关机构资料。这种资料可以通过函索或走访的形式向有关机构索取。调查人员在函索资料时，要注意给人创造良好的印象，同时要向对方说明本企业的业务范围，并使对方对你所提出的问题感兴趣，此外，还要说明需要什么样的资料。

通常情况下，可以为调查人员提供市场资料的机构包括：①政府机构。从政府的有关部门也可以获取有关当地社会经济发展、人口等内容的文献资料，以及有关的经济政策法规等。这些机构一般包括：统计部门、市场监督管理部门、税务部门、专业委员会和工业主管部门等。②行业协会和商会。其可以为调查人员提供如会员名单、会员经营状况和发展水平等，对调查工作有用的资料。③消费者组织。很多消费者组织经常查验在各自地区行销的各种产品的情况，并在定期刊物上公布有关结果，其还针对零售价格的变动情况提供报告，现场走访顾客，普遍收集意见，类似这样的资料对市场调查是十分有用的。④各类企业。要做好文献调查，就应将活跃在当地市场上的企业公司作为重要的市场调查资料来源。有关企业的产品目录、商品说明书、价格单、经销商名单、年度报告、财务报表或其他资料，有关竞争对手或可能成为竞争对手的资料，都可以从企业资料中获得。上述各种机构所提供的资料，相当一部分来自各种出版刊物，如果调查人员十分了解这些刊物，也可以从中直接找到所需要的资料。一般而言，市场调查人员应该了解文献目录、工商企业名录、贸易统计资料、报纸和定期刊物、综合性工具书等的使用。

（3）图书资料。其主要包括：①图书馆的图书资料。各类综合性或专业性图书馆，尤其是经贸部门的图书馆，大多可以提供有关市场贸易的具体数字和某些市场的基本经济情况等方面的资料，有时还可能提供有关产品、采购单位等较为具体的资料。各种集编的综合性文献资料还可以提供有关背景材料，也是非常有用的。②出版社的图书资料。很多出版社都出版各类名录，如工商企业名录、商品目录、商品评论、统计资料、工业专题等书刊，此外，出版社的书刊目录对文献调查也很有帮助。报刊出版部门还往往可以提供有关商业广告市场的资料。③研究所的研究成果。不少经济、工业研究所经常发表有关市场调查报告和专题评论文章，能够提供大量的背景材料。

3.文案调查法的工作程序

文案调查是一项繁重而复杂的工作，往往需要较长的时间才能见效。要做好这项工作，市场调查人员除了必须具备丰富的专业知识和实践经验，以及耐心、恒心之外，还要注意工作方法，掌握科学的工作规程，才能充分利用时间，提高工作效率。针对不同的调查项目，文献调查需要解决的问题和解决问题的方法是不同的。然而，对任何文献的调查，都必须首先弄清楚可以得到什么样的材料以及材料的来源。另外，如果需要探讨的问题都是平时缺乏了解的，那么就要从一般到具体地进行调查工作。

确定了材料的来源之后，还应根据具体需要，对这些材料来源进行评估。市场调查人员评估材料来源的标准有下列几项：①综合性，是否能够提供对口而全面的材料；②专业性，是否能够提供足够的专业材料；③专题性，所提供的材料主要与哪些方面的专题有关；④实效性，所提供的材料是否合乎时宜，是近期的还是早期的；⑤可取性，提供材料是否经常、快速和及时，费用如何；⑥准确性，所提供的材料是否准确，来源是什么，是由谁提供的。确定了资料来源并对其进行评估之后，下一步的工作就是对文献资料进行具体的收集和整理。这些步骤构成了文献工作的基本程序。

对文献资料进行收集和整理以后，主要的工作任务就是根据文献资料所提供的情况，对实地调查工作进行市场筛选，从而起到实地调查的先锋作用和择优筛选市场的作用。

筛选市场的工作程序一般分为四个阶段：初选、复选、精选和最后选定。在每个筛选阶段，都有不同的标准和所需要考虑的问题。初选阶段的主要工作，是首先剔除那些企业已经明确表态不进行调查的市场，筛选的依据是企业提出的调查纲要。复选阶段的主要工作，是进一步剔除那些显然没有吸引力和发展潜力的市场，筛选的依据为统计资料所表明的市场状况。精选工作主要是对那些经过以上两个阶段筛选之后保留下来的市场进行深入考虑，就有关市场容量和发展前景进行仔细分析研究，其选择依据是：当地经济发展水平和经济政策，产品消费情况和市场竞争情况。如果当地政策对产品营销不利，则予以剔除；如果当地的统计资料表明，当地对产品的销售前景并不看好，或当地市场竞争过于激烈，则也不宜考虑。同时，还必须考虑本企业在当地市场上的工作经验和与当地客户的关系等。这一阶段工作完成之后，市场调查人员应该较为全面地了解什么样的资料可以通过文献调查收集齐全，什么样的资料还需要通过实地调查加以收集。如有必要，也可以就现有资料的情况，或深入了解更详细的资料，再行筛选。

决定选择对象的工作是市场筛选的最后一个阶段，着重于查明影响企业产品在当地市场上扩大销路的直接因素。如有必要，这一阶段还可以通过函件询问方法与当地市场有关人员或机构取得联系，查询有关商品适销性、产品分销系统、价格和目标细分市场的情况。通过文献调查，如果能够收集齐全上述各项资料，就可以较为准确、全面地掌握客观依据，合理地进行市场筛选，为下一步做好实地调查打下良好的基础。

4.调查资料的整理

文案调查工作全部结束之后，无疑会收集到大量的资料。这些资料如果未经加工整理和分析，是不能用以说明任何问题的。因此，有必要对全部资料进行系统的加工整理，以便为下一步的资料分析工作做好准备。市场调查资料的整理，一般包括下列工作程序：编辑、汇总、分类、制表、分析。

（1）编辑。编辑工作的任务，首先，从市场调查资料中选取一切有关的、重要的参考资料，剔除无关紧要的、没有参考价值的资料。然后，将挑选出来的全部资料按照一定的逻辑顺序排列，使之前后连贯一致，并且根据实际需要，将其中某些数据进行换算或调整，以便进行比较。最后，还要查对资料的可靠性，以确保调查资料的合理和准确，如实反映客观情况。

（2）汇总和分类。汇总工作是将已经收集的并经过编辑选取出来的大量资料从形态上进行编组或按大类分堆集中，使之成为某种可供备用的形式。这项工作必须在资料分析工作开始之前做好。汇总资料从建立专用的资料卷宗入手，根据市场调查报告主要叙述的题目，设立卷宗对有关资料按价格、竞争企业、消费情况、市场环境等专题入卷归案，以供随时调用；同时，为解决一份资料多种用途的问题，还应建立资料互查表和统计工作表。分类的工作任务和工作性质与汇总基本相同，其不同之处主要是对汇总后的资料进一步按小专题细分。资料分类的方法有很多，通常使用较多的是按数量和价值进行划分，如职工人数、人口、收入、营业额等。有时，还可以按地区、年份、产品特点等其他方法分类。分类的操作过程是先分大类，再分小类。资料分类工作对于分析市场变化有着重要的作用，其可以减少资料的项目和类别，便于比较分析，同时还可以将定性分析资料转化为定量分析资料，便于对比市场变化趋势。

（3）制表。制表工作是将有关调查的资料采用适当的表格形式展示出来，以便说明问题或从中发现某种典型的"模式"。制表过程是根据资料的分类，具体统计经过调查所得到的各种意见，制表时需要使用制表单。这种制表单可以记录一个或几个调查问题的各种反馈意见。如果制表只是对实地调查所得到的各种反馈意见进行一般性的分类登记和统计，则采用简单制表单。如果要将更多的信息通过表格反映出来，则需要采用"复式制表"方法，将两个或多个问题有关的资料联系起来，进行制表。

（4）分析。市场调查所获得的全部原始资料经过编辑、汇总和分类、制表等阶段之后，就可以转入下一步的工作——资料分析。这是整个市场调查的资料工作的最后阶段。资料分析的主要任务是利用经过调查得来的全部情况和数据，验证有关各种因素的相互关系和变化趋势，即将全部的资料适当地组合为足以揭示其所包含的某种意义的模式，以明确地、具体地说明调查结果。

5.文案调查法的分类

（1）文献资料筛选法

文献资料筛选法是指从各类文献资料中分析和筛选出与企业营销活动有关的信息和资制的一种方法，在我国主要是从印刷文献资料中筛选。印刷文献一般有图书、杂志、统计年收益文献、论文文献、论文集、科研报告、专利文献、档案文献、政府政策条例文献、内部资料、地方志等。

（2）情报联络网法

情报联络网法是指企业在一定范围内设立情报联络网，使收集工作可以延伸至企业想要涉及的地区。互联网使这种方法更为有效。企业设立情报网，可以采用重点设立固定情报点，企业选派专人或地区销售人员兼职，一般地区可以与同行业、同部门以及有关情报资料部门挂钩，定期互通情报，以获得各自所需的资料。若企业没有实力建立自己的情报网络，则可以付费使用他人的情报网络。

案例分享 2-1　　　　　　　　　　　**格林斯潘的成名作**

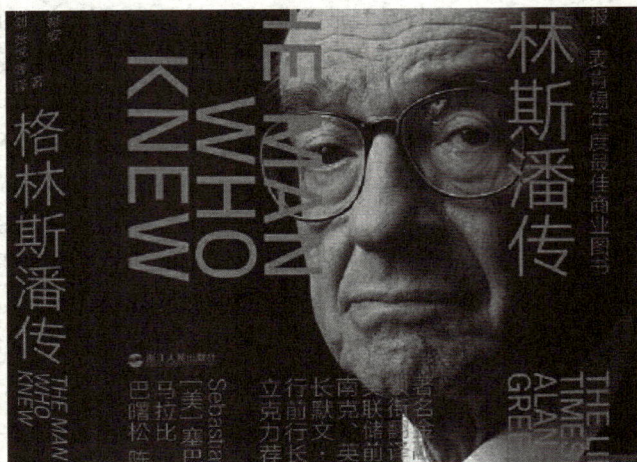

（图片来自网络）

格林斯潘——美联储前主席，开创了美国历史上最长的经济上升期，对美国经济繁荣做出了卓越的贡献，被《纽约时报》喻为美国经济的"火车司机"。在他只是一名学生的时候，就做出了一份令人刮目相看的调查报告，为其以后的人生辉煌打下了坚实的基础。

那是 1950 年，朝鲜战争爆发，美国五角大楼将所有的军用物资购买计划列为保密文件，包括美国国际工业联合会在内的投资机构都想了解美国政府对原材料的需求量，从而预测备战计划对股市的影响。这在平时只要翻看有关的文件就可以了，但在战时则是不可能的。所以，在人才济济的美国国际工业联合会内部没有人愿意去调查这一切。有个年轻的兼职调查员自告奋勇，他就是当时还是纽约大学学生的格林斯潘。老板实在找不到其他人了，只能让他试试。

格林斯潘是怎么开展调查的呢？他首先想到 1949 年，朝鲜战争还没有爆发，军事会议还没有保密。于是，他花费大量精力研究了一年来的新闻报道和政府公告，了解到 1949 年和 1950 年美国空军的规模和准备基本一致。他又从 1949 年的记录中了解到美国有多少架飞机、新战斗机的型号、后备战斗机的数量，从而预测出战争期间美国型号战斗机的需求量。格林斯潘又找到各种飞机制造厂的技术报告和工程手册进行仔细研读，弄清了每个型号战斗机需要的原材料。综合两个方面的调查，格林斯潘推算出了美国政府对原材料的总需求量。

由于他计算出的数字非常接近当时美国政府保密文件中的数字，这给投资者带来了丰厚的回报。格林斯潘由此引起了人们的关注。

资料来源　肖华. 捷径有时候就是一条弯路［J］. 青春潮，2008（4）.

（二）访问调查法

1.访问调查法的定义

微课 2-3

访问调查法

访问调查法又称为访谈调查法、询问调查法，是指访问者通过口头交谈等方式向被访问者了解社会情况或探讨社会问题的调查方法。这种调查方法最大的特点是在整个访谈过程中，访问者和被访问者之间互相影响、相互作用，这需要访问者有一定的访谈技巧和控制技巧。

2.访问调查法的适用范围

由于访问调查收集信息资料主要是通过访谈员与被访者面对面直接交谈方式实现的，具有较好的灵活性和适应性，又由于访谈调查的方式简单易行，即使被访者阅读困难或不善于文字表达也可以回答，因此，它尤其适合于文化程度较低的成人或儿童这样的调查对象，所以适用面较广。

访问调查法被广泛运用于市场调查、心理咨询、征求意见等，更多地用于个性、个别化研究；其适用于调查的问题比较深入、调查的对象差别较大、调查的样本较小，或者调查的场所不易接近等情况。

3.访问调查法的特点

（1）它是访问者与被访问者面对面的直接调查。

（2）它是通过交谈方式进行的口头调查。

（3）它是访问者与被访问者双向传导的互动式调查。

（4）它是需要一定的访谈技巧和控制技巧的调查。

4.访问调查法的分类

按照不同的分类标准，访问调查法可划分为不同的种类：

（1）以访问调查内容为标准，划分为标准化访问、非标准化访问和半标准化访问。

①标准化访问，也称结构性访问，就是按照一定的设计、有一定的结构的问卷所进行的访问。其特点在于具有很好的结构，易于标准化。

在访谈的准备期间，受访者的选择标准和选择方法，访谈提纲的设计，涉及的问题、问卷，必须保持一致。在访谈的过程中，访问员根据设计好的调查表、访问提纲，按照一定的顺序逐项提问，精确地记录受访者的回答，访谈结束后的结果比较容易统计分析。

②非标准化访问，也称非结构性访问，就是按照一定的调查目的和一个粗线条的调查提纲进行的访问。

在交谈的过程中，访问员可以根据实际情况的需要做出必要的调整，谈话的气氛比较轻松和谐，访问员和受访者之间容易建立起良好的谈话关系，充分地发挥了受访者的主动性和积极性，能够就一个问题深入了解到受访者最真实的想法和情况。但是，这样的访谈对访问员的要求较高，访问员必须合适地把握谈话的进程和谈话的主题，能够对受访者的回答做出敏感的反应，洞察出对方的言外之意，建立良好的谈话气氛。同时，访谈的结果内容广泛，形式多种多样，难以做出定量的分析。

③半标准化访问，是运用较多的一种访谈形式，是在运用访谈提纲的基础上进行的，事先列出所有的问题或交谈的话题。

（2）以访问调查方式为标准，划分为面谈访问法、电话访问法和邮寄访问法。

①面谈访问法。面谈访问法的主要形式有入户面访调查、街头/商城拦截式面谈访问调查和计算机辅助个人面访调查。

（图片来自网络）

面谈访问法是目前为止在国内使用最为广泛的方法，几乎涉及市场调查的各个应用范围：一是消费者研究。例如，消费者的消费行为研究、消费者的生活形态研究、消费者的满意度研究等。二是媒体研究。例如，媒体接触行为研究、广告效果研究等。三是产品研究。例如，对某产品的使用情况和态度研究、对某产品的追踪研究、对新产品的开发研究等。四是市场容量研究。例如，对某类产品目前的市场容量和近期的市场潜力的估计、各竞争品牌的市场占有率研究等。

②电话访问法。电话访问法又称电话调查法，是指通过电话向被调查者进行问询，了解市场情况的一种方法。电话调查法常常用于样本数量多，调查内容简单明了，易于让人接受，需要快速获取信息的有关事项（如企业对其售后服务的了解）的调查。采用电话调查法，可以坐在办公室里利用现代化的通信工具进行，其大大节省了时间和调查费用，而且能够迅速得到调查结果。

满意度调查

（图片来自网络）

电话调查法常用的形式有四种：传统电话访谈、中心控制电话访谈、计算机辅助电话访谈（CATI）、全自动电话访谈（CATS）。

③邮寄访问法。邮寄访问法又称邮寄调查法，目前，我国市场调查中极少采用邮寄调查的方法收集数据。在欧洲国家，邮寄调查所占的比例也远远低于电话调查和面访调查。其原因主要是邮寄调查法的众多局限性。一般来说，在调查的时效性要求不高，调查对象的名单、地址都比较清楚，调查经费比较紧缺，而调查的内容又比较多、比较敏感的情况下，采用邮寄调查法是比较合适的。其涉及的内容范围可以是有关日常的消费、日常的购物习惯、日常接触媒体的习惯等比较具体的方面，也可以是有关消费观念、生活形态、意识、看法、满意度或态度等比较抽象的方面。

案例分享2-2　　　　　　　　　　　　**电话调查导致拒签的原因**

学生方某在拿到国外大学的录取通知书后，开始办理签证手续。其父母多年来一直在经营一家个体饭店，该饭店的效益不错，年利润20多万元。为此，方某提供了包括饭店的个体工商户营业执照复印件、税单等相关真实合法的签证材料，但结果却出人意料——拒签。

该案例容易让人忽略一些细节问题，如果稍不注意就会导致一些麻烦。本案例是一个典型案例，复杂的资金情况容易让人提高警惕。认真细致地对待签证审核的每一个环节，反而容易获得通过。

首先，移民局签证官对其担保人的收入有所怀疑。方某的母亲是资金担保人，但营业执照上的经营者姓名是方某的舅舅。由于没有提供相关的亲属关系公证，也没有明确解释说明该人与其具有相关的亲属关系，又没有拿出饭店的实际经营者是其母亲等证明材料，从而引起了签证官的怀疑。

其次，在移民局大使馆电话调查中，也出现了问题。方家的饭店里装有两部座机，一部装在店堂内，另一部装在里间的办公室。方母是用办公室的电话回答的问题。由于里间电话里传来的声音非常安静，听不到饭店该有的嘈杂声，签证官有理由质疑饭店的真实性。

此外，调查中还存在语言沟通障碍的问题。大使馆调查者是中方人员，使用的是普通话，但是方母是南方人，对普通话不太熟悉。在调查时，方母将一些关键词理解错误，导致一些问题的回答并不准确。

因此，从中可以看出，对于材料准备中的细节问题应该注意，有出入的地方要做出合理解释。另外，电话调查的问题也不能掉以轻心，注意场景问题和沟通中的准确性。

资料来源　陈伟. 市场调查与预测［M］. 哈尔滨：哈尔滨工程大学出版社，2012.

（三）观察法

1.观察法的定义

观察法是观察者根据研究目的，有组织、有计划地运用自身的感觉器官或者借助科学的观察工具，直接收集当时正在发生的、处于自然状态下的市场现象有关资料的方法。

微课 2-4

观察法

2.观察法的基本分类

观察者为了取得所需要的市场现象资料，往往要在不同情况下采取不同类型的观察方法。按照不同的区分标准，观察法可分为不同的收集资料的具体方法。

（1）直接观察法、间接观察法和借助观察工具的观察法

直接观察法又可以分为公开观察和隐蔽观察两种方法。调查人员在调查地点的公开观察，称为公开观察，即被调查者意识到有人在观察自己的言行。隐蔽观察是指被调查者没有意识到自己的行为已被观察和记录。在大多数的情况下，这两种方法是直接收集第一手资料的调查方法。例如，超级市场的经营者可以通过公开观察来记录顾客流量，统计客流规律和商店购买人次，重新设计商品的陈列和布局。通常在超级市场的入口处，陈列着厂家推销的新产品或者商店推销的季节性商品。顾客走进商店时，多半会驻足观看，甚至选购这些商品。市场调查人员可以利用这一机会，观察和收集消费者对新产品或季节性产品的注意力以及购买情况的资料。商店经营者往往需要了解竞争对手的经营情况，隐蔽观察可以作为直接收集竞争对手资料的调查方法。如果企业派遣市场调查人员作为顾客到竞争对手的商店进行直接观察，将可以获取竞争对手商品的花色品种、价格，陈设和布局，商店的促销活动，销售人员的服务等方面的资料。

间接观察法是通过对实物的观察，来追索和了解过去所发生的事情，故又称为对实物的观察法。查尔斯·巴林在本世纪初对美国芝加哥街区垃圾的调查，便是间接观察法的一个例子。这种对垃圾的调查方法，后来演变成为市场调查的一种特殊的、重要的方法——"垃圾学"。所谓的"垃圾学"，是指市场调查人员通过对家庭垃圾的观察与记录，收集家庭消费资料的调查方法。这种调查方法的特点是调查人员并不直接对住户进行调查，而是通过查看住户所处理的垃圾，进行对家庭食品消费的调查。美国亚利桑那大学的几位社会学教授曾采用"垃圾学"的方法，调查士克桑市居民的食品消费情况。调查结果表明，士克桑市居民每年浪费9 500吨食品；被丢弃的食品中有许多是诸如一整块牛排、一个苹果或者一听打开的豆子罐头等可以食用的食品；低收入家庭比高收入家庭能够更合理地安排食品消费；所有的家庭都减少对高脂肪、高蛋白食品的消费，但对方便食品的消费有增无减。这项由政府资助的项目得到了有关方面的高度重视，针对调查美国居民的食品消费提供了样本和数据。另一种比较常用的间接观察法是食品柜调查法。调查人员通过查看住户的食品柜，记录住户所购买的食品品牌、数量和品种等，收集家庭食品的购买和消费的资料。同样，市场调查人员还可以利用记录和计算零售商和中间商的存货水平，对某一品牌的商品在某一地区甚至全国范围内进行市场份额、季节性购买方式等营销活动的市场调研。

随着科学技术的发展，各种先进的仪器、仪表等手段被逐渐地应用到市场调查中。市场调查人员可以借助摄像机、交通计数器、监测器、闭路电视、计算机等观察或记录被调查对象的行为或所发生的事情，以提高调查的准确性。全球著名的市场监测和数据分析公司——尼尔森曾采用尼尔森电视指数系统评估美国的电视收视情况。尼尔森电视指数系统代替了传统的调查小组日记的方法。尼尔森公司抽样挑出2 000户有代表性的家庭为调查对象，并为这2 000户家庭分别安装了一个收视计数器。当被调查者打开电

视时，计数器自动提醒收视者输入收视时间、收视人数、收看频道和节目等数据。所输入的数据通过电话线传输到公司的电脑中心，再由尼尔森公司的调查人员对电脑记录的数据进行整理和分析工作。利用现金扫描机对商品条形码做出记录，又是另外一种普遍应用的市场调查法。例如，商店经营者可以借助现金扫描机的记录对该商店的促销活动进行调查，了解消费者对某些商品降价的反应，以及这一反应对公司利润的影响。其他被借助于市场调查的仪器还有眼睛轨迹测量器、瞳孔测量仪、脉搏计数器、音调分析器等，市场调查人员凭借这些仪器观察和测量广告对人体生理的影响以及个体对促销感染力的反应。但是，借助仪器观察人体反应的调查需要取得被调查者的同意和协作，而且必须在调查人员所设计的实验室或其他特定环境中进行。这也是借助机械的观察法与其他尽可能保持市场自然状态的观察法的不同之处。

（2）有结构观察和无结构观察

根据观察者对观察内容是否有统一设计、有一定结构的观察项目和要求，观察法可分为有结构观察和无结构观察。

有结构观察是指事先制订出观察计划，为观察对象、范围、内容、程序等做出严格的规定，在观察过程中必须严格按照计划进行。有结构观察的突出特点是观察过程的标准化程度高，所得到的调查资料比较系统。当然，有结构观察的关键在于事先对市场现象做出探索性分析研究，制订出既有实用性又有科学性的观察计划。

无结构观察是指对观察的内容、程序等事先并不能严格规定，只要求观察者有一个总的观察目的和原则，或有一个大致的观察内容和范围，在观察时根据现场的实际情况，进行有选择的观察。无结构观察的显著优点是灵活性较大，调查者在观察过程中，可以在事先拟定好的初步提纲的基础上，充分发挥主观能动性。但是，无结构观察的资料一般不够系统，不便于资料的整理和分析。

3. 观察法在市场调查中的应用范围

观察法在市场调查中的应用范围有：①对实际行动的观察。例如，调查人员通过对顾客购物行为的观察，预测某种商品的销售情况。②对语言行为的观察。例如，观察顾客与售货员的谈话。③对表现行为的观察。例如，观察顾客谈话时的面部表情等身体语言的表现。④对空间关系和地点的观察。例如，利用交通计数器对来往车流量的记录。⑤对时间的观察。例如，观察顾客进出商店以及在商店内逗留的时间。⑥对文字记录的观察。例如，观察人们对广告文字内容的反应。

与其他几种市场调查方法相比，观察法是在一种日常的、自然状态的情况下对市场进行的调查，其可以不与被调查对象进行口头或书面的沟通。访问调查、问卷调查、电话访谈等市场调查方法都强调了调查对象的配合和语言上的反馈，而观察法强调的是在不打扰调查对象的前提下，调查人员对调查对象的行为进行系统的观察和记录。如果一家商店的经营者打算既不影响商店的正常营业，又能够调查商店顾客的流量和购物时间，在这种情况下选用观察法就非常合适。在某种场合下，观察法或许是唯一能够收集较为真实资料的调查手段。假设某玩具生产商要对学龄前儿童偏好哪些玩具进行调查。市场调查人员可以采用两种方法：一种方法是对儿童家长的调查。通过对家长的调查，了解儿童对某些玩具的偏好情况。但是，调查的结果未必完全是真实的。另一种方法是观察法。针对学龄前儿童的特点，调查人员设计出对一组儿童与某些玩具的观察方案。在观察这一组儿童与玩具的过程中，记录下每个孩子的行为，例如，孩子对某一玩具是否特别感兴趣？这个孩子玩这一玩具的时间有多长？其他孩子对这一玩具也同样感兴趣吗？通过观察和记录，市场调查人员将取得学龄前儿童对某些玩具偏好的第一手资料。

案例分享2-3　　　　　　　　　　　如何利用观察法

美国有一家玩具工厂，为了选择一个畅销的玩具娃娃品种，其使用了观察法来帮助自己做出决策。他们首先设计了10种玩具娃娃，放在一间屋子里，并请来孩子做出决策。每次请来一个小孩，让她玩娃娃，在无拘束的气氛下观察这个小孩喜欢的是哪种玩具娃娃。为了求真，这一切都是在不受他人干扰的情况下进行的。关上门，通过录像进行观察，如此往复，通过对300个孩子的调查，最终确定了玩具娃娃的生产品种。

资料来源　夏学文. 市场调查与分析［M］. 2版. 北京：高等教育出版社，2019.

（四）实验调查法

1. 实验调查法的定义

微课2-5
实验调查法

实验调查法是指调查人员从影响调查对象的诸多因素中，有目的地选出一个或几个因素，在其他情况不变的条件下，改变所选因素以观察市场调查对象的变动情况，从而确定其存在的因果关系，以了解市场现象的本质特征和发展规律。简单地用数学方法来说，就是改变自变量X，观察因变量Y的变动情况，从而确定两者之间的相互关系。实验调查法的最大特点是将调查对象置于非自然状态下开展市场调查。实验调查法的核心问题是将实验变量（自变量和因变量）从诸多因素的作用中分离出来，并给予鉴定。实验调查法的目的是查明实验对象的因果关系。

实验调查法在市场调查中应用的范围比较广泛。一种产品进入市场或改变包装设计、价格、广告、陈列方法、推销方法等因素时，均可首先进行一个小规模的实验，然后决定是否需要大规模推广。例如，包装对产品销量的影响，广告对品牌态度、品牌偏好的影响等。

2. 实验调查法的分类

（1）按照实验的场所分类，可分为实验室实验和现场实验两种方法。

实验室实验是在人造的环境下进行实验，研究人员可以进行比较严格的高水平的实验控制，比较容易操作，所需的时间比较短，所需的费用也比较低。实验室实验的内部有效性一般比较高，即观察值和测量值比较准确，可以比较准确地判断变量之间的因果关系。但是，由于实验是在实验室的环境下进行的，因此一般情况下外部有效性比较低。

现场实验是在实际的环境下进行实验，研究人员不太容易对实验进行严格的高水平的控制，比较难操作，所需的时间比较长，所需的费用比较高。虽然现场实验的内部有效性可能比较低，但是其外部有效性一般比较高，即其实验结果具有较高的实用意义。

（2）按照实验是否将实验单位随机分组分类，可分为非随机性实验（又称非正式的或伪实验）和随机性实验（又称正式的或真正的实验）。

非随机性实验按照是否将实验单位分成处理组和控制组（又称对照组），以及按照是只做事后测量还是同时也做事前测量，可以分成四种方式：事后设计、有控制组的事后设计、事前事后设计、有控制组的事前事后设计。

随机性实验根据自变量（处理变量或因子）的多少，外来变量的多少，以及是否考虑因子之间的交互作用，可以分为完全随机化设计、随机区组设计、拉丁方设计、交实验设计等。

3.实验调查法的特点

实验调查法的优点是方法比较科学，可以有控制地分析、研究某些市场变量之间是否存在着因果关系，以及自变量的变动对因变量的影响程度，能够获得比较正确的资料、数据和有关信息。其缺点是不容易选择相同的实验条件，不易掌握变动的因素，不易比较实验结果，完成实验需要较长的时间和较高的费用。

4.实验调查法的工作步骤

实验调查法的工作程序主要有五个步骤：根据调查项目和要求，提出所需研究的假设，确定实验自变量；进行实验的设计，确定实验检定方法；严格按照实验设计的进程进行实验，并对实验结果进行认真观测和记录；对观测结果进行整理分析，得出实验结果；撰写调查报告。

案例分享2-4　　　　　　　　百事可乐"打倒"可口可乐

1975年，百事可乐公司在达拉斯进行了品尝实验，将百事可乐和可口可乐全部去掉商标，分别以字母M和字母Q作为暗记。结果表明，百事可乐比可口可乐更受欢迎。BBDO公司对此大肆宣传，在广告中表现的是，可口可乐的主顾选择标有字母M的百事可乐，而标有字母Q的可口可乐却无人问津。广告宣传完全达到了百事可乐和BBDO公司预期的目标：让消费者重新考虑他们对"老"可乐的忠诚，并将其与"新"可乐相比较。可口可乐公司对此束手无策，除了指责这种比较不道德，并且吹毛求疵地认为人们对字母M的偏见之外，毫无办法。

资料来源　根据百事可乐公司相关资料整理而得。

（五）网络调查法

1.网络调查法的定义

随着信息技术的发展，互联网在人们的生活中占据了非常重要的位置。于是，从传统的面对面的市场调查中衍生出了一个新兴的网上市场调查方式。这种通过网络的市场调查方式，快速地扩大了市场调查的人群数及地域度，让更多的人能够参与到市场调查的活动中，这样既节省了人力、物力，还能够使调查数据更加符合如今的市场状况。网络调查法就是借助计算机互联网与被调查者接触、收集数据或资料的一种市场调查方法。与传统调查方法相比，网络调查法有其鲜明的特色，因此，无论是在二手资料收集还是在一手资料收集方面，都发挥着重要的作用。互联网作为一种信息沟通渠道，其特点在于开放性、自由性、平等性、广泛性和直接性等。网络调查法具有传统调查方法所不可比拟的优势。

微课2-6

网络调查法

2.网络调查法的特点

（1）网络调查成本低

网络调查与面访、邮寄访问、电话访问等离线调查的根本区别在于采样方式的不同。所以，网络调查的成本低主要指的是采样成本低。传统调查往往需要耗费大量的人力、物力，而网络调查只需要有一台可以上网的计算机，通过站点发布电子问卷或组织网上座谈，利用计算机及统计分析软件进行整理分析，省去了传统调查中的印刷问卷、派遣人员、邮寄、电话、繁重的信息采集与录入等工作与费用，既方便又便宜。据业内权威人士介绍，根据经验，离线调查每一个样本的投入大概是120～150元人民币，所以，离线调查者在抽样时，总是希望尽可能地减少样本数。当然，其前提是所抽取的样本数必须能够将调查误差控制在允许的范围之内，从而有效地降低采样的成本，网络调查就没有这样的顾虑。

（2）网络调查速度快

网上信息的传播速度非常快，如用E-mail，几分钟就可以将问卷发送到各地，问卷的回收也相当快速。利用统计分析软件，可以对调查的结果进行即时统计，整个过程非常迅速，而传统的调查要经过很长一段时间才能得出结论。离线调查的三种采样方式的速度存在差异，其中以面访最快，电话访问次之，邮件访问最慢。网络调查采样所需的时间则要少得多，约几天或十几天。这与网络调查问卷的发放、填答、提交皆不受时空限制，即时、快捷相关。无论是将问卷直接放在网上，还是发送E-mail或网上拦截，都可以迅速地将问卷大范围地呈现在被访者面前。问卷的填答虽然可能会花费一些时间，但填答时间完全由自己支配。填答完毕后，问卷的提交也比较简单，只需要点击一下提交按键即可。

（3）网络调查隐匿性好

在调查一些涉及个人隐私的敏感问题时，离线调查尽管可以在问卷设计中通过采用委婉法、间接法、消虑法、虚拟法等手段，在问题和被访者之间增加一些缓冲因素，但是无论如何，离线调查的各种采样方式都会在不同程度上影响被访者的填答心理。一般而言，面访最大，电话访问次之，邮寄访问最小。网民是在完全自愿的情况下参与调查的，对调查的内容往往有一定的兴趣，因此，回答问题时会更加大胆、坦诚，调查结果可能比传统调查更为客观和真实。在互联网上，"没人知道你是一条狗"，可以说，网络调查的隐匿性相比离线调查高得多。网络调查的这一特点可以使被访者在填答问卷时的心理防御机制降至最低程度，从而保证填答内容的真实性。

（4）网络具有互动性

网络调查的这一优势同样是基于网络自身的技术特性。网络的互动性赋予网络调查互动性的优势。网络调查不受时空的限制，可以24小时向天南海北、世界各地进行调查，抽样框相当大，调查范围也相当广泛。

3.网络调查法的分类

根据调查方法的不同，网络调查法可分为网上问卷调查法、网上讨论法、网上观察法和网上实验法等。

（1）网上问卷调查法

网上问卷调查法是在网上发布问卷，被调查对象通过网络填写问卷，完成调查。根据所采用的技术不同，网上问卷调查法一般有两种：一种是站点法，即将问卷放在网络站点上，由访问者自愿填写。另一种是用E-mail将问卷发送给被调查者，被调查者收到问卷后，填写问卷，点击"提交"，问卷答案则回到指定的邮箱。被调查者在填写问卷时甚至不用上网，他们可以先将电子邮件下载，并在发送结果时上线提交即可。利用电子邮件调查具有其局限性，问卷的交互性较差，并且数据的处理会非常麻烦，每份问卷的答案都是以邮件形式发回的，必须重新导入数据库进行处理。网上问卷调查法是最常用的方法，其比较客观、直接，但不能对某些问题做出深入的调查和分析。

（2）网上讨论法

网上讨论法可以通过多种途径实现，如BBS、ICQ、Newsgroup、网络实时交谈（IRC）、网络会议（Netmeeting）等。主持人在相应的讨论组中发布调查项目，请被调查者参与讨论，发表各自观点和意见，或是将分散在不同地域的被调查者通过互联网视讯会议功能能虚拟地组织起来，在主持人的引导下进行讨论。网上讨论法是小组讨论法在互联网上的应用。它的结果需要主持人加以总结和分析，对信息收集和数据处理的模式设计要求很高，难度较大。

（3）网上观察法

网上观察法是对网站的访问情况和网民的网上行为进行观察和监测。大量的网站都在进行这种网上监测。很多可供免费下载的软件，事实上也在进行网上行为监测。使用这种方法最具代表性的是法国的NetValue公司，其重点监测网络用户的网上行为，被称为"基于互联网用户的全景测量"。它调查的主要特点是首先通过大量的"计算机辅助电话调查（CATI）"获得用户的基本人口统计资料，然后从中抽出样本，招募自愿受试者，并下载软件到用户的电脑端，由此记录被试者的全部网上行为。NetValue的独特之处在于：一方面，一般的网上观察是基于网站的，通过网站的计数器来了解访问量停留时间等，而NetValue的测量则是基于用户的，可以全面了解网站和用户的情况。另一方面，NetValue的调查是目前世界上唯一基于TCP/IP进行的，其不仅记录了用户访问的网站，而且记录了网民的上传和下载软件、收发电子邮件等全部网上行为，因此称为"全景测量"。

网络调查的优势在于其可以在更广的范围内，对更多的受众进行信息收集的工作。与传统研究方法相比，其不仅使研究者可以以惊人的低价获得超乎想象的被调查者的情况和资料，而且普通媒介从业人员也可以设计调查题目，通过免费的服务器询问成千上万的人群，为自己的新闻工作服务。设计长问卷的能力不仅局限于处于社会权力中心的组织，如政府机构或者大型媒体，网络调查的低费用使得几乎每一个进入互联网的网民都具有相同的能力。这当然也潜在地使调查过程更为民主化。此外，网络调查还可以以自填的回答方式，通过标准化的方法向被调查者呈现一份多媒体的问卷。这显然是传统调查方法难以做到的。但是与此同时，网络调查也存在潜在的风险，日益增多的调查项目越来越良莠不齐，人们也难以区分好的调查与不好的调查。网络调查的价值也受到人们填答意愿的限制。因为在类似调查的狂轰滥炸下，人们可能干脆不理睬，也可能根据其内容、主题、娱乐性或者调查的其他特性做出参与调查的决定，从而影响到网络调查的可信度。

4.网络调查法的主要步骤

（1）确定目标市场

其主要关注网民中是否存在着被调查群体，规模有多大。

（2）设计调查问卷

首先要在提出问题之前说明调查的目的、意义等，其主要目的是引起被调查者的重视和兴趣，争取他们的积极支持与合作。在确定调查目标市场的基础上，充分考虑被调查者的特征及心理特点，实现调查的目的。注意，问卷不宜过长；问句应简洁易懂，定义清楚；尽量采取选择答案方式；敏感的问题应该婉转迂回地提出，不要让被调查者产生反感。由于互联网交互机制的特点，网上调查可以采用一种传统调查无法实施的方式，即调查问卷分层设计。这种方式适合于过滤性的调查活动，因为有些特定问题仅限于一部分被调查者，所以可以借助层次的过滤寻找适合的回答者。与其他调查方法不同，调查表应当设计得尽量简单、易答。一般网上调查不适用于那些较为复杂的项目。调查问卷应当设计成可以让接受调查的人群在10~15分钟内答完为宜。除了特殊的问题需要被调查者录入文字信息回答外，尽可能让被调查者通过点击鼠标的方式来完成。

（3）选择调查手段

虽然网上调查相对便宜，但如果只是将调查问卷照搬到网上，恐怕是无法获得好的调查效果的。其一般方法如下：

①通过电子邮件发送调查表。这是进行网上市场调查最常见的调查方式。企业无须有自己的网站，只要有被调查者的电子邮件地址就可以了。这种方式简便快捷，费用很低，容易引起被调查者的注意，不过被调查者可能由于无法充分了解到调查的背景，容易产生不信任而不愿意填写调查表。同时，这种调查有一种强加于人的感觉，处理不当很容易招致反感。所以，其主要适用于企业对老客户进行的调查，双方有基本的信任。

②利用自己的网站。网站本身就是宣传媒体，如果企业网站已经拥有固定的访问者，完全可以利用自己的网站开展网上调研。例如，Sun公司希望了解Java或Solaris，就可以在自己的网站上进行类似的调查。如果海尔公司希望获得用户使用投诉的调查，也可以利用自己的网站。

③借用别人的网站。如果企业自己的网站还没有建好，或访问量不大，还可以利用别人的网站进行调查，这与传统在报纸上刊登调查表相似。同样，为了取得较好的调查结果，应当选用针对性较强的网络媒体，特别是借助访问率较高的ICP，或者是与调查课题相配合的专业性信息站点。

④适当使用物质刺激。在网上，时间就是金钱，占用被调查者的时间就意味着占用了他们的金钱。所以，为了鼓励大家积极参与调查，除了调查内容应该有趣、易答外，还应适当地使用物质奖励，以提高大家参与调查的兴趣。

（4）调查结果的分析

这一步骤是市场调查能否发挥作用的关键，可以说与其他调查方法的结果分析类似，其也要尽量排除不合格的问卷，这就需要对大量回收的问卷进行综合分析和论证，包括有些被调查者没有完成全部问卷，造成这种情况的原因是厌烦、断线，还是失去耐心，都要进行具体的分析。

案例分享2-5　　　　　　　　　　　如何利用网络调查研究法

我国对民生问题的研究解决，越来越多地采用了网络调查研究方法。在国家法定节假日方案的调整中，国家发改委采用了网络调查的方法，在其官方网站上刊登问卷，经过一年多的调查论证，决定实行三天小长假和七天大长假相结合的休假方式。国家发改委之所以对假日调整方案采取网络问卷调查，一方面是网民越来越多，并且越来越关注民生问题，另一方面希望针对具体的假日调整方案听取民意，进而做出相应的修改。通过网络调查认识到，"黄金周"带来的负面效应越来越多，比如环保、交通等方面压力剧增，公众的需求随之发生了较大的变化，更加渴求回归传统节日文化，并且在假日得到更好的休息，因此，假日调整方案是对民意的回应。2013年10月和12月，原全国假日办两次联合多家网站发布"法定节假日调休安排调查"，共提出了三个调休方案供网民投票。通过网络调查研究，其更加关注节假日调整方案背后的民生诉求，即休假不是问题，休假而没有后顾之忧才是问题。网络调查结果显示，力争假日调整方案能够满足：一是自己的假期能够自己做主，想什么时候休就什么时候休；二是保证带薪休假，不因休假而影响工资。休假本身就是调整身心状态，以便更好地工作和生活，如果因休假造成收入降低而使得生活质量下滑，那么休假就失去了意义。由此可见，网络调查研究方法可以最大限度地覆盖大多数群众的民生诉求，为国家调整相关政策和方案提供依据。

资料来源　崔禄春. 党员干部要提升调查研究能力［M］. 北京：人民日报出版社，2021.

知识拓展2-1　　　　　　　　　　　　　　　调查宝

调查宝是一个简单易用的在线问卷调查系统，2010年由上海南康科技有限公司创建。它的界面友好、使用简洁，每个人都可以轻松地开展调查活动。通过这个系统，用户可以进行在线调查问卷的设计、调查数据的收集和统计以及统计结果的生成。它的基本功能向用户免费开放，同时也以较低的价格提供高级版本以及增值服务。与其他调查系统相比，调查宝具有快捷、易用、低成本的优势，因此被企业和个人大量使用。

调查宝的使用流程如下：

（1）问卷设计。调查宝的问卷设计界面为所见即所得的设计问卷界面，支持28种题型，可以在问卷中设置跳转逻辑、引用逻辑、给选项设置分数等多种功能，同时还提供数十种的专业问卷模板。

（2）个性定义。用户可以对自己设计的问卷进行多种属性的设置（如是否公开，是否设定密码等），也可以对问卷的外观以及完成后的跳转页面等进行个性化的设定。

（3）多种方式发送。用户可以通过邮件邀请的方式来发送问卷，也可以将问卷直接分享至微博、QQ等社会化网络，还可以用iFrame和Webservice等方式嵌入到网站或者博客中。

（4）统计分析。调查宝向用户提供实时的在线单题统计、分类统计、交叉统计等统计方式，允许用户自定义统计分析报表。用户可以在线查看分析，也可以下载分析报告或原始数据。

（5）质量控制。调查宝提供了配额管理和自定义筛选规则的功能，可以按照用户的要求严格控制调查的质量，使每一项调查都能够严谨、高效地执行，还可以根据填写问卷所用时间、来源地区和网站等筛选出符合条件的答卷集合。

（6）下载调查数据。调查完成后，用户可以下载统计图表到 Word 进行保存、打印，或者下载原始数据到 Excel，进而导入 SPSS 等分析软件进行下一步分析。

资料来源　根据 http://www.surveyportal.cn/ 相关资料整理而得。

三、调查方法对比

调查方法对比见表 2-1。

表 2-1 　　　　　　　　　　　　　　　　调查方法对比表

名称	概念	特点	优点	缺点
文案调查法	文案调查法就是收集文献资料、摘取有用信息的方法	1.历史性 2.间接性 3.非介入性和无反应性	1.超越了时间和空间限制，通过古今中外文献进行调查，可以研究极其广泛的社会情况 2.获得相比口头调查更准确、更可靠的信息 3.是间接的、非介入性的调查，是非常方便、自由、安全的调查，省时、省钱，效率高	1.限于纸面上的调查，缺乏具体性和生动性 2.与客观真实情况之间会有一定的差异 3.落后于现实情况 4.资料难寻觅、难找齐，面对巨量文献会产生茫然无措的困惑，不利于文化水平低的人群
访问调查法	访问调查法就是访问者通过口头交谈等方式直接向被访问者了解社会情况或者探讨社会问题的调查方法	1.访问者与被访问者面对面直接调查 2.通过交谈方式进行的口头调查 3.访问者与被访问者双向传导的互动式调查，需要一定访谈技巧的有控制的调查	1.能够广泛了解各种社会现象 2.能够深入探讨各类社会问题 3.能够提高访问的成功率和可靠性 4.能够适用于各种访问调查对象 5.有利于与被访问者交朋友	1.具有一定的主观性 2.不能匿名，有的问题不适宜提问 3.获得的材料需要进一步查证、核实，访问调查一般费人力、费财力、费时间
观察法	观察法是观察者根据研究目的，有组织、有计划地运用自身的感觉器官或者借助科学的观察工具，直接收集当时正在发生的、处于自然状态下的市场现象有关资料的方法	1.目的性 2.科学性 3.运用科学的观察工具 4.观察结果的客观性	1.观察的直接性和可靠性 2.适用性强 3.观察法简便易行	1.观察活动必须在市场现象发生的现场 2.观察法明显受到时空限制 3.有些市场不能用观察法

续表

名称	概念	特点	优点	缺点
实验调查法	实验调查法也称试验调查法，就是实验者按照一定实验假设，通过改变某些实验环境的实践活动来认识实验对象的因果关系、特殊本质及其发展规律的调查	1.调查活动的实践性 2.调查环境的可控性 3.调查对象的动态性 4.调查目的的因果性 5.调查方法的综合性 6.调查过程的可重复性	1.最大优点是实践性 2.是一种可控的、动态的直接调查 3.是定性调查，有利于解释实验激发与实验对象变化之间的因果联系，有利于认识事物的本质及其发展规律 4.有利于探索解决社会问题的途径和方法 5.可重复的调查，可综合使用各种调查方法，取得最大效益	1.实验对象和实验环境的选择难以具有充分的代表性 2.许多落后的、消极的社会现象不可能也不允许实验 3.对实验者要求较高，花费时间较长
网络调查法	网络调查法是充分利用网络的特殊功能和信息传递和交换的技术优势，将企业需要的市场相关信息通过网络收集、处理和分析，以获得有价值的数据和资料的一种调查方式	1.针对一些特定人群的调查 2.针对一些特定产品或者服务的调查 3.针对一些可以借助多媒体技术的特定调查	1.方便 2.快速 3.成本相对较低 4.数据质量相对较高	1.样本对象的局限性和网络安全性 2.个人资料的保密问题 3.网上访问需要一定的网页制作水平

【素质园地】

两弹元勋　甘做隐姓埋名人

核爆成功震惊世界

中国的"两弹一星"事业，是在平地上起高楼的伟大创举。1955年，党中央决定实施原子能计划，我国的原子能事业才开始起步。

1964年10月16日，新疆罗布泊的戈壁滩上升起一朵蘑菇云，我国第一颗原子弹爆炸成功，消息震动全世界，继美国、苏联、英国、法国之后，我国成为全世界第五个拥有核武器的国家。

新华社当即发表《新闻公报》和《中华人民共和国政府声明》。声明中称，中国发展核武器，完全是为了保卫中国人民免受核战争的威胁。同时郑重宣布，中国在任何时候、任何情况下，都不会首先使用核武器，并建议召开世界各国首脑会议，讨论全面禁止和彻底销毁核武器问题。

"两弹一星"的研制过程，倾注着一代人的心血。我国大批科技工作者放弃国外优越的生活条件，以身许国，和广大干部、工人、解放军指战员一起，在国家经济技术基础薄弱和条件艰苦的前提下，实现在核弹、导弹和人造卫星等技术领域的突破，取得举世瞩目的成就。这一伟大事业却曾一度隐秘，他们的姓名在很多年间都不为国人所熟知。

"两弹一星"元勋朱光亚的一生，正是这一代科学家光辉人生的缩影。记者采访了科学家精神报告团成员、朱光亚之子朱明远，听他讲述了朱光亚的光辉一生。

朱明远回忆，父亲在写给母亲许慧君的信里曾坦言，自己更喜欢静下心来搞理论研究。但因为国家民族的需要，朱光亚选择了核武器事业。

当初与朱光亚一起赴美留学的美籍华裔物理学家、诺贝尔物理学奖获得者李政道后来评价："6个学生去美国，初心是学习怎么制造原子弹。我们6个人里选对了的只有光亚。"

学成以后肯定要回国

青年时期，命运就将朱光亚和原子弹联系到了一起。1945年，受当时国民政府委派，物理学家吴大猷、化学家曾昭抡和数学家华罗庚各自筛选两位学生，预备前往美国学习原子弹相关技术。吴大猷挑选的两位学生，一位是李政道，另一位便是刚从西南联大毕业的朱光亚。1946年9月，刚刚抵达美国旧金山的朱光亚一行人被泼了一盆冷水，美国政府规定，"凡是和原子弹有关的科研机构和工厂，外国人都不得进入"。朱光亚遂前往密歇根大学研究生院学习核物理专业，3年后取得了物理学博士学位。

朱光亚长子朱明远告诉记者，赴美之前，朱光亚在昆明一所中学兼职教书，在师生送其出国的欢送会上，朱光亚立下"科学要为人民服务，我学成以后肯定要回国"的誓言。

中华人民共和国成立以后，朱光亚在美国牵头起草写下了《给留美同学的一封公开信》，其中有这样的话语——"我们都是在中国长大的，我们受了二十多年的教育，自己不曾种过一粒米，不曾挖过一块煤。我们都是靠千千万万终日劳动的中国工农大众的血汗供养长大的。现在他们渴望我们，我们还不该赶快回去，把自己的一技之长，献给祖国的人民吗？"这封公开信被美国各地的中国留学生传阅并签名，引发了强烈反响。

1950年，朱光亚完成学业后回到了中国，成为北京大学物理系最年轻的副教授。1956年，朱光亚在北京大学与胡济民、虞福春、卢鹤绂一起，开始培养中国第一批原子能技术人才。1959年，朱光亚被调到核武器研究所担任原子弹研制工作的技术总负责人，1945年远渡重洋时开始萌芽的原子弹梦，被再次拾起。

走上自力更生的道路

1958年，苏联核武器专家曾向宋任穷、刘杰、钱三强等人讲过一次知识型技术课。1960年，苏联撤回全部在华专家。周恩来传达中共中央决策：自己动手，从头摸起，准备用8年时间搞出原子弹。这时，专家们通过回忆，将当时苏联专家的授课内容整理出来，朱光亚、邓稼先、李嘉尧花费两三天时间对这些笔记重新整理，形成一份初稿，朱光亚又仔细核实、审定、补充，形成了一份比较原始的原子弹技术原理报告，并召开技术人员大会，详细介绍上述资料，并强调："苏联人撕毁了合同，我们的研究工作必须建立在自己工作的基础上，这份资料仅仅作为我们开展工作的一条参考线索……"自此，中国人的原子能事业，开始走上了自力更生的道路。

一批批科学家从全国各地调来从事原子弹的研发工作。1960—1961年，调来了王淦昌、彭桓武、郭永怀、程开甲、陈能宽、龙文光、疏松桂、宋光洲、俞大光等人，后来又有周光召、黄祖洽、张兴钤、方正知、黄国光等科研人员和工程技术人员的加入。同时，从1960年起，2 000多名军人、7 000多名民工、2 000多名建筑工人，来到青海省海晏县金银潭大草原，开始建设中国核武器研制基地。

在工作生活环境异常艰苦的条件下，大家夜以继日地工作，历经反复试验、计算、论证，1964年10月16日下午3时，中国第一颗原子弹顺利爆炸。原子弹爆炸试验副总指挥刘西尧回忆，在庆功宴上，他第一次看到朱光亚喝醉。朱明远说，这也是父亲一生中唯一一次醉酒。

无私奉献的一群人

幼年时期，朱明远曾经生活在位于海淀花园路的塔院。塔院的5号楼，曾经住着周光召、程开甲、邓稼先等"两弹一星"元勋。对于年幼的朱明远来说，他们都只是平凡普通的叔叔伯伯。朱明远和塔院里同龄的孩子们，一度对父母的职业一无所知。

第一颗原子弹爆炸成功，《人民日报》发行红头号外。后来，院子里有孩子提出："大家回忆一下，原子弹爆炸的那天以及每一次核试验的时候，爸爸妈妈是不是都不在，之后就陆陆续续都回来了……"孩子们隐约猜出了父母的职业。

在朱明远的印象中，父亲是一个缄默话少的人，总是在一旁笑眯眯地听着，然后点点头。但据朱明远的大姑姑回忆，朱光亚小时候话很多，街坊邻居都特别喜欢他。

朱明远推测："一是为了保密，二是在他的那个位置，任何事不能随便表态。一来二去，他把工作上的习惯带到了生活上，所以话就特别少。"

尽管为"两弹一星"做出了巨大贡献，朱光亚却从不居功自傲。第一颗原子弹爆炸成功后，朱明远的老师以此为题，布置了一篇作文。朱明远在作文中写道，"要向中国科学家致敬"。朱光亚恰巧翻到了这篇作文，便语重心长地教育朱明远："原子弹爆炸不只是科学家的事，你看新闻公告是怎么写的，有人民解放军指战员、工人、工程技术人员等好多人……"

"两弹一星"和"两弹一星"精神

20世纪50年代中期，以毛泽东同志为核心的党的第一代中央领导集体做出独立自主研制"两弹一星"的决策。"两弹"，一个是核弹，包括原子弹和氢弹，另一个是导弹；"一星"指的是人造卫星。

1960年11月5日，我国仿制的第一枚导弹发射成功。

1964年10月16日，我国的第一颗原子弹爆炸成功。

1965年5月14日，我国成功进行了原子弹"空爆"试验。我国成为继美国、苏联、英国、法国之后，全世界第五个拥有核武器并能进行空投的国家。

1967年6月17日，我国的第一颗氢弹"空爆"试验成功。

1970年4月24日，我国的第一颗人造卫星发射成功。

1999年9月18日，在中华人民共和国成立50周年之际，党中央、国务院、中央军委决定，对当年为研制"两弹一星"做出突出贡献的23位科技专家予以表彰，包括王淦昌、赵九章、郭永怀、钱学森、钱三强、王大珩、邓稼先、朱光亚、于敏等在内的23名科学家，被授予"两弹一星功勋奖章"。江泽民将"两弹一星"精神概括为"热爱祖国、无私奉献，自力更生、艰苦奋斗，大力协同、勇于登攀"二十四个字。

众多无名英雄曾为"两弹一星"事业默默奉献。"两弹一星"精神永远不朽，激励着更多的后来人。

资料来源　佚名. 两弹元勋　甘做隐姓埋名人〔EB/OL〕.〔2021-06-11〕. https://baijiahao.baidu.com/s? id=1702245987088162547&wfr=spider&for=pc.

任务实施2-1

知识拓展2-2

根据市场调查方式与方法以及案例的学习，完成访问调查实施的初步框架的建立。

一、做好访问调查的准备

（1）选择合适的访谈方法，掌握与调查内容有关的知识

访谈准备工作的第一步就是根据研究的目的选择适当的访谈方法。通常，如果研究的目的是某种假设或要获得多数人的某种态度、观点，一般使用标准化访谈，事先设计好统一的调查表和问卷，以便获得大量便于分析的数据。如果是探索性研究，则更适合非标准化的访谈，以便扩大研究者关心的问题范围，加深对研究者关心问题的理解。

在调查与某个专业相关的问题的时候，要求访问员必须了解该专业的一些术语，掌握一定的相关知识。因为访问员对相关内容的了解，能够对受访者的回答做出积极的反馈，增强了双方在谈话中的交互性，确保了资料收集的全面和真实。

（2）准备好详细的访问提纲和问题

调查研究中最经常出现的问题是，研究者的研究目的并不明确，他们有一个大致的目的，但往往非常笼统、模糊，并不十分清晰。有时，他们只是知道所要研究的问题，比如说学生的学习动机问题、心理健康问题，但是并不明确："我要通过研究达到什么目的？回答什么问题？解决什么问题？"因此，首先要明确："我要干什么？"还应当将这个目的加以具体化："我提这个问题，是想了解什么情况？了解这方面的情况，是为了说明什么问题？"

根据研究的目的和具体分析，研究者要设计出具体的访谈提纲。提纲应该列出研究者认为在访谈中应该了解的主要问题和应该涉及的内容范围。将研究者关心的研究问题具体化为访谈中的访谈问题，简明扼要，操作性强。

（3）选准访谈的具体对象，并尽可能充分地了解被访问者

选准访谈对象后，要在可能的条件下对被访问者的性别、年龄、职业、文化程度、专长、经历、性格、习惯、兴趣、爱好等进行尽可能全面的了解。在了解情况之后，访问员应该根据受访对象的经济状况、文化水平、地位身份来选择合适自己进行访谈的着装、用语以及恰当的访谈技巧。

（4）选好访谈的具体时间、地点和场合

最佳访谈时间是被访问者工作、劳动、家务不太忙，而且心情比较舒畅的时候。例如，在乡村访问农民，不宜在农忙的情况下进行；在城市访问在职工家庭，不宜在清晨、中午、深夜或家务繁忙的时候，而适宜在傍晚、星期天下午等时间。访谈地点和场合的选择，应以有利于被访问者准确回答问题和畅所欲言为准则。

以某职业技术学院韩云的公司开发新产品为调查背景，完成表2-2的内容。

表2-2　　　　　　　　　　　　　　　　　**任务实施表**

项目	内容
访问对象	
访问方法选择	
访问提纲	
问题1	
问题2	
问题3	
问题4	
问题5	

二、建立良好的人际关系

（1）表达来意，消除顾虑

所谓表达来意，主要是介绍自己的身份，说明调查的目的、意义和内容，讲清选择被访问者作为调查对象的理由和方法，努力消除对方可能有的多种怀疑和顾虑，使被访问者相信自己是完全应该而且有能力回答问题的。

（2）虚心求教，以礼待人

做一个受人欢迎的有礼貌、有教养的客人，不允许大大咧咧、倨傲无礼，也不必羞怯腼腆、畏缩；做到不卑不亢、进退有度。态度要诚恳谦逊，随和大方。如果在执行任务时做出一副一本正经的样子，而且像在盘问对方，或者像在搞智力测验，那么就会迫使对方小心谨慎。这样，被访问者就不会告知其真正的想法，甚至会引起反感，拒绝访问。

（3）平等访谈，保持中立

不要让自己的身体语言传达出任何非中立的信息。你要绝对避免以任何方式暗示、诱导和影响受访人的回答。你永远不要暗示某个回答，更不要对某个回答表示同意或不

同意。对于受访人的任何回答，你都不要通过言语或表情露出惊讶、高兴或不可思议的样子。你甚至稍微吸上一口气，也会使受访人感到你对他的回答已有反应。请记住，作为访问员，你要不遗余力地避免让自己的任何身体语言传达出这样的信息——你对他的回答已经带有倾向性的意见或态度。你不应有倾向性和诱导性的任何表示。对于被访问者的回答，不论正确与否，你都不宜做出肯定或否定的评价，更不应迎合对方或企图说服对方，而只能做出一些中性的反应。例如，表示"我已经明白了你的看法""你的观点很有代表性""请你继续讲下去"等。

三、做好访问记录

对于具体的记录方式，一般可以分为：当场记录和事后记录。当场记录就是在谈话的同时进行记录，其中又可以分为访问员记录和专人记录。访问员记录的好处是：一方面，访问员边听边记可以加深对受访者谈话内容的理解，对含糊不清的地方及时追问；另一方面，访问员的记录无形中鼓励了受访者的谈话，表示了对受访者的尊重。但是，有时访问员会因忙于记录而来不及对对方所说的内容做出及时的回应，也会使受访者感到自己没有受到足够的关注。所以，在访谈量较大的时候，可以安排专人记录。事后记录主要是针对以录音、录像形式记录的访谈过程，在访谈结束后再次整理访谈资料。访问员使用这种记录方式，必须事先征得对方的同意。事后整理也应该尽量及时才好，以免遗漏了重要的信息。

任务2 调查工具设计

【任务解析】

市场调查方式和方法确定以后，要进行调查工具的选择，通过本任务的学习，学生能够认识调查工具的各种类型，能够比较各种调查工具的优缺点，能够执行根据调查项目选择合适的调查方式与方法，并能够建立市场调查工具在市场经济环境下为我国经济高质量发展提供的帮助和发展格局以及高质量发展的逻辑框架。

【知识链接】

一、传统纸质问卷调查

微课 2-7

【常用调查工具介绍】

传统问卷是指以面访、邮寄或电话途径进行调查，其载体是纸质的书面问卷。在科学和技术发展的过程中，许多传统的方式逐渐被新鲜的事物取代。其中，在传播媒介方面，电子版书籍报刊的读者越来越多，甚至有取代纸质版的趋势。不过事实上，尽管已经发展多年，电子版依然无法取代纸质版。特别是各类调查问卷，虽然电子调查问卷的填写和数据整理更为快捷方便，但是很多调查者依然会选择传统的纸质调查问卷。纸质调查问卷具有电子调查问卷所无法替代的优势。

首先，纸质调查问卷的数据质量相对较高，无论是发给调查对象现场作答，还是后期进行回收，纸质调查问卷的数据结果都会比网络调查问卷更为真实一些。毕竟只需要调查人员向调查对象发放相应的问卷，让其填写就能够获得最为直接的调查结果。当调查人员在一旁等待调查对象作答时，数据的真实性会更高。电子调查问卷结果的真实性是不可控的，比如调查对象随手点击几个选项，或者同一个人多次作答都是有可能的。

其次，纸质调查问卷可以针对某一群体进行直接调查。电子调查问卷快速发展的一个重要原因，是其传播速度快且范围广，但是针对某一特定群体进行调查时，这种优势就变为了劣势。例如，统计在校大学生的数据，电子调查问卷不能确保所有填写问卷的人群都是大学生，但是选用纸质调查问卷，就可以深入到学生中实地调查。另外，针对老年人的调查，不少老年人是接触不到新媒体方面的信息的，那么电子调查问卷的结果也就没有了意义，只有通过纸质调查问卷才能更好地获取结果。

最后，纸质调查问卷具有传播性。许多问卷的存在不仅是为了获取结果，也是为了宣传。虽然电子调查问卷可以传播得很广，但是如果不点开，就很难知道其具体内容。纸质调查问卷可以随着实体的传播，将内容扩散到更多的人群中，从而达到宣传和传播的目的。

二、问卷星调查

（一）问卷星简介

问卷星成立于2006年，是一个专业的在线问卷调查、测评、投票平台，提供功能强大、人性化的在线设计问卷、采集数据、自定义报表、调查结果分析系列服务。问卷题目数量无限制，问卷最多填写人数无限制。与传统调查方式和其他调查网站或调查系统相比，问卷星具有快捷、易用、低成本的明显优势，被大量企业和个人广泛使用。其拥有6 700万用户，问卷总数超6 900万份，累计有52亿答卷人次。

（图片来自网络）

（二）问卷星功能特征

1.产品设计主张"简单易用，功能丰富"

问卷星在产品设计上做到简洁易用，从项目创建到编写内容、转发链接、获取数据，每一步都非常顺畅，在使用过程中遇到任何问题，都可以寻求客服解答。网络问卷调查易用性的优点，在问卷星上得到了充分体现。为了吸纳更多的新用户，问卷星降低了产品的使用门槛，基础的问卷调查功能免费使用，这成为问卷星不断发展壮大的重要原因，也是在市场竞争中制胜的关键因素。同时，为了满足用户更丰富、更专业化的需求，问卷星开发了企业付费版。与免费版相比，企业版在产品功能上更为丰富强大，在问卷设计与设置、答卷回收与质量控制、分析与统计和数据安全上更胜一筹。问卷星企业版功能简介见表2-3。

表2-3 问卷星企业版功能简介表

	用户版本	企业版
	适用场景	适合企业、高校教师、咨询公司、政府机关及科研机构,可用于民意调查、科研课题、满意度调查等
	人工协助	√
	录入问卷服务	√
	自定义域名	√
	多用户管理	按年购买赠送5个子用户
界面	使用预定义问卷外观	√
	自定义问卷外观	√
	自定义问卷页眉页脚	√
	问卷页面	更简洁、更商务化、突出贵公司/机构品牌信息
设计问卷	可发布问卷数量	无限制
	单份问卷题目数	无限制
	单份问卷最多填写人次	20万人次
	单份问卷填写有效期	无限制
	31种题型	√
	填写者上传文件	√
	上传图片空间	1G
	跳题逻辑	√
	关联逻辑	√
	引用逻辑	√
	考试和测评类型问卷	√
	企业版问卷模板	√
问卷设置	显示填写进度条	√
	断电续答	√
	新增答卷提醒	√
	问卷公开级别设置	√
	问卷密码保护	√
	密码列表	最多支持5万个密码
	结果公开级别设置	√
	核销码	√
	答题完成后自定义跳转	√
回收答卷	导出问卷到Word文档	√
	样本服务(收费)	√
	用Js和iFrame嵌入问卷	√
	通过问卷星邮件系统发送邀请邮件	每小时最多发送60封邮件

2.建立多种发布渠道，降低参与者触达成本

问卷创建完毕后，需要通过各种渠道发布出去，方便快捷地触达填写者。在问卷星平台上创建的问卷，可以通过社交媒体发布到朋友圈、QQ空间、社群，呈现形式丰富，有链接、图片、二维码等多种类型，操作简单、方便快捷。对于使用样本服务的用户，触达效率甚至更高。问卷星开通了网页、邮箱、短信等多渠道发送信息，当用户使用样本服务时，系统会通过上述渠道将问卷推送给符合条件的样本库成员。多渠道推送可以最大范围地触及目标成员，增加问卷被填写的概率。对样本库成员而言，多方接收信息，可以第一时间完成填写任务。对发布者而言，多渠道推送问卷，大大降低了触达成本，有助于高效完成调研工作。

3.搭建"互填社区"，提升数据回收效率

问卷星互填社区是用户之间进行问卷互填的地方，在互填社区中，每个人通过帮助他人填写问卷获取"点数余额"。当自己的问卷被他人填写时，会消耗自己的点数。点数余额越高的用户，问卷在互填列表上的排名就越靠前，也就越容易被填写。当用户的点数为负时，需要帮助他人填写问卷，否则，自己的问卷就不会再被填写。互填社区为用户提供了寻找样本的途径，提升了调研效率。

4.满足多层次需求，提供增值服务

在数据导向的下半场，调查所得数据的真实性至关重要。解决之道在于，调查平台在样本库的控制上必须具备更强的"反作弊能力"。如果数据遭受到"污染"，则可能导致调研结果出现偏差。问卷星的样本库在质量控制机制上采用了"四道"流程进行保护，分别为样本质量控制、填写者控制、填写过程控制、全程跟踪效果。在大数据时代的背景下，用户的相关信息留存在网络上，将每个用户的某些特定的信息抽象为标签，利用这些标签勾画出用户图像，从而为用户提供有针对性的服务。问卷星在创建样本库时，将用户画像这一理念运用到样本库成员的描绘中。问卷星在进行问卷推送时，会根据人口属性，如性别、年龄、地区、职业、工作经历、学历、行业等定向将问卷推送给特定用户。已知的人口属性可以提升平台的精准投放能力，多种样本属性形成样本库成员的画像，这些画像和兴趣标签将为精准投放提供基础支持，比如女性化妆品企业进行产品认知度调查，就可以将男性、儿童、老人等人群排除在调查目标之外。为了保证发布者回收到真实有效的数据，问卷星采用了"四道"流程把控填写过程。将系统与人工结合，剔除无效数据，包括IP限制、同一设备、陷阱题、时间控制、相似度检测、人工抽检等，保障数据质量不受"污染"。此外，在填写的过程中设定了各种规则，例如，自动筛选规则，其可以实现多种无效答卷的筛选，在系统中提前植入判断规则，当答卷与规则相悖时，自动剔除无效答卷；选项配额规则，对于任意单选题的题目，其都可以在选项上设置配额；答题时间控制；随机调整顺序；IP地址限制；同一台电脑和用户名在填写次数上的限制。在数据筛选方面，问卷星采用"双保险"机制，系统筛选和人工筛选相结合的方式。系统筛选主要是在问卷的各部分穿插"陷阱题"，当填写者出现前后不一致的回答时，会造成"踩雷"，系统会终止填写者继续下去。人工筛选主要是依靠发布者来处理，根据自身对数据质量的要求加以把关。在全程跟踪效果方面，

问卷星为发布者提供了全程跟踪效果的功能，问卷发布者在整个调研过程中可以随时了解进度，随时查看答卷的情况，可以对不合格的答卷进行剔除，项目答卷的数量和质量达成发布者的目标后，会结束收集过程。

（三）问卷星内容特征

1.免费模板库素材丰富，满足多样化需求

问卷星为用户提供了海量问卷模板，如企业员工满意度、大学生消费情况调查等，涵盖商业调查、社会调查等各方面。用户在平台上输入调查的关键字，就可以检索出相关模板，然后进行编辑发布。问卷模板为用户创建问卷和完善问卷内容提供了思路和帮助，提升了效率。

模板来源于平台上其他用户创建的问卷，问卷星从大量的问卷中挑选出优质的模板，进行编辑重组。同一主题会根据题目数量、主题侧重点等指标挑选出各种各样的类型，提供给更多的用户。问卷模板不仅限于问卷调查板块，线上考试、投票、表单和测评等部分同样包含了丰富的模板。问卷模板库会不定时更新，模板的类型非常丰富，受到了用户的好评。

2.多重审核机制，保证平台内容安全

由于问卷内容都是由用户自主创建的，不可避免地会出现各类"垃圾问卷"，包括色情、欺诈、广告等违法违规信息，影响用户体验和平台运营安全，问卷星实行严格的审核机制，对于用户发布的问卷全部采取人工审核的方式，确保问卷内容符合规范。未经审核传播出去的"垃圾问卷"，不仅会对问卷星品牌口碑产生负面影响，而且会给部分用户造成困扰，有时会造成个人隐私信息泄露、财务损失等。问卷审核将一部分利用平台传播违法违规信息的用户"拒之门外"，净化了平台的内容，提升了品牌的口碑和满意度。问卷星的审核不单纯依赖于机器进行关键字判断，而是"机器+人工"双保险和"初审+复审"双流程的组合，即问卷经过机器判断后再次经过人工审核，初审过后再进行复审。相关处理规则也细分为个人身份证实名认证，个人工作证、学生证实名认证，单位签署数据使用承诺书，政府委托书等多种方式。问卷星倡导用户创建有价值的问卷内容，除了对平台内容全面把关外，还开通了"举报"功能，呼吁用户一同监督，抵制垃圾信息、诈骗广告等方面的信息收集问卷，共同营造良好的创建氛围。用户举报后，会提交给内容审核部门，审核部门会在2小时内进行查实，并将处理结果反馈给举报用户。通过不断地维护和规范，问卷星在潜移默化中建立起了高质量、专业化的创建氛围。总之，平台的规范能够形成一种正确的导向，久而久之，用户创建的内容便会遵循这种导向，有效推动平台的安全运行。

三、麦客CRM

（一）麦客CRM简介

麦客CRM是一款数据信息收集、客户关系管理和市场营销服务SaaS（Software-as-a-Service）产品，最初于2013年9月发布，为企业、机构和个人用户提供在线表单制作与发布、数据采集分析、客户与联系人管理、会员管理、邮件营销、短信营销及互联网广告推广等服务。作为一款在线SaaS产品，麦客CRM可供组织和个人免费注册并使用，但对于部分增值业务收费。产品由表单、联系人、邮件、短信、会员（增值）、广告推广中心等六个功能部分组成，相互依托关联，形成了面向市场营销的 CRM 综合解决方案。

用户可以自己设计表单，收集结构化数据，轻松进行客户管理。相较于市面上现有的在线表单制作工具，麦客 CRM 能够将表单所收集到的信息与客户的"联系人信息"打通，非常有利于沉淀有效数据，为后期进行铺垫。麦客 CRM 适用于多种企业形态，最适用麦客 CRM 的企业，是那些提供 2C 产品或服务的商家，包括淘宝店家、互联网企业、媒体等。自麦客 CRM 发布以来，用户数量快速增长，已有 6 000 多家企业与团体，超过 20 000 名用户，并且得到了广泛好评，先后被以 36 氪和搜狐 IT 为首的多家媒体报道和宣传。

（图片来自网络）

（二）麦客 CRM 主要功能

1.表单制作与数据管理

麦客 CRM 在线表单模块，提供 60 余种标准或自定义的表单组件，超过 500 个行业和功能表单模板，用户可以自定义设计在线表单，如活动报名、问卷调研、投票决选、申请登记、在线订单、广告落地页等，进行信息收集和数据管理。在收集表单反馈的过程中，所有与"人"有关的信息会自动转化为联系人数据，使表单成为低成本的获客入口。

2.联系人管理

麦客 CRM 联系人模块，提供全方位的联系人管理系统和服务，包括：联系人群组、自定义标签、自定义字段、导入与下载，支持快速检索/合并联系人等。系统自动抓取并记录联系人与企业的交互行为，通过聚合不同渠道的数据帮助企业挖掘出有价值的客户。

3.邮件营销

麦客 CRM 邮件营销模块，提供所见即所得的智能编辑器，内置邮件场景模板，用户无须具备设计和编程基础，即可制作出营销邮件并发送给客户。

4.短信营销

麦客 CRM 同时提供短信群发和短信触发服务，营销类短信与通知类短信的需求都能够得到全面的支持。用户可以通过系统向联系人批量推送消息，也可以在与表单等其他系统功能交互的过程中，向联系人触发相应的短信。

5.广告推广中心

麦客CRM广告投放推广平台可以实现一站式开户，将客户的广告同时投放至微信朋友圈、微信公众号、腾讯社交广告、微博粉丝通、360信息流广告等国内主流互联网广告渠道。在利用表单作为广告落地页进行投放收集销售线索的同时，麦客CRM还提供了线索跟进及转化管理等后续的更多功能与服务。

6.会员管理

麦客CRM会员管理模块，在联系人功能的基础上进行了大幅升级，引入会员档案、会员信息自主管理、会员消费、会员权益与优惠券、会员分销等功能，帮助企业用户建立起成熟的会员管理体系，拉近与核心会员的联系。

7.MikeX

MikeX旗舰级私有平台，为每一个客户在全新的独享基础设施上部署系统服务，提供高标准的业务连续性和数据安全保障。同时，根据客户安全等级的要求，支持多种数据及文件存储基础设施部署方案。

四、指数工具

指数工具的表现形式是给出一个个关键词的指数，通过这些指数的对比来获取需要的答案，日常使用的指数型数据工具有百度指数、微信指数、阿里指数、360指数、新浪微博指数、腾讯浏览指数、高德指数、优酷指数、UC云端数读舆情、新榜、清博指数及APP应用搜索指数等。

（一）百度指数

微课2-8

指数型调查
工具

百度指数是综合数据分析服务平台以百度线上庞大的用户群体行为数据为依据，可以说，整个数据时代或互联网最重要的统计分析服务平台就是百度指数，自发布到今日一直是众多企业营销决策的重要依据。百度指数是根据百度新闻搜索与百度网页搜索关键词的数据基础分析服务，具有数据庞大及免费开放等特点。根据百度指数可以分析线上用户的兴趣和需求、研究关键词搜索的涨幅趋势，甚至可以做到监测舆情动向、精准定位受众特征。通过百度指数，用户可以得知、共享和挖掘互联网上最有价值的信息和资讯，更客观、更直接地反映社会热点、线上用户的需求和兴趣。它能够形象地反映关键词的每天变化趋势。

百度指数直接反映了特定关键词在百度搜索的规模量大小，通过数据可以告知用户特定时段内关键词的热度变化以及相关的新闻舆论搜索趋势，通过分析可以得知关注这些关键词的网民是什么样的，甚至可以详细分析其分布在哪里，同时搜索哪些相关的关键词，有利于用户优化数字营销活动方案。百度指数可以展现出一年之内的搜索量，这样不仅可以让用户清楚地看到一个关键词的热季和冷季，还能看出查找这个关键词的年岁、性别以及用户的工作和地区及地址。百度指数通常以曲线图展现。

百度指数的理想是"让每个人都成为数据科学家"。对个人而言，从置业时机到报考学校、入职企业发展趋势，再到约会、旅游目的地选择，百度指数的价值在于可以实现"智赢人生"；对企业而言，竞品追踪、受众分析、传播效果，均以科学的图表全景呈现，"智胜市场"变得轻松简单。不同于大数据的目的是驱动每个人的发展，百度指数正是为了让更多的人意识到数据的价值，其发布也正是为了倡导运用数据决策的生活方式。

百度指数的登录网址为：http：//index.baidu.com。

（二）微信指数

微信指数是基于微信大数据的移动端指数产品，能够反映关键词在微信上的热度变化。微信指数所反映的热度变化来源于对微信搜索、公众号文章以及朋友圈公开转发文章形成的综合分析。

微信指数的应用场景如下：

1.捕捉热词，看懂趋势

微信指数整合了微信上的搜索和浏览行为数据，基于对海量数据的分析，可以形成当日、7日、30日以及90日的"关键词"动态指数变化情况，方便看到某个词语在一段时间内的热度趋势和最新指数动态。

2.监测舆情动向，形成研究结果

微信指数可以提供社会舆情的监测，能够实时了解互联网用户当前最为关注的社会问题、热点事件、舆论焦点等，方便政府、企业对舆情进行研究，从而形成有效的舆情应对方案。

3.洞察用户兴趣，助力精准营销

微信指数提供的关键词的热度变化，可以间接获取用户的兴趣点及变化情况，比如日常消费、娱乐、出行等，从而对品牌企业的精准营销和投放形成决策依据，也能够对品牌投放效果形成有效监测、跟踪和反馈。

微信指数与百度指数特征对比见表2-4。

表2-4　　　　　　　　　**微信指数和百度指数特征对比表**

项目	微信指数	百度指数
范围	微信指数是微信基于微信大数据的移动端指数	百度指数是以百度海量网民行为数据为基础的数据分享平台
广告主监测投放后的效果	针对微信生态圈中的指数变化，从而判断广告投放效果的好坏	百度指数可以精确地查看投放后在百度网页上的变化
评估某个热点	需要搜索两次，如足球与中国红对比，就要各搜索一次，不能直接观看对比	百度指数和微信指数均可看出该关键词的热度，但是百度指数可以直接在页面上添加关键词对比，这样两个关键词的热度就可以一目了然
趋势图研究	微信用户有8.89个亿，用户可以在微信指数中搜索7日、30日、90日的热度趋势，但不能自定义搜索时间；可以直观地看出当前热度指数，但不能提供明确的PC端数据、移动数据或者整体数据	关于趋势图的研究，百度PC趋势积累了2006年6月至今的数据，移动趋势展现了2011年1月至今的数据；用户不仅可以查看最近7天、30天的单日指数，还可以自定义时间查询；百度趋势图不仅能够看出整体走向，还能够看出PC端和移动端的变化
功能	目前只能提供趋势图与当前热点，目前还没有公开计算方式	百度除了能够提供趋势图，还能够提供需求图谱、舆情管家、人群画像

（三）阿里指数

阿里指数是了解电子商务平台市场动向的数据分析平台，2012年11月26日，阿里指数正式上线。根据阿里巴巴网站每日运营的基本数据，包括每日的网站浏览量、浏览人次、新增供求产品数、新增公司数和产品数五项指标统计计算得出。

阿里指数的登录网址为：https：//alizs.taobao.com。

（四）360指数

360搜索是干净、安全、可信任的搜索引擎，包含网页、新闻、问答、视频、图片、音乐、地图、良医、雷电、百科、购物等多项搜索产品。360搜索率先开创良医搜索、推广全赔、搜索全赔等搜索安全产品，已经帮助成千上万的网民维护利益；360搜索推出"我的搜索"，采用第三代搜索技术——"PeopleRank"，将网民对网站的评价和看法融入网站的权重中，对于每一位网民来说都将是"我的搜索，我的结果"，帮助更多的搜索用户更快地找到信息。

360指数的登录网址为：http：//index.haosou.com。

（五）新浪微博指数

微指数是通过关键词的热议度，以及行业/类别的平均影响力，来反映微博舆情或账号的发展走势。微指数是新浪微博的数据分析工具，官方微博@微指数。微指数分为热词指数和影响力指数两大模块，此外，其还可以查看热议人群及各类账号的地域分布情况。

微指数的登录网址为：http：//data.weibo.com/index。

（六）腾讯浏览指数

TBI是基于腾讯浏览服务（TBS）海量浏览数据打造的移动互联网跨平台数据分析工具，以全面、实时的用户泛浏览行为大数据为基础，能够为行业提供最真实准确的用户洞察、趋势分析，是企业和个人快速把握热点趋势、洞察用户、塑造品牌的智能数据分析平台和专业营销辅助工具。腾讯浏览指数提供的功能包括：基于行业、品牌和IP的热点分类排行，如明星、汽车、手机、电视剧、游戏等；基于关键词的浏览指数查询，涵盖浏览热度及趋势、热门资讯、人群画像、关联浏览等维度；针对特定事件、人群、品牌指定专题报告和定制化洞察报告。

腾讯浏览指数的登录网址为：http：//tbi.tencent.com。

（七）高德指数

高德指数是高德开放平台出品的基于百亿级大数据挖掘的区域分析平台，旨在帮助新闻媒体、政府单位、学术机构等各类行业用户以及对位置大数据分析感兴趣的个人用户研究区域情况。高德指数面向各类用户群体提供区域的热度分析、人群属性及行为分析等；同时，提供基于高德指数分析的焦点大数据报告，用以研究行业情况及焦点事件。

高德指数的登录网址为：http：//index.amap.com。

（八）优酷指数

优酷指数是以优酷视频网站数据为基础的基于视频技术手段获取的视频播放数、搜索量、评论、站外引用等多维度进行数据统计，锁定用户看、搜、传、评等全方位应用行为，通过科学、标准的运算，并将以排行榜单的形式定期发布，帮助用户最大化地获取有价值的信息。

优酷指数的登录网址为：http：//index.youku.com。

（九）UC云端数读舆情

UC云端数读舆情是UC云端媒体服务平台的重要组成部分，以全网资讯为基础，以热度、影响力为坐标，呈现我国资讯市场的实时热点、实时话语格局，对媒体、自媒体、重度资讯爱好者有着很高的指导价值。数读舆情分为热点排行、媒体榜单、数据报告三个部分。数读舆情是国内资讯聚合平台中首次以全网舆情为基础，以动态可视化为形式的公开展示平台，对于资讯生产者来说，可以发现维度丰富的热点，并看到媒体影响力排行，清楚自身的位置及发力点所在。对于资讯使用者来说，可以享受一站式、多维度、精美可视所带来的信息乐趣。

UC云端数读舆情的登录网址为：http：//mp.uc.cn/rank/index.html。

（十）新榜

新榜是以榜单为切口，向众多500强企业、政府机构提供线上、线下数据产品服务，"号内搜""新榜认证""分钟级监测"获得广泛应用。在协同内容创业者商业化方面，新榜依托数据挖掘分析能力，建立用户画像和效果监测系统，连接品牌广告主和品牌自媒体，用一年的时间迅速成长为KOL、自媒体原生广告的服务商之一，旗下电商导购服务团队也已成为连接自媒体和供应链的重要桥梁和平台。如果是做自媒体的人权，新榜是肯定需要知道的。通过新榜，可以看到很多大V公众号的信息，可以做出分析及总结，并进一步向他们学习。

新榜的登录网址为：http：//www.newrank.cn。

（十一）清博指数

清博指数是我国新媒体大数据的权威平台，现为国内舆情报告和软件供应商之一，国内制定各类互联网、新媒体、大数据排行榜的机构。清博指数拥有目前国内最大的第三方"两微一端"（微信、微博、APP）数据库。其WCI、BCI、ACI的独特权威算法公式已经成为行业领域标杆。通过这些庞大的数据，可以开展各种形式的数据分析、制作榜单，并撰写相应的分析报告。同时，还可以根据用户的需求，收集整理其他来源的数据进行分析。

清博指数的登录网址为：http：//www.gsdata.cn。

（十二）APP应用搜索指数

ASO100是国内最专业的移动推广数据分析平台、国内第一的ASO优化专家服务平台，其提供苹果官方AppStore的榜单排名数据、行业顶尖的ASO优化分析与数据查询工具、最权威的APP推广方案和最全面的ASO技术干货与数据报告，使APP推广更为简单。

APP应用搜索指数的登录网址为：https：//aso100.com/trend/keywordRank。

五、金数据

金数据是一款免费的表单设计和数据收集工具，用来设计表单、制作在线问卷调查、组织聚会、询问意见、整理团队数据资料、获得产品反馈等。

a

（一）使用流程

1.在线设计表单

用户可以使用金数据在线创建表单，或者导入 Excel 生成表单。金数据可以提供 10 余种专业的表单字段和样式，可以设置跳转规则，同时，模板中心还提供了数百种专业模板可供用户选择。

2.发布表单

表单设计好以后，会生成唯一的表单链接和表单二维码，用户可以将表单嵌入自己的网站，也可以直接发布到 QQ 群、邮件、微信、微博上。

3.查看数据和报表

表单所收集到的数据，会自动进入用户的全数据后台，生成数据报表，包括柱状图和饼状图。通过数据页面可以查看数据详情，数据来源的终端、操作系统和 IP 地址，并且支持交叉筛选和数据导出 Excel 文件。

（二）适用范围

1.个人使用

例如，组织聚会、在线报名、同学通讯录、社团新会员申请表、招募志愿者。

2.企业团体

例如，客户满意度调查、客户登记表、会务签到/报名、定价调查、简历提交、请假登记、投诉平台、销售统计、报销登记。

3.微信营销

例如，公众号粉丝意见调查、微信订单、互动问答游戏。

六、问卷网

问卷网是我国最大的免费网络调查平台，提供 40 余种题型、超过 27 万种精品模板，可以通过 PC/APP/小程序等跨平台编辑项目，通过微信/朋友圈/QQ/邮件/短信/微博等多端口分发，数据自动生成分析报表且长期保存，自定义抽奖/Logo，是一款稳定可靠的调查、考试、投票工具。

（一）问卷网特点

问卷网具有以下几个特点：

（1）用户可以在线设计调查问卷，并可以自定义主题；

（2）拥有多种调查问卷模板，简单修改后即可制作一份调查问卷；

（3）支持 10 余种常见题型，专业逻辑跳转功能可以保证用户快速完成调研流程；

（4）多渠道、多方式推送发布，快速到达样本，便捷收集调研数据；

（5）提供图形分析界面，并支持导出为 Excel 文件。

（二）问卷网使用步骤

1.在线设计调查问卷

问卷网提供了在线设计问卷界面，支持多种题型以及信息栏和分页栏，可以设置跳转逻辑，同时还提供了数十种专业问卷模板可供用户选择。

2. 发送问卷

通过发送邀请邮件，或者以网页代码等方式嵌入到用户公司网站，或者通过QQ、微博、邮件等方式将问卷链接发送给好友填写。

3. 查看调查结果

通过柱状图和饼状图，可以查看统计图表。

4. 导出调查数据

调查完成后，可以将数据导出到Excel文件中，也可以导入SPSS等调查分析软件做出进一步的分析。

七、调查工具优劣势分析

（一）传统纸质问卷调查

1. 优点

在使用纸质问卷的时候，通常需要与填写者面对面的沟通。这种方式带来的好处如下：

（1）调查人群更精确，可以直接寻找并确认填写者就是所要调查的人群。

（2）随时沟通，如果填写者对题目有问题，可以随时沟通，以保证数据尽可能真实。

2. 缺点

通常，首先要设计问卷、印制大量调查问卷；其次由专门的调查人员进行走访和调查，对于一些调查内容特殊的调查主题，还要进行邮寄、访谈等，这使传统的问卷调查方式在时间和空间上存在不足。此外，传统纸质问卷调查在调查完毕后，需要对纸质问卷进行整理、筛选、录入和汇总，工作量非常大，需要耗费大量的人力、物力，而且由于工作人员需要长时间输入，难免会产生人工误差。总之，传统纸质问卷调查的调查人工成本高，调查广度不足，人、财、物、时耗费较多。采用传统纸质问卷调查方式，需要打印纸质问卷，并线下分发纸质问卷。这种方式带来的不便之处如下：

（1）耗费时间，人力成本高。

（2）消耗的经济成本较大。

（3）收集数据的速度较慢。

（二）问卷星调查

1. 优点

（1）移动端方便使用，微信小程序可以直接登录。

（2）问卷类型多，可以进行多维度的调研。

（3）数据呈现直观，统计结果可以用图表直观呈现。

2. 缺点

（1）问卷缺乏弹性，大部分的问卷设计好了回答范围，数据深度调查受限。

（2）问卷类型选择操作复杂，问题设定之后无法调整位置。

（3）不支持外观个性化设置。

微课 2-9

调查工具的
优缺点

（三）麦客 CRM

1.优点

（1）定位明晰，表单和营销相结合，在相关领域竞争力强。

（2）数据沉淀，表单能够将收集到的信息和客户联系人信息联结，为后续工作做铺垫。

（3）表单中对方反馈后可以收集到相关的信息。

2.缺点

（1）只有网页端，平台比较单一。

（2）注册流程烦琐，需要提供的信息较多。

（3）模板相对较少，有待后续增加开发。

（四）指数工具

1.优点

各个平台指数工具是以该平台用户行为作为数据基础，可以在平台上研究关键词搜索趋势，用以洞察用户需求，并定位受众特征。

2.缺点

各个平台指数工具仅反映特定平台的情况，数据只能作为参考，而不能当作事实进行分析。

（五）金数据

1.优点

（1）"短信验证"功能可以保证问卷信息较高的真实性。

（2）表单模板多，可以快速满足各种轻量响应需求。

（3）免费版功能多，可以满足日常使用需求。

2.缺点

数据分析工具少，并且导出结果需要付费。

（六）问卷网

1.优点

（1）使用简单，QQ、微信扫码即用。

（2）免费功能基本满足日常使用，使用成本低。

（3）制作表单过程简单，界面清新美观。

2.缺点

（1）不方便下载相关结果，导出内容格式单一。

（2）问卷审核速度慢。

（3）手机问卷页面广告多。

资料来源　根据 https：//www.zhihu.com/question/518469401 和 https：//zhuanlan.zhihu.com/p/153442145相关资料整理而得。

案例分享2-6　　基于百度指数的我国新型冠状病毒感染网络舆情分析

目的：基于百度指数获取网民及媒体对我国新型冠状病毒感染的关注度，分析网络舆情特点，探讨科学的舆情引导策略。

方法：以新型冠状病毒为关键词，选取2020-01-20/2021-01-31网民百度搜索指数及媒体指数，结合此期间全国新型冠状病毒感染每日新增确诊病例数，通过Spearman相关性分析和趋势分析，观察三者之间的关系；同时结合百度指数需求分布，分析网络舆情特点。

结果：网络舆情与新型冠状病毒感染每日新增确诊病例数发展趋势相近，网民百度搜索指数与病例数呈正相关（r=0.588，P<0.001）。网络舆情具有快升缓降的特点，主要经历突发、高涨、消退和平稳四个阶段。疫情初期，媒体指数上升速度高于网民搜索指数，经高水平波动17d后，陡然下降。网民搜索高峰比媒体报道高峰早10d出现，并于媒体高峰出现前10d开始缓慢下降。随着疫情的发展，网民由最初对疫情实时动态的关注逐渐延伸至对疫情相关事件，如疫苗的关注。

结论：重大突发疫情发生初期公众关注度高，是舆情风险防控的关键时期。开展早期、实时舆情监测，可以有效评估网络舆情特点，提高舆情引导的精准性。政府通过媒体迅速、大量地公开信息，能够积极引导舆情走势，确保健康传播的权威性。

资料来源 黄婕，刘慧，刘维斯，等. 基于百度指数的我国新型冠状病毒感染网络舆情分析［J］. 预防医学情报杂志，2022，38（2）.（有删改）

案例分享2-7 　　　　　　　　　**如何有效利用市场调查工具（示例一）**

良品铺子有2 000多家终端店，从2013年开始全面拥抱"互联网+"。2017年，其六成销售来自线上，四成销售来自线下。

良品铺子进行电商领域有两个核心的任务：第一是为了获得更强大和更广域的数据；第二是突破实体店的有限空间和有限区域里面的影响覆盖，能够到更广域的空间触及消费者，这也是良品铺子做电子商务最核心的目的和价值。

2015年，良品铺子依托客服体系打造了"顾客心声"全面质量管理监控管理系统，成为重要的逆向顾客体验改善工具。截至2018年7月，全域顾客声量数据共计1 334万，其中，全网评论数据1 300万，梳理0.76%顾客真挚而有效的抱怨信息，成为良品铺子全面顾客体验管理优化的重要数据依据和行动改善计划。

良品铺子还根据粉丝个性化需求的大数据分析，定制社交零食产品。根据数据银行的数据匹配和交换，五款高颜值定制零食产品被推出，共计售出80 000笔订单。

资料来源 根据https://www.163.com/dy/article/E2PH0MTK0511DDOK.html相关资料整理而得。

案例分享2-8 　　　　　　　　　**如何有效利用市场调查工具（示例二）**

澳大利亚一家出版公司计划向亚洲国家推出一本畅销书，但是不能确定用哪一种语言、在哪一个国家推出。后来，其决定在一家著名的网站上做一次市场调研，方法是请专业人员将这本书的精彩章节和片段翻译成亚洲国家多种相关语言，然后刊载在网站上，通过调研发现究竟用哪一种语言翻译的摘要内容最受欢迎。过了一段时间，该出版公司发现，网络用户访问最多的网页是用中国大陆简化汉字和韩国文字翻译的摘要内容。于是，该出版公司跟踪了一些留有电子邮件地址的网上读者，请他们谈谈对这本书摘要内容的反馈意见，结果大受称赞。于是，该出版公司决定在中国和韩国推出这本书。该本书出版以后，受到了读者的普遍欢迎，获得了可观的经济效益。

资料来源　根据https://www.taodocs.com/p-655414100.html相关资料整理而得。

【素质园地】

党的二十大报告提出，加快构建新发展格局，着力推动高质量发展。这是对当前我国经济发展的战略部署，也是推进我国经济高质量发展的路径选择。

一、加快构建新发展格局推动高质量发展的内在逻辑

加快构建以国内大循环为主体、国内国际双循环相互促进的新发展格局，推动高质量发展，有着坚实的逻辑基础。

从理论逻辑来看，马克思主义的再生产和资本循环与周转理论揭示，只有国民经济中生产、分配、流通、消费四个环节之间有机衔接，相互协调，才能促进各种生产要素的有效流转，国民经济才能有序运行。在一个完整的生产周期中，只有产业资本与商业资本在时间和空间上协调配合，购买、生产和销售三个环节才能依次承接。否则，再生产就无法延续。当前，我国面临美国等西方国家的人为技术封锁、产业链与供应链阻隔的局面，构建新发展格局是维系扩大再生产的必然选择。

从历史逻辑来看，中国共产党的百年奋斗征程，探索出与阶段性特征相适应的发展格局。新民主主义革命时期，探索出以土地革命、减租减息、发展民族工商业为主要内容的革命与生产相结合的发展格局。社会主义革命和建设时期，探索出以独立自主、自力更生的国内循环为主的发展格局。改革开放和社会主义现代化建设新时期，通过主动融入世界经济发展潮流，形成以国际大循环为主的发展格局。新时代，针对我国面临的国内外环境，适时地提出构建新发展格局，是推动经济发展的现实需要。

从实践逻辑来看，经过40余年的发展，我国的经济发展举世瞩目，我国的经济实力、科技实力、综合国力等有了质的飞跃。但与此同时，也存在一些亟须解决和突破的问题：虽然经济结构不断优化，但对海外市场的依存度仍旧很高；虽然城乡间、区域间的发展差距不断缩小，但其仍然存在；中等消费群体规模还比较小，不同群体的消费能力和水平还有待提升等。因此，迫切需要构建新发展格局，推动高质量发展。

二、准确把握新发展格局与高质量发展的内涵及其内在关系

通过构建新发展格局来推动经济高质量发展，其一个重要前提就是要把握新发展格局与高质量发展的内涵及其内在关系。

一是准确把握新发展格局。新发展格局不是封闭单一的国内循环，而是国内国际双循环。通过国际市场竞争，提升我国企业在全球产业链、供应链与创新链中的竞争力、影响力。为此，要处理好国内循环与国际循环的关系，促进国内国际双循环；要处理好供给侧结构性改革与需求侧管理的关系，实现国内国际供给与需求的适配、平衡与稳定；要处理好自立自强与开放合作的关系，在自立基础上坚持对外合作等。

二是正确理解高质量发展。高质量发展是满足人民美好生活需要的发展，是体现新发展理念的发展。新时代之所以强调推动高质量发展：第一，是我国主要矛盾变化的要

求。只有高质量发展，才能解决我国区域间、城乡间、产业与行业之间发展不平衡、不充分的问题。第二，是全面建设社会主义现代化国家的要求。中国式现代化是经济、政治、文化、社会、生态等全面发展的现代化，需要各方面全面协调可持续高质量发展。第三，是经济发展规律的要求。经济结构、发展方式、分配方式、经济关系等各方面，都要适应生产力的发展等基本要求。

三是把握新发展格局与高质量发展的关系。第一，新发展格局是高质量发展的内在要求。单一的国内循环或者国际循环都不能造成生产链或者供应链的闭合，都会导致失衡。第二，新发展格局是高质量发展的重要条件。我国企业通过参与国际循环、适应国际经济规则，才能具有更强竞争力和更高发展质量。第三，新发展格局是高质量发展的重要标志。一个国家的经济发展是否立足于两个市场、两种资源，是经济是否成熟、具有国际视野和影响力的标志和体现。

三、构建新发展格局促进高质量发展的主要策略

在当今复杂的国际局势和诸多不确定因素的大背景下，加快构建新发展格局推动高质量发展，需要坚持国内发展和对外开放的双轮驱动，经多方努力才能实现。

第一，多举措扩大内需。早在2020年8月，习近平总书记就提出要"扭住扩大内需这个战略基点"。扩大内需是构建新发展格局的首要选择。为此，一是要加快形成"橄榄型"的收入分配结构；二是要通过政策创新提升人们医疗、教育、养老等公共消费支出的意愿和能力；三是要加强物流供给体系建设促进消费品流通；四是要通过高质量供给创造更多的消费需求。

第二，全面深化改革促进国内大循环。其重点抓好三个方面的工作：一是要持续深化供给结构、供给方式等供给侧结构性改革，增强国内大循环内生动力；二是要加快建设现代化经济体系，构建高标准市场体系、宏观调控体系、现代产业体系；三是要着力推进区域协调发展，形成四大板块间、城乡间及其内部之间的协调发展格局。

第三，实施自立自强的创新驱动发展战略。针对国家重大科技需求，汇集优势科研资源，在关键核心技术上取得发展和突破。完善科技项目管理与成果评价机制、成果应用和转化制度，促进创新链和产业链的对接与融合。营造有利于科技人才成长的大环境，建成有重要影响力的科学中心和创新高地。

第四，提升开放型经济发展水平。在错综复杂的国际环境下，把握世界经济发展的主流和支流，确立对外开放的产业、区域和重点方向。进一步完善涉外金融、贸易和财税等制度，高水平利用外部资源，促进我国企业"走出去"，提升共建"一带一路"倡议的发展水平，更好地利用国际经济规则维护自身的合法权益。

第五，统筹好发展和安全。在构建新发展格局推动高质量发展的进程中，统筹好发展和安全、外部安全和内部安全、传统安全和非传统安全，将新时代总体国家安全观贯穿于发展的全过程和各个领域，确保经济社会高质量安全发展。

市场调查工具是市场调查过程中的重要工具，在生产和销售环节起着重要的作用，引导商品高效流通，为建设我国经济高质量发展的道路提供帮助。

资料来源　卿定文，蒋卓峻. 以新发展格局的构建推动高质量发展［EB/OL］.［2022-10-31］.https://baijiahao.baidu.com/s? id=1748186802582059051&wfr=spider&for=pc.

任务实施2-2

根据企业市场调查的实际需要以及案例的学习,利用"问卷星"进行问卷调查及数据分析。调查问卷法是最常用的数据收集方法。

网络时代,线上调查是最常见的调查方式,有利于问卷发布、回收和数据统计。在众多线上调查工具中,"问卷星"是较早开发并使用较为广泛的问卷调查工具。利用"问卷星"完成问卷调查及对调查收集到的数据进行分析的实施步骤如下:

一、设计问卷

问卷设计时要考虑调查的目的、调查的大概内容、调查对象的选取、调查的发放方法以及对结果的保密措施等。最重要的是设计一份合理的线上问卷,然后选取问卷工具制作线上调查问卷。以"问卷星"为例,具体步骤如下:

(一)选择合适的问卷类型

"问卷星"PC端提供了六种创建类型:调查、考试、投票、表单、360度评估、测评,根据需求的不同,选用不同的创建类型。对于大多数人来说,最常用的是前四种,每种类型下面都有简要说明,主要功能摘要如下:①调查:题型丰富,逻辑强大,支持问卷密码和红包抽奖。②考试:题库抽题,限时作答,成绩查询,自动阅卷。③投票:图文视频,选项随机,实时排行,微信投票。④表单:信息登记,活动报名,Excel导入数据。

问卷根据调查目的,按类型名称和简介选择合适的类型即可。有时也会看到应该选"调查"类型但选了"投票"类型的问卷,下面就简单对比这两类问卷的区别。

首先,在问卷设计流程上,"调查"分为:按需添加题目—设置问卷逻辑—多渠道发放—查看下载数据四个步骤;"投票"分为:添加投票题型—添加候选选项—设置防刷票机制三个步骤。从流程可以看出,两种类型的侧重点不同。其次,"调查"可选择的题目类型更多;"投票"可选择的题目类型较少。

"调查"类型流程界面,如图2-1所示。

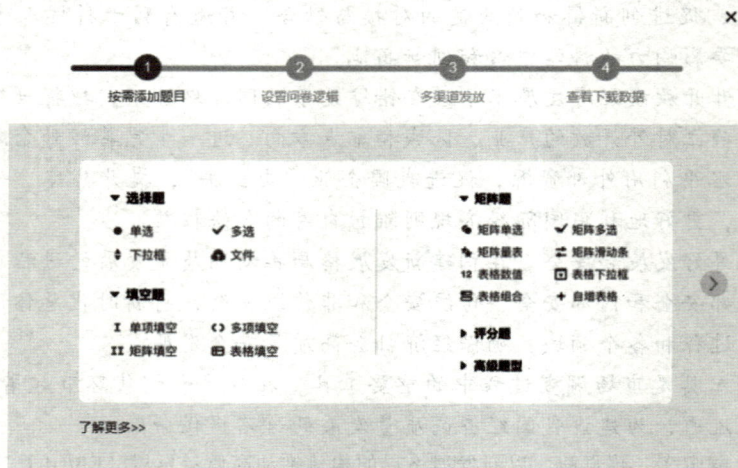

图2-1 "调查"类型流程界面

"投票"类型流程界面，如图2-2所示。

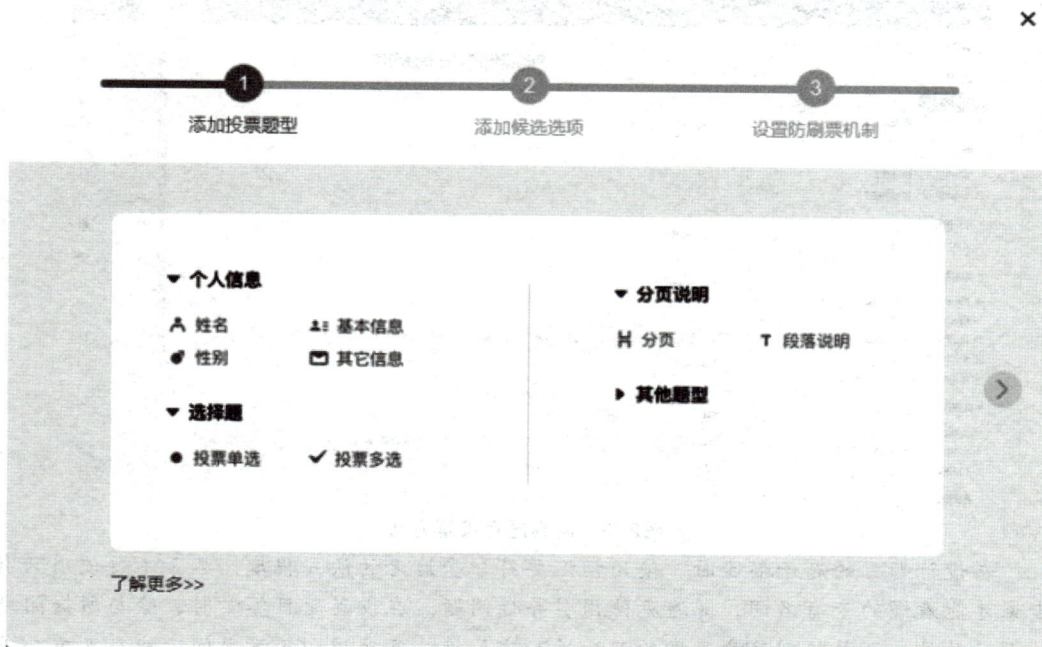

图2-2　"投票"类型流程界面

　　从问卷填写完成后的提交按钮也可以看出，是采用了"调查"类型还是采用了"投票"类型。除此之外，在数据分析与统计时，暂未看出区别。无论是选择"调查"还是选择"投票"，如果能够更加符合问卷本身，避免一些无谓的疑虑，则会显得更加专业，也会让问卷更有可信度。因为有时问卷质量会决定研究者能否让被调查者接受调查，并使他们认真填写问卷，而质量会体现在每一个细枝末节上。在大多数情况下，问卷结果是用来进行研究的，如果能够在调查中收集到一些设计之初没有预料到的答案，无疑是令人惊喜的，有可能也会启发另一种思路或灵感。所以，在大多数生活、学习、研究类问卷调查中，选择排位在最前面的"调查"类型是没错的。

　　（二）设置合理的问卷题目

　　问卷题目分为封闭式和开放式。例如，选择题即为封闭式问题，常常用于大规模正式调查，优点是填答方便，省时省力，数据易于做统计分析。开放式问题需要受访者自己填入答案，优点是允许回答者自由充分地发表自己的意见，所得数据丰富；缺点是数据难以编码和统计分析，对回答者的知识水平和文字表达能力有一定要求，填答所花费的时间和精力较多，还可能产生一些无用的信息。对比目前主要的问卷调查工具，"问卷星"在题目类型上的优势最为明显，基本涵盖了调查问卷中所有能够用到的题型。例如，选择题、填空题、矩阵题、评分题、高级题等。矩阵题和采用量表的评分题在其他常见的免费在线问卷调查工具中并不多见。

　　题目的设置方法比较简单，首先选择问卷编辑界面左边对应的题目类型，选择好题型后，再在右边的题目编辑区进行题干、选项等具体设置即可（如图2-3所示）。

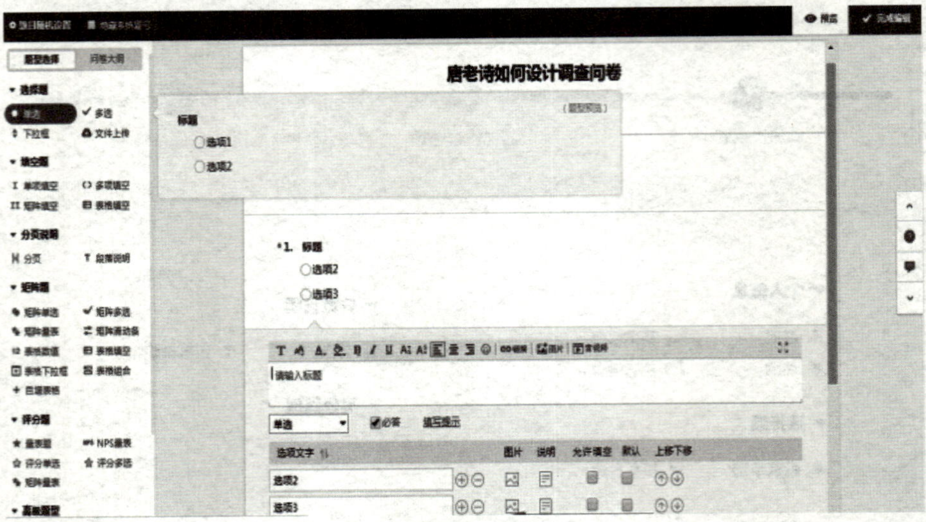

图2-3　问卷题目设置方法

在设计题目的题干描述时，使用词汇要符合受访者的认知程度，尽量不要使用只有专家才能看懂的专有名词，并避免使用引导性问题。在设置题目答案时，除与所提问题协调一致外，还要特别注意答案的互斥性和穷尽性。互斥性即答案之间不能交叉重叠或相互包含，对于每一个回答者来说，最多只能有一个答案适合其情况。穷尽性即答案包括了所有可能的情况。如果回答者的情况不在答案之中，则一定不是穷尽，或有所遗漏。所以，一般设计题目时，在列举若干主要答案后，再加上一个"其他"。一般都会在"其他"后面加上一个填空选项，方便受访者填写答案，这样问卷能够收集到未考虑的答案，便于进一步分析及反思。

虽然不增加填空选项也没错，但是如果回收的答卷样本量过大，则可能会损失一个回收开放性答案的绝佳机会。问卷调查不易，设计问卷时要尽可能做到考虑周全，最好能在完成任务的同时，兼顾收益最大化。对于个人信息的收集，建议只收集与调查相关的信息。根据问卷整体性的调查需要，个人信息的题目可以放在问卷开头，也可以放在问卷结尾。个人信息的过度收集，也有可能引起受访者的反感，从而放弃填写，导致答卷回收失败。

（三）建立合情的逻辑关系

调查问卷的题目是有顺序的，相关性大或前后有逻辑关系的问题要按顺序排列。每道题目在添加之后，都可以在题目编辑界面底部进行逻辑设置。逻辑设置分为三种：关联逻辑、引用逻辑、跳题逻辑。如果是开放题，则只有前两种。每种逻辑的含义是：①关联逻辑：只有在选中特定的选项后才会显示某些题目。②引用逻辑：将前面多选题的选项引入到后面题目的选项中。③跳题逻辑：让填写者根据选项跳转到指定题目。例如，在线上课程调查问卷中，第1题设置了访问者身份调查，当第9题需要对老师进行调查时，就可以设置题目关联，只有第1题选择老师选项的受访者才能看到第九题。设置成功后，在试题编辑界面的本题下方，就可以看到逻辑显示：依赖于第1题的第1个选项。如果逻辑关系比较复杂，最好将问卷流程绘制成流程图，以免顺序安排错误。

二、发放问卷

问卷编辑完成后，即可进行发布。发布方式可以使用二维码、复制链接，或直接转发至微信、QQ、微博等社交媒体。在自定义来源中，可以根据不同人群自定义问卷链接，例如，教师和学生可以设置两个链接分开发放作答。点击二维码下面的"美化二维码"（如图2-4所示），便可以生成二维码海报进行发布（如图2-5所示）。

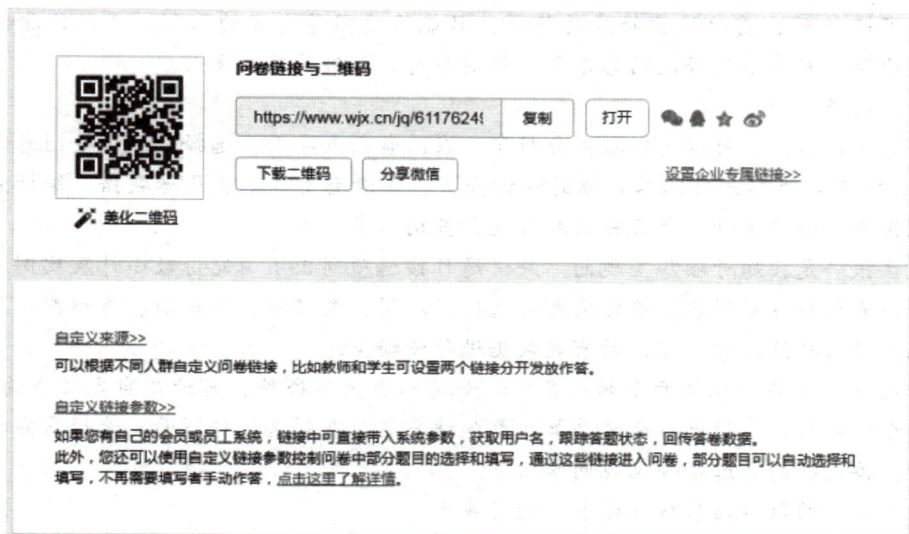

图2-4　美化二维码界面

图2-5　生成二维码海报

三、修改问卷

问卷正式发布前要经过至少一次的测验及修订，可挑选有经验的或几个目标人群中可以反馈意见的人进行测试，目的是发现问卷中未考虑到的问题、未列入的选项或设计方面的错误等。测试后将问题汇总，修订后再将问卷定稿。测验次数一次就足够了，但若修改的部分很多且变动很大，也可再次测验。

注意，如果问卷发布后修改，请谨慎选择修改模式。如果想继续保留原有答卷和问卷链接及二维码，需要注意修改的范围，只能修改问卷内容的细节，不能删除问卷题目、选项等，尤其不能修改问卷名称，否则原有问卷链接就会失效。

四、数据分析

问卷回收后，就可以进行数据分析了。在问卷列表界面，选择相应调查问卷的分析&下载，就可以直接进行问卷数据的统计分析，或者查看并下载原始数据。统计分析分为默认报告、分类统计、交叉分析和自定义查询四类。

默认报告是按题号顺序呈现的。每道题目按选项列出了填写份数小计及比例。除表格外，还有数据分析图表，根据需要可选择饼状图、圆环图、柱状图、条形图等呈现方式，也可以选择隐藏零数据，对有效数据进行清晰呈现。

分类统计最多只允许两个筛选条件。如需组合更多条件，可使用自定义查询功能。选择两个题目后，选项进行交叉叠加，叠加结果显示在筛选条件下面。选择需要的筛选条件后，按选择的筛选条件呈现问卷结果。

交叉分析的数据结果按筛选条件进行显示。

自定义查询在不升级购买企业版的情况下，最多只允许两个查询条件，用分类统计和交叉分析即可。数据分析结果报告可以进行分享、下载、导出 Excel 表格，以及授权 SPSSAU 平台进行在线分析。

分享报告有分享统计结果、分享答卷详情、按条件分享三类。数据分析报告可以提供文档格式进行下载。

任务总结

本项目主要介绍了市场调查实施的知识内容，具体包括调查方案设计、市场调查方式与方法、调查工具的选择与应用、调查过程的控制与监督等。市场调查是一项复杂的、严肃的、技术性较强的工作，一项全国性的市场调查往往需要组织成千上万的人员参加。首先，必须制订出一个科学、严密、可行的调查方案；其次，需要选择调查方式与方法，并借助合适的调查工具；最后，在市场调查过程中需要进行控制与监督。

任务实训

实训：利用"问卷星"开展一次市场调查

实训目的：

1.培养团队成员求真务实的工作作风。

2.培养团队成员合理运用市场调查方式与方法的能力。

实训准备：

1.智慧教室或一体化实训室，能够围坐在一起交流。

2.学习用具。

实训内容：

1.将学生分成4～5组，以小组为单位完成实训。

2.每组同学完成问卷设计、问卷发放、问卷回收与数据分析，并整理调查结果，以PPT形式呈现。

3.班级组织交流，每个团队推荐两名成员进行介绍，并进行现场质询与评价。

实训要求：

1.问卷设计合理，数据分析结果可视化。

2.合理分工，每个同学必须积极参与市场调查，不允许"搭便车"。

3.展示交流时尊重发言同学，不允许随意打断。

成果要求：

每组同学提交一份《××公司市场调查分析报告》。

考核及评价：

1.每组制订一份市场调查方案作为一次作业。

2.根据在班级交流中的表现评定成绩，填写表2-5。

表2-5 实训考核评价表

评量向度	小组互评	教师复评	综合得分
团队协作性（20%）			
环节连贯性（20%）			
内容专业性（20%）			
气氛感染力（20%）			
团队贡献度（10%）			
语言表达力（10%）			
合计			

基本训练

一、单项选择题

1.进行市场调查时，首先要明确市场调查的（　　　）。

A.目标　　　　　　B.对象　　　　　　C.范围　　　　　　D.时间

2.下列抽样方法中，属于非随机抽样的是（　　　）。

A.任意抽样　　　　　　　　　B.纯随机抽样

C.分层随机抽样　　　　　　　D.分群随机抽样

基本训练2

答案

3.为了弥补邮寄调查法的缺点，可以采用的调查方式是（　　　）。

A.个人访问法　　　　　　　　　　B.电话调查法

C.小组访问法　　　　　　　　　　D.询问表留置法

4.下列调查方法中，属于观察法的是（　　　）。

A.行为记录法　　　　　　　　　　B.询问法

C.实验法　　　　　　　　　　　　D.网络调查法

5.调查问卷中的问题设置应具有普遍意义，这体现的问卷设计原则是（　　　）。

A.合理性　　　　　　　　　　　　B.一般性

C.明确性　　　　　　　　　　　　D.逻辑性

二、多项选择题

1.市场调查方式就是如何选择、确定调查对象。按照对象涉及的范围，可分为（　　　）两大类。

A.全面调查　　　　　　　　　　　B.非全面调查

C.重点调查　　　　　　　　　　　D.随机抽样调查

2.影响样本量大小的因素有很多，主要有（　　　）。

A.总体规模的大小　　　　　　　　B.总体内部的构成情况

C.抽样误差的大小　　　　　　　　D.抽样方式

E.经费预算

3.文案调查作为信息收集的重要手段，一直得到世界各国的重视，其主要功能表现在以下几个方面（　　　）。

A.文案调查可以发现问题，并有助于调研项目的总体设计

B.文案调查可以为实地调查创造条件

C.文案调查可以用于经常性的调查

D.有助于正确理解和使用原始资料

4.按照所收集数据的类型，可分为收集原始资料的市场调查方法和二手资料的市场调查方法。其中，原始资料的收集方法包括（　　　）。

A.询问法　　　　　　　　　　　　B.观察法

C.实验法　　　　　　　　　　　　D.文案调查法

5.面谈访问调查就是调查员按照抽样方案中的要求，到所抽选的家庭或单位，按事先规定的方法选取适当的被访者，再依照问卷或调查提纲进行面对面的直接访问。其主要适用于（　　　）。

A.调查范围较小而调查项目比较复杂的情况

B.了解顾客对某产品的构思或对某广告样本的想法

C.了解某类问题能否通过解释或宣传获得谅解的情况

D.对热点问题、突发性问题的快速调查

E.已经拥有一定的信息资料，只需进一步验证情况的调查

三、案例分析题

美国李维斯公司的分类市场调查

美国李维斯公司是以生产牛仔裤而闻名世界的。20世纪90年代末期，其销售额仅为800万美元，但到20世纪80年代，销售额达到了20亿美元，40年间增长了250倍。这主要得益于该公司的分类市场调查。

李维斯公司设有专门负责市场调查的机构，调查时应用统计学、行为学、心理学、市场学等知识和手段，按不同国别分析研究消费者的心理差异和需求差别，分析研究不同国别的经济情况的变化、环境的影响、市场竞争和时尚趋势等，并据此制订公司的服装生产和销售计划。例如，1974年，李维斯公司对德国市场的调查表明，大多数顾客认为服装合身是首选条件，为此，公司随即派人在该国各大学和工厂进行服装合身测验。一种颜色的裤子就测定出了45种尺码，因而扩大了销售。李维斯公司根据美国市场的调查，了解到美国青年更加喜欢合身、耐穿、价廉、时髦，为此，其将这四个要素作为产品的主要目标，因而公司的产品在美国青年市场中长期占有较大的份额。

近些年，李维斯公司通过市场调查，了解到许多美国女青年喜欢穿男裤，为此，公司经过精心设计，推出了适合妇女需要的牛仔裤和便装裤，使公司的妇女服装的销售额不断增长。虽然美国及国际服装市场竞争激烈，但是李维斯公司依靠分类市场调查所提供的信息，确保了经营决策的正确性，使公司在市场竞争中处于不败之地。

问题：李维斯公司的分类市场调查对你有何启示？

项目三

市场调查实施

任务导入

韩云的服饰公司委托市场调查机构成立了调查小组，设置了项目主管、实施主管和调查督导，并招聘了一些经管类的大学生作为兼职的调查员参与调查。项目主管统筹管理整个项目，制订项目运行计划和进程表，保证能够按时向客户提交报告。实施主管负责计划的实施，并挑选合适的调查员，对督导团队进行管理。调查督导的主要职责是培训并指导调查员的工作。针对这个项目的组织实施，市场调查员需要将方案付诸实施，根据调查方案的相关要求和调查计划的具体安排，有组织、细致、系统地收集各种市场资料。市场调查资料的收集工作需要大量的人力、财力作为支撑，而且该阶段调查较易出现误差，因此，组织、管理、控制便成为这一阶段工作成效的基本保障。

学习目标

★知识目标

1. 能够复述调查团队的构成；
2. 能够陈述调查员应具备的基本素质；
3. 能够描述调研员培训的内容与方式；
4. 能够陈述调查过程监控的方法。

★能力目标

1. 能够组织市场调查团队并形成工作方案；
2. 能够针对调查项目对调查员进行培训；
3. 能够开展调查过程监控。

★素养目标

1. 积极参加项目调查所要求的实践和操作活动，培养务实认真的工作作风；
2. 培养团队合作能力，能够主动积极地与他人交流、分享学习成果。

任务1　调查团队组建

【任务解析】

在市场调查的一般流程中，当我们定义了市场调查问题、制订了市场调查方案以后，就要进入市场调查实施这一环节，也就是通常所说的现场工作。在这一环节中，市场调查人员要与被访者接触，填写问卷或观察表格，记录并提交数据。挨家挨户访问的入户调查员、拦截逛商店购物者的调查员、拨打电话的电话调查员、邮寄问卷的调查员、记录特定时间商店中顾客人数的观察员，以及其他涉及数据收集和管理的人员，都是从事现场工作的市场调查人员。他们的工作看似简单，但其工作质量将直接影响到数据收集质量的高低。合格的市场调查人员需要通过选拔及培训，以具备应有的素质。通过本任务的学习，学生能够认识调查团队文化和调查业务技能的培训，能够列举调查人员的考核方式并能够开展考核结果分析，能够自行制定调查人员的激励政策。

微课 3-1

调查团队的
组建（1）

【知识链接】

一、市场调查人员的配置

（一）市场调查管理人员

市场调查管理人员的职责是组织、控制整个调查运作，协调下属各部门之间的关系；制定公司的管理规则、人员的职责等。管理人员通常要对市场调查业务运作的各个方面都十分熟悉，有从事市场调查、社会调查或民意调查的经验，此外，还要具有较强的组织管理能力。他们的职位一般是公司的总经理、副总经理和各部门的经理。

（二）市场调查研究人员

市场调查研究人员包括高级研究人员和一般研究人员。研究人员的职责是拟订调查方案和数据处理计划，进行抽样设计、问卷设计、数据分析以及撰写调查报告，此外，还负责向客户汇报调查结果、提供咨询服务。高级研究人员的职位通常是项目经理、客户经理或研究总监。他们通常是经济学、市场营销学、社会学、心理学、数理统计学、管理学等领域训练有素的专家、学者或博学之士。

微课 3-2

调查团队的
组建（2）

（三）市场调查实施主管

一些大型的市场调查公司都设有专门的市场调查实施部门，负责公司所有市场调查项目的实施工作。市场调查实施主管一般要同时负责几个市场调查项目的实施，他们的工作职责主要有以下几个方面：

（1）深入了解市场调查项目的性质、目的以及具体的实施要求。

（2）如有需要，负责选择专业的市场调查实施公司并与之进行联络。

（3）负责制订实施计划和培训计划。

（4）负责培训督导员和访问员。

（5）负责项目实施过程中的管理和质量控制。

（6）负责对督导员和访问员的工作质量进行评价。

市场调查实施主管需要掌握有关市场调查的基本理论和方法，具有比较丰富的工作经验，同时需要具备比较强的组织和运作能力。

（四）市场调查督导员

市场调查督导员是具体的市场调查项目运作的监督人员，负责对市场调查的实施过程进行检查监督。督导员通常需要担负如下职责：

（1）培训和管理访问员。

（2）检查问卷是否有漏答、错误、作弊的现象。

（3）根据调查时间安排，及时检查调查进度，抽查问卷的真实性。

（4）编辑整理所有的情报资料。

（5）评价访问员的工作业绩，对于不能胜任的，及时提出撤换的建议。

同时，督导员应该对调查员每天的调查结果进行及时的检查。最好要求调查员每天都将当天完成的调查结果或问卷上交督导员。项目实施主管根据实施的进度和完成的配额，可以及时地对计划进行必要的调整。督导员还可以及时地向调查员核实一些不正常的调查个案，以便在调查员记忆犹新的情况下做出必要的改正。

最后值得一提的是，督导员的工作容易集中在检查错误和不足上，很容易让受监督的调查员感到泄气和受到打击。因此，督导员要对调查员正确完成的工作进行慷慨的表扬和真诚的感谢，不能责骂或侮辱调查员。发现错误时，只是向他们指出并告诉他们如何改正。因为只有有自信心的、受到激励的调查员，才能做得更好。

（五）市场调查员或访问员

市场调查员是调查实施的具体执行者。他们的社会接受程度往往会影响其数据收集的质量，对于个人访谈来说尤其重要。这就要求在招聘市场调查员时，考虑多方面的因素。调查员的背景、观点、理解力、期望和态度，都会影响他们在调查中所得到的回答。研究表明，调查员与调查对象的共同点越多，访谈就越有可能获得成功。因此，在可能的条件下，应当尽可能选择与调查对象特征匹配的调查员。对调查员的要求，也因调查问题的性质和数据收集的方法而异。但是，对于从事现场工作的调查员来说，必须具备一些基本的素质要求和能力要求。

（六）电脑录入员

电脑录入员的主要职责是对收集到的问卷资料进行编码，并将数据资料输入电脑，以便研究人员做出统计分析处理。此外，他们通常也要负责一般资料性文件的电脑编辑、打印工作。电脑录入员一般要比较熟悉各种计算机软件的应用，键盘操作速度比较快。一个调查公司通常需要一名以上的电脑录入员。

（七）资料员

资料员负责各种一般性的商业资料的收集、分类、整理和归档，以便研究人员查询。资料一般来自各种媒体，包括报纸、杂志、商业通报、邮函或出版物等。一个调查公司一般要有一名或一名以上的资料员。资料员通常要具备档案管理方面的经验。

二、市场调查人员的选拔

市场调查是一项综合性很强的复杂的工作，需要各方面的调查人员通力配合、共同完成。

（一）知识要求

市场调查人员应具备从事市场调查工作的基本知识，包括市场营销学、经济学、心理学、计算机应用基础、社会学、统计学、管理学等学科的基本知识。对于承担某些技术性较强的市场调查项目的候选人，还要掌握一些专门技术知识，如工程技术知识、有关调查商品的专业知识等。从事国际市场调查的人员，还要具备国际贸易理论、世界地理和历史知识，并且具有熟练的外语水平。

（二）素质要求

（1）身体健康。现场数据收集工作很繁重，调查人员必须有完成工作所需的体力和精力。

（2）性格开朗。调查人员应当善于和调查对象接触与交流，具备与陌生人打交道的能力。

（3）善于沟通。有效的沟通和聆听技能，是调查获得成功的关键因素。

（4）相貌端正。调查人员的外表如果让人看起来不舒服，会影响到数据收集工作。

（5）受过教育。调查人员必须具有良好的阅读和书写能力，大多数的数据收集公司对调查人员的文化程度都有要求。

（6）经验丰富。有经验的调查人员在遵循调查要求、获得调查对象合作和进行访谈方面，都做得更好。

（三）能力要求

1.善于发掘各种资料信息的能力

市场调查人员要善于收集各种资料，并从中获取各种与市场调查有关的信息，收集的资料要尽可能全面、准确、及时、具体。

2.分析问题的能力

市场调查人员要具备敏锐地发现问题、分析问题和判断问题的能力，能够从复杂的资料中经过定性和定量分析，找出问题所在；能够对各种资料的真伪进行识别，鉴别各种信息的价值，综合并加工整理成对决策有一定价值的意见。

3.协调能力

市场调查工作需要各个部门协同合作，每个部门的工作人员都要与其他部门的人员协作，做到相互支持、相互帮助，这样才能更有效地完成市场调查任务。因此，协调能力是市场调查人员的必备能力。

4.文字表达能力

市场调查活动的最终结果通常要以文字材料的形式反映出来，材料撰写得好与差，是否做到有观点、有深度、有说服力，都与市场调查人员的写作能力密切相关。因此，市场调查人员必须具备一定的写作能力。

（四）品德要求

市场调查人员应有强烈的责任感和吃苦耐劳的精神，对于所接受的工作，绝对按照指示，一丝不苟地如期完成；不论遇到何种障碍，不做虚假填报，欺骗委托者；工作实事求是，公正无私。

由于目前具有市场调查学识与经验的人才并不多，要求每一位调查人员均能合乎上述条件，恐怕很难实现。因此，被录用的调查人员如果能在训练阶段，对某方面的缺陷有针对性地进行训练，或可弥补。但是，市场调查的负责人员，包括督导员在内必须具有实际经验。

三、市场调查人员的招聘与面试

（一）内部招聘的主要方法

1.推荐法

推荐法可以用于内部招聘，也可以用于外部招聘。其是由本企业员工根据企业的需要推荐其熟悉的合适人员，供用人部门和人力资源部门进行选择和考核。

2.布告法

布告法的目的是使企业中的全体员工都了解到哪些职务空缺，需要补充人员，使员工了解到企业在招聘人员方面的透明度与公平性，并有利于提高员工士气。但其常常用于非管理层人员的招聘。

3.档案法

人力资源部门都有员工档案，从中可以了解到员工在教育、培训、经验、技能、绩效等方面的信息，帮助用人部门与人力资源部门寻找到合适的人员补充职位空缺。

（二）外部招聘的主要方法

1.发布广告

通过报纸或网络发布招聘信息，以吸引足够多的应聘者。这是目前主要的招聘形式之一。

2.借助中介

一般可以借助的中介有人才交流中心、招聘洽谈会和猎头公司。相对重要的工作岗位，往往需要借助中介这种方式，如高级研究人员或管理岗位人员。

3.学校招聘

可以到各地区高校组织的招聘会现场进行招聘。

4.熟人推荐

这种方法比较节约成本，并且可以了解到应聘者的详细情况。

（三）面试方法

1.面试的基本步骤

（1）面试前的准备阶段。其包括确定面试的目的、科学地设计面试的问题、选择合适的面试类型、确定面试的时间和地点等。

（2）正式面试阶段。采用灵活的提问和多样化的形式交流信息，进一步观察和了解应聘者。

（3）结束面试阶段。在结束之前，在面试考官确定问完了所有预计的问题之后，应该给应聘者一个机会，询问他是否有问题要问。

（4）面试评价阶段。根据面试记录对应聘者进行评估，可用评语式评估，即可对应聘者的不同侧面进行深入的评价，能反映出每位应聘者的特征，但不能进行横向比较；也可用评分式评估，即对每个应聘者相同的方面进行比较。

2.面试问题的设计

（1）面试问题设计技巧。这些问题基本来源于招聘岗位的工作说明书，以及应聘者的个人资料。

（2）面试问题技巧。面试问题技巧是面试实践中解决某些主要问题与难点问题，是面试经验的积累。在面试中，"问""听""观""评"是几项重要而关键的基本功。

主要的提问技巧有开放式提问、封闭式提问、清单式提问、假设式提问、重复式提问、确认式提问、举例式提问等。

四、市场调查员的招聘

对于大部分的调查公司来说，日常招聘最多的是市场调查员。为了节约经营成本，许多调查公司的市场调查员为兼职人员。兼职人员往往不固定，受项目的影响，因此，对他们的招聘就成为调查公司长期性的工作。

（一）确定调查员的招聘标准

招聘调查员主要是看调查员是否善于与人沟通，性格是否开朗。其主要标准包括以下几点：

（1）敬业，有责任心。

（2）稳重，有耐心，并且能够循循善诱使被访者合作。

（3）善于与陌生人沟通，使用被访者熟悉的语言，并且应变能力强。

（4）心态积极，能够认真完成预定的访问工作。

（5）能够仔细记录访问答案，减少粗心造成的误差。

（6）心理承受能力强。

（二）熟悉调查员的招聘流程

调查员一般是兼职的，其招聘流程不同于其他人员的招聘，可以实行两次招聘制度，即每半年进行一次调查员的招聘活动，招聘的调查员经面试、筛选与签署兼职调查员协议，接受调查公司安排的一定课时的基础培训后，为其建档，成为调查公司的备选调查员，这被称为第一次招聘。在调查公司实施项目时，根据项目的要求选取适当的调查员并与选中的调查员签署有关项目实施的协议，这就是第二次招聘。经过两次招聘后，才可以成为市场调查员。

五、调查团队文化的培训

（一）团队文化的定义

团队文化就是企业团队合作的具体文化。团队文化是企业文化的重要组成部分。企业文化是一个普遍的概念，团队文化是一个特殊的情况。团队文化是企业中人们在具体工作中所信仰的共同文化价值的一种意识。团队价值观是团

微课 3-3

调查团队文化的培训

队文化的核心内涵。简单地说，团队文化是一个团队的集体意识。意识正是人们的主观世界对客观世界的一种主观性的反映。团队价值意识正是团队组成人员对团队工作价值活动的具体主观性认识的反映。这个主观性的反映所体现的主要是团队工作实践的一种规律性要求，对团队工作更高效地运转有着积极意义和作用。团队文化一般包括三个层次的因素：首先，团队文化是一种关于团队工作的价值；其次，团队文化来自企业工作的实践活动；最后，团队文化的价值意识被团队成员所相信，并在团队工作中得到实践。

团队文化是调查团队实现改革的动力，是团队发展的源泉，是团队精神的灵魂，是团队在长期生产经营过程中形成的价值理念、经营思想、群体意识和行为规范的一种综合体。其中，包括价值观是只有企业发展，才有个人发展；个人价值是通过对企业的奉献实现的等企业文化的核心。例如，态度决定一切，细节决定成败；没有品质，便没有企业的明天；没有完美的个人，只有完美的团队；人人爱岗敬业，公司兴旺发达；爱企业，就是爱自己；每天告诉自己一遍"我真的不错"；永不言败，我们是最好的团队等。调查团队文化是一种精神力量的凝聚，好的调查团队文化可以起到事半功倍的效果。

案例分享3-1　　　　　　　　　　**小天鹅火锅的优秀团队文化**

小天鹅火锅2001年刚刚进入云南和贵州市场时并不是很强势，从顾客份额和忠诚度来看都比不上同样是全国餐饮百强的云南大滇园火锅，但是在核心团队成员的领导下，短短两年的时间就发展成为云贵餐饮市场的中坚力量，并一跃成为小天鹅火锅全国市场营业状况最好的样板市场。深入这个团队我们会发现优秀团队的种种优良品质。当时作为投资方代表的陈阿鹰年仅25岁，而职业总经理李鸿伟更是才22岁，就是以这两个小伙子为核心成员的团队演绎着云贵火锅界的精彩传奇。由于团队的向心力高度集中，在市场初期生意惨淡的日子里，员工们自发地AA制消费自家餐厅的火锅；在员工生病的困难阶段，员工自发积极捐助；在团队培训的福利中，公司每年花费15万元作为员工学习深造的固定投资；在以顾客为核心价值的经营理念里，他们将每位在册的顾客终身价值精准地评估为57万元；当市场危机来临时，一套科学的危机报警系统和管理系统能够紧急预测、发现、处理和管理危机；倒金字塔的管理体系——老板、总经理、经理、服务员、顾客，最高层成为团队最前端的服务部门；在团结高效的团队努力下，他们成功了。2004年，小天鹅云贵公司改组为云南新龙门实业公司，并投资2 000万元巨资打造了云南餐饮业最具品位的新龙门大酒楼，被誉为云南人的会客厅。从公司及酒楼的英文LOGO中，我们可以看到这个团队的梦想：永远的男人！虽然从2005年起这个影响云贵餐饮市场的优秀团队中的核心成员李鸿伟、窦伟等相继退出并另辟江山，但是这个黄埔军校式的团队还将成为餐饮市场的榜样。

资料来源　根据https://wenku.baidu.com/view/10585c5b551252d380eb6294dd88d0d233d43cb2.html相关资料整理而得。

（二）团队文化的内容结构

团队文化是企业团队中个体所共有的一种价值意识，因此，团队文化的内容结构就是团队文化的价值意识。团队文化的内容结构包括三个层次：一是价值意识的心理层面。

心理价值意识是团队文化的内容结构之一。心理水平的价值意识多是感性的、直觉性的，不讲求逻辑成分，带有很大的本能色彩，对逻辑规律的依赖性相对较小，包含的知识成分也相对较小。心理水平的价值意识一般与个人的欲望、情感、兴趣、个人态度等意识形态紧密相连。二是价值意识的概念层面。概念层面的价值意识不同于心理层面的价值意识，概念层面的价值意识大多是逻辑的、理性的，这与认知层面和社会实践经验直接相关。概念层面相对依赖于个体的思维逻辑，包含着大量的知识。概念层面的价值意识具有稳定性、合理性、普遍性和意识性等特征，可以被显示于文字层面，如信仰、理想信念等层面的价值意识。三是包含价值心理及价值观念等内容。团队心理是团队成员关于团队工作的心理水平的价值意识，所反映的主要是团队工作中人们的心理活动规律和心理活动现象等内容。团队心理包含的内容非常丰富，如意志、动机，以及人们的需求等。

（三）团队文化的具体内容

1.奉献

捧着一颗心来，不带半根草去。有句名言"春蚕到死丝方尽，蜡炬成灰泪始干"，还有我们所熟悉的英雄人物如刘胡兰、黄继光、邱少云、董存瑞等，这些都是自我牺牲的奉献精神的代表，也是最崇高的奉献精神。

2.诚信

万事德为首，百德诚为先，事事信为本。诚信乃立身之本，修德之源。它体现了一个人的品质。

3.感恩

滴水之恩当涌泉相报，做人要有良心，我们要怀着一颗感恩的心，来回报父母、回报社会、回报公司，此时，你心中就会有鸟语花香、景色宜人、温馨烂漫的春天，拥有美好的心情，触发你的工作灵感，激发你昂扬的斗志，挖掘你无穷的潜力，才能创造出优异的成绩。

4.尊重

赏识、激励的新教育"拇指"文化，我们要学会赞赏他人，摒弃"同行是冤家、文人相轻"的腐朽思想。

5.协作

支撑为"人"，二人见"仁"，三人合"众"，在合作中才能共同进步。

（四）团队文化构建的核心要素分析

团队文化构建的核心要素主要有五个方面，分别是团队合作精神的培养、以人为本的理念、团队领导的培养、人才成长氛围的营造、有效的激励机制。下面对这五个核心要素展开具体的分析。

1.团队合作精神的培养

团队合作对团队文化非常重要。团队精神有利于提高团队的核心竞争力和开发利用团队的人力资源。团队精神主要包括三个方面：建立团队愿景，培养团队凝聚力，构建良好的团队沟通协调能力和信任机制。团队愿景建设是团队文化的核心目标，当一个团队拥有一个共同的愿景时，就会产生非常强大的动力，团队成员会为了实现这个愿景而不断学习和超越，这也是团队发自内心的行动。团队凝聚力的培养是员工与员工之间相互合作、合作与信任的默契程度。一个团队的凝聚力越强，战斗力就会越强。此外，建立有效的团队沟通和信任机制，可以促进团队成员之间的信息交流和业务合作。信任机制是培养员工合作精神的重要组成部分和环节，也是不断完善企业管理体系、提高企业管理水平的重要手段。

2.以人为本的理念

以人为本的理念是团队文化构建的核心因素之一。团队归根结底是由多人构成的。这些人有不同的生活背景、不同的文化教育背景，他们在单位中也履行着不同的职责，承担着不同的工作内容。公司方方面面的工作都是由员工共同完成的，只有留住了人才，才是留住了公司的核心竞争力。所以，在团队文化建设中，要坚持以人为本的核心理念，将关心人、尊重人、发展人、信任人始终放在核心地位，将个人的基本需求放在中心地位，成为衡量一切的尺度和标准。在团队文化构建中，要充分坚持以人为本的核心价值观，将团队建设当作一项基础性的工作，尊重员工个性的差异化及基本需求。通过宣传、教育和不断学习等多种方式来影响员工，帮助员工形成正确的道德观和价值观，培训员工逐渐形成正确的意识，并且从内心能够真正地认同公司的价值观，接受公司的价值观，并积极地约束自己的行为，适应公司的发展。以人为本的理念还能够最大化地激发员工的工作积极性和主动性，为公司更好地发挥自身的价值。

3.团队领导的培养

对于公司和团队来说，团队领导是团队文化建设的领导者，是公司的核心人物。团队领导是一个团队的动力和重要支柱。在团队文化中，团队管理者扮演着控制器、领导者和组织者的多重角色，所以，团队领导非常重要。一个成功的团队领导者要有较强的抗压能力，并且有较强的专业管理知识和充足的经验，以及正确的判断能力，能够引导和激励员工向着正确的方向前进。团队领导者的意义重大，所以，对一个公司的团队文化建设而言，领导者的培养及选拔方式非常重要。公司内部的员工晋升渠道也非常重要，只有形成了完善系统的内部激励机制，拥有了科学公平的员工晋升渠道，员工才能更加积极主动地工作，员工才会通过不断地学习和努力实现进取。成功团队领导的培养，对一个公司的团队文化而言有着直接的影响。正确的团队领导培养制度能够促进团队文化的建设，相反地，错误的团队领导培养方法，则会阻碍团队文化的进步和建设。

4.人才成长氛围的营造

良好的成长氛围，是团队文化建设的重要内容。团队人才成长氛围的营造，主要是让员工产生良好的团队归属感。团队成员的归属感是需要公司一点一滴来实现的，例如，为公司员工创造良好的学习机会，对员工进行积极的培训，让员工更好地掌握专业知识和相关技能，帮助员工更好的成长、更快的晋升。为员工做好职业生涯规划，为员工创造良好的表现机会和学习机会。对于优秀的员工，应该及时给予奖励，提升团队中的地位。总之，建设良好的员工晋升渠道，营造良好的人文环境，积极建设优秀的员工队伍和完善晋升标准，促进员工之间良好的竞争，对员工解决问题能力的提高、学习能力的提升、工作热情和工作积极性的提高都有着非常积极的意义。另外，良好人才成长氛围的营造，还包括内部淘汰机制的建立，只有建立了淘汰机制，才能不断优化人力资源的管理质量，淘汰那些不合格的相关人员。

5.有效的激励机制

团队文化的构建，还包括有效的激励机制。团队文化的构建要有一整套完善的激励机制，只有系统的、全面的、科学的激励机制，才能对员工形成及时有效的激励，不断挖掘员工的工作积极性和潜力，更好地为公司服务。有效激励机制的建立，包括三个方面的内容，即团队的薪酬激励、团队的荣誉地位激励以及企业文化的激励。

团队成员为了获得更多的薪酬激励，就会共同努力来实现公司为团队制定的业绩目标，这样才能为团队带来更多的薪酬。同样，企业为了提高员工的工作积极性，还要注重对员工职业生涯的规划，为员工提供完善的晋升渠道，充分调动员工的积极性和主动性，这样才能赢得员工更多的信赖，提升员工的归属感。

（五）团队文化在团队管理中的功能

1.导向功能

团队文化具有指导作用，是团队发展的精神表现。团队文化的导向功能主要表现为企业目标导向功能、企业价值导向功能和企业行为导向功能。例如，团队文化对企业价值的导向作用主要体现在倡导和弘扬企业文化的方向、企业团队关注的方向和提升企业价值的方向。企业文化促进的价值，最终形成了企业的价值观念。例如，昼夜文化通过具体的价值观或哲学精神进行舆论宣传，引导企业的团队成员达到企业的具体目标，引导企业的精神文明和物质文明朝着更好的方向发展和进步。另外，团队文化对企业的行为还有具体的导向功能，如在团队共同价值观的引导下，团队内部的员工就会自觉地用共同的文化和价值观念来约束自己的行为，将自己的行为与价值观念的要求相吻合。如果团队文化中倡导员工学习创新、团结合作，那么，员工学习之后就会主动地根据企业文化的相关要求约束自己的行为，更加主动地与其他同事沟通协作，并不断提高自己的各项能力。

微课 3-4

团队文化在团队管理中的功能

2.凝聚功能

凝聚功能也是团队文化在团队管理过程中的重要功能之一。在公司内部通过团队文化的引导，逐渐形成一种相互帮助、相互信任、和睦友爱的气氛和意识，从而形成强大的向心力和凝聚力，这就是企业文化功能的凝聚力。企业需要从自身的实际情况、自身的发展目标出发，为员工建立起一个系统的文化体系，有一个明确的奋斗目标，促使企业的发展目标与个人价值的实现成为命运共同体，实现企业的目标就是员工实现价值的重要内容之一，从而系统地将企业的发展目标与员工的发展目标有机地结合起来，形成一个凝聚力很强的整体。为了实现员工个人价值和企业目标相统一，需要不断地学习和沟通，减少各方面的摩擦和具体的矛盾，促进企业内部各种关系的和谐高效。团队文化在团队管理中发挥着非常重要的凝聚功能，提高了团队管理的整体水平，激发了员工的集体意识和团队意识，充分发挥了团队成员的工作主动性。

3.激励功能

当企业的员工完成了企业制定的某一项具体的工作目标之后，需要给予团队成员一定的精神奖励和物质奖励，其根本目的是吸引其他团队成员的注意，并积极向这些优秀员工学习，使所有员工的行动和思想都能朝着企业设定的方向进步和发展。这样，才能充分调动员工的积极性和主动性，激发他们的创造力，进一步促进企业发展目标的实现。团队文化的激励功能是团队文化的基本规律，也是社会发展的客观需求。在团队建设的过程中，团队文化的激励作用主要表现在以下几个方面：首先，团队文化是以人为中心的，以不断全面发展和完善个人的价值为前提和基础，让个人看到在团队中积极工作和发展的意义，看到自己在团队中的位置和价值。其次，团队的价值判断标准和激励标准应该与团队成员的价值判断标准一致，因此，在团队中可以形成良好的、相互信任和团结的部门，可以促进内部员工的沟通和协作。

4.辐射功能

团队文化在团队管理中也具有很强的辐射作用。团队文化经过长期的发展，最终形成一个相对固定的模式，企业文化的功能不仅可以用于企业内部员工和企业本身，而且可以通过通信、宣传等多种渠道，对社会及其他的各个层面，甚至对其他公司产生不同程度的影响，这是企业文化的辐射功能。这一辐射作用具有重要意义，其不仅可以帮助企业在社会层面树立良好的公众形象，而且可以提高企业的声誉和知名度，树立良好的企业形象和品牌。因此，团队文化对内部员工和外部社会都具有非常重要的辐射作用。团队文化可以促使内部员工相互信任、相互协调和配合，可以建立企业良好的社会形象，通过企业价值观、企业责任和企业家精神建立良好的品牌形象，增强公司产品消费者的认可程度和对公司的忠诚度，对企业实现口碑营销、不断扩大市场具有积极的意义和作用。在团队建设的过程中，优秀的企业文化可以帮助企业、团队和员工树立良好的社会形象，向公众展示他们积极的精神面貌和良好的企业地位。因此，团队文化在团队管理中的辐射作用具有重要的意义。

5.约束功能

团队文化在团队管理中也发挥着重要的约束作用。企业文化通过构建自身的价值观来约束企业行为和具体思想，是团队文化约束功能的重要体现。团队文化是通过建立健全的团队理论、团队管理制度来规范和约束员工的具体行为。团队的规章制度是企业团队文化的重要组成内容，也是公司内部日常运营和管理过程中必不可少的一项内容。相关的制度和规则要求团队领导者要积极地带头履行相关的制度要求，约束自身的行为，如果领导者的行为违反了相关的制度和规范，同样也应该像其他职工一样受到处罚，受到相应的舆论谴责。如果团队中个别员工的个别行为触犯了法律规定，除了要受到企业的惩罚外，还会受到相关法律的制裁。在企业的团队建设中，团队文化是团队价值的规范，也是团队行为的重要依据和标准，虽然这种制度不是强制性的，但其大多是一些软性的约束和规矩，员工要自觉地遵守相关的制度和要求，否则就会受到相应的处罚，为自身所犯的错误负责。因此，团队成员为了减少与其他成员的摩擦，必然要严格按照相关的规章制度和要求开展工作。

（六）如何培育团队文化

1.欣赏

学会欣赏，懂得欣赏。团队的效率在于成员间相互配合的默契，而这种默契来自团队成员间的相互欣赏和相互熟悉，欣赏长处、熟悉短处，最主要的是扬长避短。

2.尊重

每个人都希望得到尊重，不论老人或新人，尊重没有高低之分、地位之差和资历之别，平等待人，有礼有节，既尊重他人，又尽量保持自我个性，这是尊重的最高境界。尊重能够为一个团队营造出和谐融洽的气氛，使团队资源形成最大程度的共享。

3.宽容

法国文学史上卓越的资产阶级民主作家雨果曾说，"世界上最宽阔的是海洋，比海洋更宽阔的是天空，而比天空更宽阔的则是人的胸怀"。宽容是团队合作中最好的润滑剂，能够消除分歧和避免战争，使团队成员能够互敬互重、彼此包容、和谐相处，从而安心工作，体会到合作的快乐。

4.信任

协作是成功的基石，团队是一个相互协作的群体，其需要团队成员间建立起相互信任的关系。信任是合作的基石，没有信任就没有合作，信任是一种激励，更是一种力量。

5.沟通

敢于沟通、勤于沟通、善于沟通，让所有人都了解你、欣赏你、喜欢你。在团队中，良好的沟通是一种必备的能力。作为团队，成员间的沟通能力是保持团队有效沟通和旺盛生命力的必要条件；作为个体，要想在团队中获得成功，成员间的沟通能力是最基本的要求。

6.负责

自信地面对一切。负责不仅意味着对错误负责、对自己负责，更意味着对团队负责、对团队成员负责，并将这种负责精神落实到每一个工作细节之中。

7.诚信

诚信不容置疑。古人说，人无信则不立。诚信是做人的基本原则，也是作为一名团队成员所应具备的基本价值理念，其是高于一切的。

六、调查业务技能的培训

调查业务技能的培训内容主要有三个方面：政策法规和规章制度培训、访问技巧和基本要求培训、项目专项培训。

（一）政策法规和规章制度培训

随着市场调查活动的发展，国际和国内相继出台了有关政策法规。此外，各个市场的调查机构也分别有着自身的一套内部管理方法。因此，作为操作实施人员，对与市场调查相关的准则与惯例、政策规定与管理要求，必须有着明确的了解，并能在实际调查活动中自觉遵守。

（二）访问技巧和基本要求培训

市场调查所采用的各种访问形式中入户访问的技巧要求相对较高，其一些主要原则同样适用于其他访问。这部分内容的培训受到市场调查机构的普遍重视，总体而言，在访问的各个环节应该掌握的基本要求和技巧如下：

首先，自我介绍环节。访问员在进行访问时，应当佩戴访问的胸卡，并出示本人身份证明，简要地进行自我介绍并说明来意。为了与被访问者进行沟通，消除被访问者的疑虑，建立信任关系是必要的。为此，访问员应该进一步说明这次访问是了解消费者对市场的各种意见，这些意见完全用于内部分析，并且这项工作最终将改善消费品市场的现状，有利于消费者自身。这个说明可以有效地缩短访问员与被访问者之间的距离，有利于双方的相互配合，共同完成访问任务。

有时，访问是在假日或晚上进行的，因为平日白天大多数居民需要上班或学习，这一点也应予以说明，以消除被访问者的疑虑。此外，若选中的被访问对象恰巧有事或不在，可以礼貌地与其本人或家人另约访问时间。

其次，询问环节。访问员应该清晰地说出问卷中的每个问题，速度不能太快或太慢，当被访问者对问题有所误解或不清楚时，访问员应将问题重新陈述一遍。询问应当严格按问卷编排的顺序进行，因为问题的先后顺序将会影响整体答案的准确性，并且每个问题都需要问到，不可自以为了解被访问者的答案而跳过某些问题。每个问题应按经过仔细斟酌的问卷中所用的字句来询问，不能按照自己的理解随意使用自己的语言。询问要有间隙停顿，让被访问者有思考的空间。对于问卷中的问题和被访问者的回答，不能按照自己的理解加以解释与记录，因为这种理解很可能是主观的、随意的，必须严格保持中立。访问员要认真、完整地记录被访问者的意见，即使其拒绝回答，也是一种重要的意见或态度，也应加以记录。访问员要善于将访问集中在主题上，若被访问者的回答离题太远，要及时地引导其回到正题。

此外，必须访问调查指定的访问对象。有的被访问者认为自己所知不多，自己的意见也无助于市场调查，便会建议访问员访问家中的其他成员，这时访问员应该说明这次访问的对象是采用科学的方法抽取的，不同层次的人群都有可能被抽中访问，每个被抽中的对象的意见具有相同的价值。在访问中，不能让被访问者看到问卷，因为问卷中的内容很可能影响被访问者的意见。在访问中，要正确地使用卡片。当问卷中出现多项选择题时，一般将可选择的答案印制在卡片上，在使用卡片时，访问者应当手持卡片，但要注意不可用手指向某一答案，以免产生误导，并要进行现场编校。在访问结束时，要迅速地复查一遍问卷，发现有错误、有遗漏之处，及时加以修正。

最后，追问环节。在访问中，被访问者回答不清和不全，是非常普遍的现象，因此，掌握追问技巧是非常重要的。

（三）项目专项培训

操作实施人员在比较系统地经历访问技巧和基本要求培训之后，在正式参与市场调查项目之前，还必须接受此项调查的专门培训，否则，其是不能参加正式调查的。市场调查项目专项培训一般包括以下几个组成部分：

（1）项目基本情况介绍，如项目背景、涉及范围、访问形式、访问地概况、调查产品情况等。

（2）调查问卷介绍，主要是对问卷的各个问题及其各项指标做出相应的解释，对问卷填写的格式要求进行必要的说明。

（3）操作实施人员职责说明，如每个人需要承担的访问量，访问选样如何进行，问卷递交时间、地点等。

模拟调查可能采取培训人员与操作实施人员之间、操作实施人员相互之间利用调查问卷互相轮换访问的方式进行。在有条件的情况下，应当安排非正式调查区域的实地访问作为模拟训练。

案例分享3-2　　　　　　　　　　　　　　　**某市居民家庭饮食消费状况调查报告**

为了深入了解本市居民家庭在酒类市场及餐饮类市场的消费情况，特进行此次调查。调查由本市某大学承担，调查时间是20××年6月至8月，调查方式为问卷式访问调查，本次调查选取的样本总数是2 000户。各项调查工作结束后，该大学将调查内容予以总结，其调查报告如下：

一、调查对象的基本情况

（1）样品类属情况。在有效样本户中，工人320户，占总数比例18.2%；农民130户，占总数比例7.4%；教师200户，占总数比例11.4%；机关干部190户，占总数比例10.8%；个体户220户，占总数比例12.5%；经理150户，占总数比例8.52%；科研人员50户，占总数比例2.84%；待业户90户，占总数比例5.1%；医生20户，占总数比例1.14%；其他260户，占总数比例14.77%。

（2）家庭收入情况。本次调查结果显示，从本市总的消费水平来看，有相当一部分居民尚未达到小康水平，大部分的人均收入在1 000元左右，样本中只有约2.3%的消费者收入在2 000元以上。因此，可以初步得出结论，本市总的消费水平较低，商家在定价的时候要特别慎重。

二、专门调查部分

（一）酒类产品的消费情况

1.白酒比红酒消费量大

分析其原因，一是白酒除了顾客自己消费以外，用于送礼的较多，而红酒主要用于自己消费；二是商家做广告也多数是白酒广告，红酒广告很少。这直接导致白酒的市场大于红酒的市场。

2.白酒消费多元化

（1）从购买白酒的用途来看，约52.84%的消费者用来自己消费，约27.84%的消费者用来送礼，其余是随机性很大的消费者。

购买白酒用于自己消费的消费者，其价格大部分在20元以下，其中，10元以下的约占26.7%，10元～20元的约占22.73%。从品牌来说，稻花香、洋河、汤沟酒相对看好，尤其是汤沟酒，约占18.75%，这也许与消费者的地方情结有关。从红酒的消费情况来看，大部分的价格也集中在10元～20元之间，其中，10元以下的约占10.23%，价格档次越高，购买力相对越低。从品牌来说，以花果山、张裕、山楂酒为主。

送礼者所购买的白酒，其价格大部分选择在80元～150元之间（约占28.4%），约有15.34%的消费者选择150元以上的白酒。这样，生产厂商的定价和包装策略就有了依据，既要定价合理，又要有好的包装，才能增大销售量。从品牌的选择来看，约有21.59%的消费者选择五粮液，约有10.795%的消费者选择茅台。另外，红酒的相关调查显示，约有10.2%的消费者选择40元~80元的价位，选择80元以上的约有5.11%。总之，从以上的消费情况来看，消费者的消费水平基本上决定了酒类市场的规模。

（2）购买因素比较鲜明，调查资料显示，消费者关注的因素依次为价格、品牌、质量、包装、广告、酒精度。这样就可以得出结论，生产厂商的合理定价是十分重要的，创名牌、求质量、巧包装、做好广告也很重要。

（3）顾客忠诚度调查表明，经常更换品牌的消费者约占样本总数的32.95%，偶尔更换的约占43.75%，对新品牌的酒持喜欢态度的约占32.39%，持无所谓态度的约占52.27%，明确表示不喜欢的约占3.4%。从中可以看出，一旦某个品牌的形象在消费者心中形成，是很难改变的，因此，厂商应当在树立企业形象、争创名牌方面付出努力，这对企业的发展十分重要。

（4）动因分析，主要在于消费者自己的选择，其次是广告宣传，然后是亲友介绍，最后才是营业员推荐。不难发现，如何吸引消费者的注意力，对于企业来说是关键，如何做好广告宣传，消费者的口碑如何建立，将直接影响酒类市场的规模。对于商家来说，营业员的素质也应当加以重视，因为其对酒类产品的销售量有着一定的影响及作用。

（二）饮食类产品的消费情况

本次调查主要是针对一些饮食消费场所和消费者比较喜欢的饮食进行的，调查表明，消费者有以下几个重要特点：

（1）消费者认为最好的酒店不是最佳选择，而最常去的酒店往往又不是最好的酒店。消费者最常去的酒店大部分是中档的酒店，这与本市居民的消费水平是相适应的，现将主要的几家酒店情况比较如下：

泰福大酒店是大家最看好的，约有31.82%的消费者会选择，其次是望海楼和明珠大酒店，都约为10.23%，然后是锦花宾馆。从调查中我们可以发现，云天宾馆虽然说是比较好的酒店，但由于这个宾馆的特殊性，只有举办大型会议时才会使用，或者是贵宾、政要才可以进入，所以，调查中作为普通消费者的调查对象很少会选择云天宾馆。

（2）消费者大多会选择自己工作或住所的周围，有一定的区域性。虽然在酒店的选择上有很大的随机性，但也并非绝对如此，例如，长城酒楼、淮扬酒楼也会有一定的远距离消费者惠顾。

（3）消费者追求时尚消费，如对手抓龙虾、糖醋排骨、糖醋里脊、宫保鸡丁的消费比较多，特别是手抓龙虾，在调查样本总数中约占26.14%，以绝对优势占领餐饮类市场。

（4）近年来，海鲜与火锅成为市民饮食市场的两个亮点，市场潜力很大，目前的消费量也很大。调查显示，喜欢海鲜的约占样本总数的60.8%，喜欢火锅的约占51.14%。在有关季节的调查中，喜欢在夏季吃火锅的约有81.83%，喜欢在冬季吃火锅的约36.93%，火锅不仅在冬季有很大的市场，在夏季也有较大的市场潜力。目前，本市的火锅店和海鲜馆遍布街头，形成居民消费的一大景观和特色。

三、结论和建议

（一）结论

（1）本市的居民消费水平不算太高，属于中等消费水平，收入在1 000元左右，有相当一部分居民还没有达到小康水平。

（2）居民在酒类产品消费上主要是用于自己消费，并且以白酒居多，红酒的消费比较少，用于个人消费的酒品，无论是白酒还是红酒，其品牌以家乡酒为主。

（3）消费者在购买酒品时更多地注重酒品的价格、质量、包装和宣传，也有相当一部分消费者持无所谓的态度，对新牌子的酒品的认知度较高。

（4）对于酒店的消费，主要集中在中档消费水平上，火锅和海鲜的消费潜力较大，并且已经有相当大的消费市场。

（二）建议

（1）商家在组织货品时要根据市场的变化制定相应的营销策略。

（2）针对消费者较多选择本地酒的情况，政府和商家应采取积极措施引导消费者的消费，实现城市消费的良性循环。

（3）海鲜和火锅消费的增长，导致城市化管理的混乱，政府应加大管理力度，对市场进行科学引导，促进城市文明建设。

资料来源　根据http：//www.fanwen118.com/info_7/fw_1454568.html相关资料整理而得。

七、调查人员考核方式的确定

（一）调查准备

（1）正确掌握市场调查内容，并制订相应的工作计划。

（2）正确安排调查的步骤，快速地准备相关工作。

（3）接到调查任务或工作后，及时地与同事及其他协作者取得联系，协商一致，保证工作顺利进行。

（4）正确理解工作会议精神与目的，为达到工作目的，有效地运用各种方法。

（5）当接到调查任务后，能够快速地分析其整体情况与结构，制订切实可行的计划。

（6）当市场调查遇到困难时，能够打破传统的方式，寻找新的解决办法。

（7）在接到目标任务后，能够拟定可实现的日程表后再行动。

（8）开始市场调查前，检查和确认工作内容及方法是否正确。

（二）业务活动

（1）能够快速地注意到工作中存在的潜在问题，并能及时地阻止其发生。

（2）能够快速地做出业务范围内的决策，同时快速地接收这项任务。

（3）能够积极地改进、创造、推动市场调查工作，并且具有特殊贡献。

（4）开展市场调查的处理过程与结果都十分正确，可以充分信赖。

（5）以长期的展望为标准制订市场调查的计划及目标，并付诸实施。

（6）热衷于吸收与工作相关的新情报和新知识。

（7）以企业内外信息为基础，在正确分析以后，提出明确的活动方针。

（8）整理、分析调查结果。

（9）完成市场调查报告的撰写。

（三）取得成果

（1）市场调查成果、成效达到预期的目的或计划要求。

（2）及时总结市场调查工作中的心得体会，为日后的工作创造良好条件。

（3）市场调查工作的总结报告要及时、准确、真实。

（4）通过市场调查工作，大大提升了自身的工作能力。

八、调查人员考核结果的运用

除了利用考核结果对调查人员进行奖惩以提高其工作积极性外，考核结果在调研企业中最重要的应用，就是调查人员的选择和有效使用。

在市场调研项目的实施过程中，不同类型的项目需要使用不同的调查方法，而不同的调查方法对调查人员的能力和特长的要求也有所不同。例如，个人深度访谈调查要求调查人员具有较强的沟通能力、提问技巧和记录能力，而拦截问卷调查则要求调查人员具有较强的人际交往能力、承受挫折的能力，并善于解释概念和说明问题。因此，项目经理必须根据调研方法的要求来选择合适的调查人员，调查人员的考核结果为其选择合适的调查人员提供了依据。这样，项目经理可以很容易地找到合适的调查人员，用其所长，人尽其才。

九、激励政策制定

（一）激励形式及激励特征类型

在激励员工的过程中，员工的个性不同、需求不同，需要使用不同的激励方式。激励的方式是多种多样的，对其进行概括，具体见表3-1。

表3-1　　　　　　　　　　激励方式的不同分类

激励方式	含义	激励特征类型
目标激励	推行目标责任制	正激励、内激励
榜样激励	树典型、管理者身先士卒	正激励、内激励、精神激励
参与激励	员工参与管理、建议制度、职工持股	正激励、内激励
荣誉激励	对员工予以表彰和奖励	正激励、外激励、精神激励
感情激励	关心员工的工作、家庭和生活	正激励、外激励、精神激励
竞争激励	倡导员工之间、部门之间的平等竞争	正激励、外激励
薪酬激励	增加工资、发放奖金、实物奖励	正激励、外激励、物质激励
文化激励	创造公平、互信、和谐的人际环境	正激励、外激励、精神激励
工作激励	工作扩大、工作轮换、团队自由组合	正激励、内激励、精神激励
能力激励	提供培训、学习机会，职位晋升，授权	正激励、外激励
制度激励	对超越制度规范的行为进行制裁	负激励、外激励
惩罚激励	经济处罚、批评、降职、降薪	负激励、外激励
淘汰激励	开除员工以警示其他员工	负激励、内激励

（二）激励机制优化原则

1.企业目标与员工目标相结合原则

根据德温·洛克的目标设定理论，激励机制目标的设定本身关系着激励效果，是激励体系的重要环节。公司经营发展的好坏直接关系着企业员工的薪酬福利水平与生活质量,员工工作的努力程度关乎公司绩效结果,两者之间存在紧密的联系。因此,激励机制的优化应将企业目标和员工个人目标相结合,既满足企业的经营目标,又能够实现员工个人的现实需求,在合理的工作强度范围内,设定有挑战性又能通过员工努力得以实现的工作目标,能够激发员工的创造性与工作热情,充分挖掘员工潜能,实现企业利益最大化的同时,实现员工个人的自我发展,取得良好的激励效果。

2.公平性原则

亚当斯的公平激励理论指出,公平对激励机制的设计、实施的重要性,要尽量减少因管理者主观性评价而带来的不公平,减少人为因素的干扰,客观公平地进行考核评估,尤其在国企中要避免平均主义、吃大锅饭的现象发生,增强员工对公司的信任,营造公平公正的良性竞争环境。

3.正负激励相结合原则

依据斯金纳的强化激励理论,激励包括正向激励与负向激励。正向激励是奖励符合企业发展需要的行为,对其强化使之重复发生;负向激励是惩罚员工与企业发展目标相悖的行为,减少或杜绝这类行为的发生。只强调惩罚而忽略奖励,会让员工产生抵触情绪、逆反心理,降低工作效率;只强调奖励而忽略惩罚,则使得激励效果不充分,缺少约束和规范性。因此,正向激励和负向激励要结合起来,共同发挥作用,使得激励机制的效果能够更好地发挥。

4.物质激励与精神激励并重原则

依据马斯洛的需求层次理论,员工需求既包含物质需求,也包含精神需求。激励机制的优化要建立在员工的现实需求的基础上,但无论如何,物质层面的需求是一切需求的起点,如果物质需求不能得到满足,那么,精神需求就成了空中楼阁;一旦物质需求得到了满足,精神需求就成为最迫切的需求,物质激励的效果就不那么明显了,这时精神激励更能激发员工的积极性、创造性。因此,只有将物质激励与精神激励有机地结合,才能充分调动员工的主动性、积极性,实现良好的激励效果(如图3-1所示)。

图3-1　马斯洛的需求层次模型

5.外在激励与内在激励相结合原则

结合赫茨伯格的双因素理论，外在激励包含工资、保险、工作环境等，内在激励包含自我价值、能力、成就感等。往往内在激励是无法量化的，但其更能激发员工的工作动力，激励的效果也更加深远。因此，既要保证基本的短期外在激励，同时更要注重长期内在激励，二者结合避免激励过于片面，实现最佳的激励效果。

6.差别激励原则

激励机制的优化要依据企业不同发展阶段、员工不同时期、不同岗位、不同文化程度设计。企业不同发展阶段的激励措施不同，不同员工的需求不同，同一员工不同年龄与发展阶段的需求也存在差异。因此，要充分考虑到员工的个体差异性，企业发展阶段的差异性，因时、因人而异，以获得良好的激励效果。

十、激励制度优化建议

（一）薪酬福利优化

微课 3-5

激励制度优化建议

通过提升岗位工资水平、绩效工资比重，增设关键性岗位津贴、学历津贴等措施，实现公司整体薪酬福利水平的大幅提升，达到同行业薪酬福利待遇偏上水平，增强市场竞争力，更好地吸引人才、留住人才。

（1）调整岗位工资。采取同岗不同酬方式，除了岗位级别不同岗位工资的差异外，同一岗位同等级别设置能力评价等级，根据岗位工作强度、个人工作能力差异、领导综合评价形成岗位定级，同一岗位分为不同工资等级，拉开岗位工资差距。优化后的岗位工资，充分拉开基本岗位工资差异，并从整体上提升岗位工资水平。在同一岗位上，能力突出的优秀员工与能力相对平庸、较差的员工工资差别化，实现分配公平。这样可以改变吃大锅饭以及消极怠工的不利局面，减少关键岗位核心人才的流失。

（2）提高绩效工资在薪酬体系中的比重。薪酬体系中基本工资水平是相对稳定的，不能充分体现员工在工作中的个体差异性，员工的个人业务能力、个人价值和创造力更多地体现在绩效工资上，充分激发员工的工作努力积极性，改变平均主义、吃大锅饭的现状，鼓励员工为企业创造更多的价值。

（3）加入学历津贴、技能工资与关键岗位津贴。通过补充学历工资与技能工资，能够吸引更多的高学历高素质人才，尤其是高层管理岗位、专业技术岗位等核心岗位，更加需要具有系统理论知识的高学历高素质人才。同时，学历工资、技能工资的补充还可以增强公司内部的学习热情，激发员工自我学习、在职进修深造的动力，进而提升企业整体的知识水平，完善企业知识结构。

（4）依据员工需求提供多样化福利。员工福利激励的设计要充分考虑员工的真实需求，适时调整，对来自不同部门、岗位以及不同年龄的员工进行分层级、有针对性配置，提供多元化的福利。要在充分了解员工需求的基础上，依绩效结果划分明确等级，依据员工贡献程度而非职位高低来设置等级。针对高绩效、工作表现优异的员工，提供更多、更丰厚的福利奖励，并予以公示，以激发员工队伍整体的工作热情。福利的发放结合员工实际情况，突破职位高低、岗位级别的限制，既要体现差异性又要体现公平性，同时实行弹性福利，除了员工法定福利外，由公司提供附有价格的弹性福利机制，由员工在福利等级、一定额度范围内进行自主选择、组合福利奖励，满足尊重员工多样化需求的同时，增强员工的参与感，激发调动员工的工作积极性。

（二）绩效考核优化

（1）建立考核反馈监督机制。考核结果要向员工进行及时沟通反馈，让员工清晰地了解自己当前的工作状态、任务指标完成情况，清楚地意识到自身优势和不足，明确下一步的工作计划、工作方向。设立申诉监督机制，解决员工对绩效考核指标设计、实施过程及考评结果的疑问或质疑，营造公平的绩效考核环境，加强员工对企业的信任感，不断适时调整、优化绩效考核体系。

（2）充分利用绩效考核结果，形成长期激励。员工个人绩效作为未来员工工资调整、晋升及长远发展的重要参考指标，为员工职业发展提供参考依据，将企业总体目标、部门指标、个人岗位指标完成情况三者紧密连接起来，形成长期激励。绩效考核体系的完善是薪酬福利体系、培训机制、晋升机制发挥激励作用的前提基础，因此，要将绩效考核结果与薪酬福利、培训、职位晋升挂钩，对绩效考核结果优秀的员工予以物质奖励、颁发荣誉证书，并在外部培训、岗位调动、职业晋升等方面予以优先考虑。对绩效考核结果不合格的员工，采取待岗学习、降职降薪等惩罚措施，由部门主管、人力资源部门主管对其进行谈话，找到问题及原因，探讨如何进一步改善工作方法，公司内部对其进行培训。如果经过岗位调整、岗位培训，员工依然无法胜任工作要求，则与其解除劳动合同。

（三）培训机制优化建议

（1）员工培训需求分析。公司制订培训计划之前要进行员工培训需求调查，基于公司发展需求、发展目标，结合员工个人需求、部门岗位需求、当前岗位任务指标、岗位职责、个人目标，制订培训计划。根据不同群体、不同类别、不同层级岗位，构建培训体系，设定不同培训内容、培训重点以及培训方式，保证培训的高效性、针对性、个性化以及实用性。

（2）培训方式多样化。以传统的内部讲师、资深员工、外聘专家的讲座培训为主，增加培训投入，开展研讨会、高校进修以及灵活的网络培训方式，进行分组讨论、发言，增强员工在培训中的参与感和互动频率，提升公司整体的学习氛围，保持良好的学习热情。灵活、多元化的培训方式更加人性化，能够合理配合员工的时间，提升培训激励的效果。

（3）培训内容具有传承连贯性。培训内容不应是急功近利的，要具有一定的连贯性、传承性，许多具有针对性的培训需要经过反复学习、实践才能收效。因此，培训内容要形成精品系列，针对每次培训内容做好视频记录，定期上传至 OA 系统，便于员工回顾、查漏补缺，鼓励员工分享心得体会，以文字形式反馈给人力资源部培训负责人，优异者将刊登在公司报纸上，并给予一定稿费报酬，增强员工的参与感、活跃度，提升培训学习效果。

（4）培训结果的考评反馈。建立培训结果评估、考评体系，与员工晋升、薪酬挂钩，设置奖惩标准。通过与员工进行沟通反馈，深入了解培训内容的难易程度、实用性、员工接受程度、授课水平，对员工行为、组织效益进行综合评价。对于培训过程中表现优异、效果显著的员工，给予奖励、表扬，总结、分享推广优秀员工的学习实践经验。对于培训过程中态度消极、不认真、效果不理想、表现较差的员工，给予通报批评，并要求将培训内容补充完全，并通过培训内容考核评估，态度恶劣、情节严重的按照惩罚标准严格执行。

（四）晋升机制优化

公司要明确岗位晋升条件，主要包括岗位职业素养、岗位技能、岗位知识、岗位工作经验，保证员工晋升的公平、公正、公开。同时，进一步明确各岗位的职责、岗位技能要求，让员工对各岗位的基本要求有清晰的认知，保证晋升人员职业技能与晋升岗位相匹配，避免晋升的盲目性，出现人才与岗位的错位，造成人才、资源的浪费。

（1）规范选人用人机制。公司岗位晋升采用竞聘为主、任命为辅的晋升模式，打破以往高管及部门主管传统任命制的晋升模式，规范竞聘流程，保证公平性，引入竞争机制，在公司内部通过 OA 的形式对岗位需求、晋升标准予以公告，公开竞选，择优录用，任人唯贤，保证公开化，透明化，为员工打造公开、公正、公平竞争的选人用人机制，为优秀人才提供更高的发展平台。公司成立多部门联合评审机构，由人力资源部主持评审工作，对任职资格、岗位能力、岗位素质、工作业绩进行综合评估，通过民主决议，综合得分优异者上任，试用期为半年，试用期综合测评合格者正式聘用。

（2）双渠道晋升。实行行政岗位晋升和非行政岗位晋升双通道，拓宽员工晋升渠道。只要符合岗位晋升要求的员工，不以原岗位和所在部门为限制，拓宽员工的职业选择与晋升渠道，鼓励多面手员工结合自身意愿、兴趣自主选择晋升通道，不限制不同类别岗位之间的晋升。具体地，行政岗位晋升由低到高依次为后备干部、科室主任、中层助理、中层干部、高层主管；非行政岗位晋升由低到高依次为骨干、核心骨干、专家级人才、总监级人才；技能岗位晋升由低到高依次为骨干、核心骨干、技能专家。

（3）建立淘汰机制。通过建立淘汰机制，确定淘汰指标，充分发挥晋升的激励价值。晋升的淘汰机制属于负向激励，能够增强晋升员工的责任感与危机意识，在享受晋升带来的个人价值、职业发展满足的同时，承担起相应的责任与风险，避免一劳永逸而消极怠工的工作态度。晋升员工为了不被淘汰降职而努力工作，一旦无法胜任当前岗位，则将被淘汰。晋升岗位空缺出来将重新进行竞聘，避免岗位资源的浪费，为其他有能力的员工提供晋升机会，形成良性的竞争氛围。

（4）建立监督机制。由人力资源部对选任、聘用上岗的整个过程进行监督与反馈，由专门人员负责记录晋升员工上任后的履职情况，以及所在部门领导、基层员工的反馈情况。充分发挥民主监督，加强晋升员工的责任意识与基层员工的主人翁意识。

（5）建立员工职业生涯规划体系。除了短期的薪酬绩效、培训等激励方式外，员工职业生涯规划这一中长期的激励机制，对于企业的发展和员工个人价值的实现具有非常重要的影响，主要从以下几个方面入手：

第一，明确员工职业发展通道。从行政岗位和非行政岗位两个方面系统设计员工职业发展通道，让员工明确一方面可以通过行政岗位的工作实现管理职位的进一步提升，另一方面可以通过非行政岗位专业技术水平的提升逐渐成为专业技术领域的专家，为行政岗位和非行政岗位提供同等的待遇及深造发展的机会。

第二，实行岗位轮换机制，培养储备人才。公司岗位轮换主要是员工在同等级别职位中的岗位调动，往往以基层岗位为主，以避免核心关键岗位调动对企业正常运营带来的不利影响。通过岗位轮换机制，帮助员工更全面地了解公司的各部门，为员工提供具有挑战性岗位的同时，激发员工的工作热情，挖掘员工潜能，提升员工综合业务能力，为员工提供更广阔的职业发展空间。通过岗位轮换机制，为公司培养综合型人才，这些人才是职业多面手，是公司未来的储备干部。岗位轮换对于员工个人价值实现、职业晋升追求具有长远激励效果，对于企业的长远发展同样具有重要意义。

第三，建立员工职业评估体系。员工职业生涯规划的前提是员工对自身有一个客观、全面、清晰的认识。公司可以为员工提供专业个人测评工具、专业测评方法，帮助员工了解自身的优势专长以及职业兴趣、爱好、性格特点。聘请职业生涯规划方面的专家，指导员工在自我测评的基础上，结合公司发展经营状况、发展目标，为员工提供职业发展方面的咨询分析服务，科学规划员工的职业发展。公司组织员工所在部门以及其他同事对员工的整体业务能力、性格爱好、工作状态等提供合理化的建议，为员工接下来的职业发展提供参考。职业评估体系的建立，能够帮助员工切实地了解自身工作能力、职业意向，认清自己未来可能的职业发展方向，一方面帮助员工有效地确定职业发展目标，另一方面帮助企业更好地了解员工的个人期望，能够将企业目标与员工个人价值追求、职业发展紧密联系起来，提升员工对企业的归属感与忠诚度，促进企业和员工共同成长进步。

第四，绩效考核结果与职业发展相结合。绩效考核在很大程度上真实反映了员工的工作状态和业务能力水平，能够客观、清晰地展现员工在一段时间内的整体工作表现，将员工的短板与优势凸显出来。人力资源部根据员工岗位职责、任务完成情况，帮助员工分析差距、优势，强化员工的优势专长，并通过针对性的培训帮助员工缩小差距，提升整体业务水平，提升员工工作能力，增强员工职业发展信心。

第五，重视员工职业生涯规划的反馈追踪并进行动态调整。员工职业生涯发展是一个动态的过程，随着员工年龄、需求、阅历、综合能力、价值观等的变化，员工对自身的定位以及发展目标会发生变化，进而职业生涯规划也会随之变化。同时，公司经营状况、发展目标也是动态变化的，因此，公司要与员工及时地进行反馈沟通，对员工职业规划进行追踪，帮助员工找准职业发展的方向与目标，及时地调整职业规划。

（五）企业文化激励优化

（1）实现公司愿景与员工价值观的统一。通过形成良好的企业文化，增强员工对企业的归属感、认同感及使命感，实现对员工的激励作用。结合员工的需求以及建议反馈，形成公司发展与员工个人价值追求、职业发展紧密结合的企业文化，激发员工潜能与积极性。

（2）加强员工企业文化培训。以企业发展历史、公司战略目标、精益文化等为内容，以月度为单位，定期召开职工大会并对员工开展培训，宣传企业文化，鼓励员工大胆发言，让员工更清晰地了解公司的发展进程、核心价值观、整体形象、企业价值、战略目标，提升员工对公司的认同感、自豪感，增强员工的主人翁意识。定期举办有奖竞赛活动，将企业文化、发展目标、公司管理理念的相关内容融入到内部员工的有奖活动中，对积极参与以及成绩突出的员工要予以一定的物质奖励并颁发荣誉证书。调动员工对企业文化的浓厚兴趣，活跃公司文化氛围。

（3）重视发挥工会的桥梁纽带作用。工会能够实现公司内部的良好沟通，能够整合员工之间的不同意见、协调员工的利益冲突，推动员工与管理者之间的有效沟通，促使企业内部形成强大的凝聚力。工会可以通过组织各种文化活动，在活动过程中进一步推广宣传公司的文化理念、价值观，了解员工反馈的迫切需求，促进高管与员工、员工与员工之间的情感交流，加强彼此之间的信任与尊重，使员工对公司更加信赖，公司的工作氛围更加积极向上，激发员工的责任感，提升企业的向心力、凝聚力。

（4）树立榜样模范激励。重视榜样的力量，对在公司发展过程中为公司发展做出突出贡献的员工、党员同志予以表彰、宣传，让公司其他员工向其学习，通过榜样形象具体诠释公司文化、核心价值，让工深刻领悟公司的文化内涵，产生对企业文化、价值观的认同感，增强员工对企业的忠诚度与责任使命感。

任务实施 3-1

知识拓展 3-1

根据企业市场调查的实际需要以及案例的学习，完成市场调查人员考核与激励方案的初步框架撰写。

一、考核目的

1.通过对个人绩效进行管理和评估，提高个人的工作能力和工作绩效，从而提高组织整体的工作效能，最终实现组织战略目标。

2.了解员工的工作能力、工作绩效，为公司人员的晋升、薪资调整、培训发展等提供依据。

二、考核频率

（一）月度考核

考核实施时间为下月的1—5日，遇节假日顺延。

（二）年度考核

考核实施时间为下年度的1月__—__日。

三、考核实施主体

人力资源部负责组织绩效考核的全面工作。在具体实施过程中，被考核者的直接上级是考核评估的主要责任人。

四、考核内容

（一）工作态度考核（10%）

工作态度指标是考核员工在完成工作任务的过程中，为提高组织效能、保持良好组织运行状态和不断发展所做出的行为表现。其具体包括以下几个方面：自愿执行工作之外的任务活动，必要时为成功地完成任务而坚持付出额外的努力，帮助他人并与他人合作，遵从组织规则和程序，认同、支持和维护公司目标。

（二）工作业绩考核（60%）

工作业绩是员工在工作中所取得的成绩，其考核指标见表3-2。

表3-2　　　　　　　　　　市场调查人员绩效考核表

考核指标	权重	指标说明	分数
调研计划完成率	30%	考核期内，调研计划完成率至少达到__%	
调研费用	15%	控制在预算之内	
市场调研报告提交及时性	5%	市场调研报告在计划时间内完成，每出现一次未及时完成的情况，扣分__	
市场调研报告认可数量	15%	考核期内，调研报告被领导认可的实际数量	
市场调研报告质量	35%	领导满意度评价情况（主要从调研报告构思的严谨性，所采用调研方法的科学性、合理性，调研数据处理情况，调研报告中所反映的问题是否符合公司情况，针对所提出的问题、建议或方案的可行性等方面进行评定）	
总计			

（三）工作能力考核（30%）

工作能力主要是对员工按要求完成工作所必需的专业知识、技能及其他条件的考核，其考核指标见表3-3。

表3-3　　　　　　　　　　市场调查人员工作能力考核表

考核指标	说明	分数	考核得分
专业技能	本职位所需要的各项专业工作能力，以及解决工作过程中发生的专业问题的能力		
调查能力	对工作所需要的信息多渠道收集、整理的能力		
问题解决能力	对日常工作中发生的问题进行分析并提出应对方案的能力		
创新能力	吸取、掌握专业发展的最新趋势，并将其应用在工作改善及创新方面的能力		

五、考核的实施

（一）绩效评估

考核者根据被考核者在考核期内的工作表现和考核标准，对被考核者进行评分。员工本人将自己的述职报告于考核期间提交给人力资源部，人力资源部汇总并统计结果，填写"市场调查人员考核总结表"（见表3-4），在绩效反馈阶段将考核结果告知被考核者本人。

表3-4 　　　　　　　　　市场调查人员考核总结表

1.综合评分	
2.该员工在前一段时间内的工作表现	□表现最好员工之一　□表现优良　□表现满意 □尚需若干改进才能达到满意的标准 □需大幅度改进才能达到满意的标准
3.该员工的主要优点	
4.该员工的主要缺点	
5.绩效改进计划	
6.该员工是否适应本职工作	□是　□否　如选"否",哪些工作较适合
7.该员工的晋升潜能、晋升方向	
8.其他意见	
主管签字:	日期:

（二）绩效审核

人力资源部对考核结果进行审核,并负责处理绩效评估过程中所发生的争议。

（三）结果反馈

人力资源部将审核后的结果反馈给考核者,由考核者和被考核者进行沟通,并讨论绩效改进的方式和途径。

六、考核结果的应用

考核结果分为五个等级（划分标准见表3-5）,其结果可为人力资源部进行薪资调整、员工培训、岗位调整、人事变动等提供依据。

表3-5 　　　　　　　　　绩效考核结果等级划分标准

A	B	C	D	E
优秀	好	合格	待提高	差

资料来源　根据https://wenku.baidu.com/view/5f88afa72f3f5727a5e9856a561252d381eb20fb？aggId=b4721a78d8ef5ef7ba0d4a7302768e9950e76e3d&fr=catalogMain相关资料整理而得。

任务2　调查过程监控

【任务解析】

市场调查要取得预期的效果,调查过程监控尤为重要。通过对调查误差控制,以及调查质量控制,包括设计阶段、实施阶段、数据整理阶段的调查质量控制,作假行为监控等的学习,学生能够认识调查误差的基本概念,能够描述调查误差过程的控制与监督,从而能够执行对市场调查过程的控制与监督,为下一步的市场调查数据处理做出充分准备。

【知识链接】

一、调查误差控制

（一）抽样误差

1.抽样误差的概念

微课 3-6

调查误差控制

抽样误差是样本调查结果与使用相同程序进行普查的结果之间的差异。换言之，抽样误差是指仅对目标总体的一部分而非全部进行调查，来估计总体特征所引起的误差。

2.抽样误差的性质

抽样误差是抽样单位在科学选择中的偶然变异所导致的。因为随机抽样误差遵循偶然变异的统计规律，误差大小或正负的出现完全由概率决定，随着测量次数的增加，随机误差的算术平均值趋近于零，所以，多次测量结果的算术平均值将更加接近于真实值。对于概率抽样，抽样误差无法控制，但可以计算。

3.抽样误差产生的原因

（1）调查总体内部差异过大

因为抽样调查只能研究调查总体的一部分对象，所以，如果调查总体内部差异过大，就会导致抽样误差过大，抽样总体的方差和标准差可以反映总体内部的差异情况。在进行抽样调查时，抽取的样本一定要能够反映总体的情况。

（2）抽样调查样本容量过小

在抽样调查过程中，如果样本容量过小，则调查出来的结果不能很好地反映总体情况。样本容量越大，就越能够提供更多反映总体的信息，但如果样本容量过大，就会加大工作量，耗费人力、物力。因此，选取合适的样本容量十分重要。

（3）抽样方法和抽样组织方式不科学

不同的抽样方法所能反映的总体情况也不相同，如果采取重复抽样的方法，那么，产生的误差会比不重复抽样要小。抽样的组织方式也能够影响抽样调查中产生的误差，常见的抽样组织方式有随机抽样调查、分层抽样调查、等距抽样调查和整群抽样调查。

4.抽样误差的分类

产生抽样误差的原因有很多，总体来说，可以将抽样误差归结为两类：登记性误差和代表性误差。

第一类是登记性误差，其是指在调查过程中，由于测量、登记、计算和抄录错误，被调查者所报不实或者调查者有意多报少报等原因，而产生的那一部分误差。这种误差并非抽样调查所特有，其他调查方法也同样存在。要控制这类误差，关键是在调查过程中的每一阶段都要采取有效措施，尽量减少误差产生的可能性。例如，事先研究调查表的格式、推敲提问的措辞、严格训练调查人员，这些都可以减少回答上的误差。又如，加强各阶段的工作管理和审查工作，采用先进的电子计算机进行数据处理和汇总，这样可以减少计算误差和汇总误差。

第二类是代表性误差，其是指样本单位的结构情况不足以代表总体特征，而产生的那一部分误差。产生代表性误差有两种情况：一是由于违反随机原则，如有意地多选较好的单位或者较坏的单位进行调查，这样据以计算的抽样指标必然出现偏高或偏低的倾向，从而造成系统性误差。对于这种偏差，只要在抽样时严格遵守随机原则，就可以避免其发生。二是在遵守随机原则的前提下，在假定没有发生系统性误差和登记性误差的情况下，纯粹是由于抽样的随机性而产生的一种样本对总体的代表性误差，这种误差称之为抽样误差。抽样误差是抽样调查所固有的，是无法完全消除的。不过，当掌握了其来源、性质以及影响因素后，是可以设法控制其大小的。

5.控制抽样误差的方法

（1）进行有效性检验

有效性检验是通过对抽样平均误差的检验，发现其实际误差与理论误差之间是否存在着系统性差异。如果有系统性差异的存在，则表明所抽样本不能有效地代表总体；如果没有系统性差异的存在，则表明样本可以代表总体。

有效性检验有两种方法：一是假设检验，二是交叉样本检验。对于假设检验，可以进行样本平均数与总体平均数的显著性检验，也可以进行样本方差与总体方差的显著检验。对于交叉样本检验，即采用同样的抽样方案，从总体中随机抽出两套或两套以上的子样本，分别计算各套子样本的样本指标，并进行比较，如果发现这些子样本指标之间有悬殊偏差，就说明可能有系统性误差，必须及时纠正。通过这两种检验方法，可以及时控制系统性误差的出现，从而提高样本的代表性。

（2）合理运用各种抽样调查的组织方式

简单随机抽样方式在理论上最符合随机原则，可以作为发展其他更为复杂抽样设计的基础，但简单随机抽样在实践中受到很多限制。它需要较多的样本单位数，而且当总体过大时，编号工作就变得非常困难。因此，还需要合理运用下列各种抽样调查的组织方式：①分层抽样，可以将总体中标志值比较接近的单位分为一层，使各层分布比较均匀。在总体各单位标志值大小悬殊的情况下，运用分层抽样可以得到比较准确的结果。②等距抽样，既可以按有关标识排列，也可以按无关标识排列。一般来说，按无关标识排列的等距抽样，其效果与简单随机抽样差不多。但是，按有关标识排列的等距抽样，能够保证抽取的样本单位在总体中均匀分布，从而提高样本的代表性。③整群抽样，其抽取的基本单位是群，作用在于扩大抽样单位，这样的抽样比较简便经济，相比其他抽样方式能够节约更多的人力、物力和费用。但是，整群抽样所抽的样本往往不够均匀，代表性往往比简单随机抽样还低，只有在群内差异较大而群间差异较小的情况下才能适用。④当总体很大，而且抽样调查直接抽选总体单位有很大困难时，一般采用多阶段抽样方式，利用现有行政区划、组织系统，进行层层抽选。

案例分享3-3　　　　　　　　　　**可口可乐的调查误差**

20世纪70年代中期以前，可口可乐公司一直是美国饮料市场的霸主，市场占有率一度达到80%。然而，20世纪70年代中后期，它的老对手百事可乐公司迅速崛起。1975年，可口可乐的市场份额仅比百事可乐多6.8%；9年后，这个差距更缩小到2.9%，微乎其微。

百事可乐公司的营销策略是：（1）针对饮料市场的最大消费群体——年轻人，以"百事新一代"为主题推出一系列青春、时尚、激情的广告，让百事可乐成为"年轻人的可乐"。（2）进行口味对比。邀请毫不知情的消费者分别品尝没有贴任何标志的可口可乐和百事可乐产品，同时百事可乐公司将这一对比实况进行现场直播。其结果是有八成的消费者回答百事可乐的口感优于可口可乐，此举马上使百事可乐的销量激增。种种迹象表明，口味是造成可口可乐市场份额下降的一条最重要的原因。这个99年秘不示人的配方，似乎已经不符合如今消费者的口感了。于是，可口可乐公司在1982年实施了"堪萨斯工程"。

"堪萨斯工程"是可口可乐公司秘密进行市场调查行动的代号。在这次市场调查中，可口可乐公司出动了2 000名调查员，在10个主要城市调查顾客是否愿意接受一种全新的可口可乐。调查员向顾客出示了包含有一系列问题的调查问卷，请顾客现场作答。例如，有一个问题是：可口可乐配方中将增加一种新成分，使其喝起来更加柔和，你愿意吗？另一个问题是：可口可乐将与百事可乐口味相仿，你会感到不安吗？你想试一试新饮料吗？

根据调查结果，可口可乐公司市场调查部门得到了如下数据：只有10%～12%的顾客对新口味表示不安，而且一半以上的顾客认为日后会适应新可口可乐。这表明，顾客愿意尝试新口味的可口可乐。

可口可乐公司技术部门决议开发一种全新口感的、更为惬意的可口可乐。1984年9月，他们终于拿出了样品。这种新饮料比可口可乐更甜、气泡更少，它的口感柔和且略带黏稠感，这是因为其采用了比蔗糖含糖量更高的谷物糖浆。可口可乐公司组织了品尝测试，在不告知品尝者饮料品牌的情况下，请他们说出哪种饮料更令人满意。测试结果令可口可乐公司兴奋不已，他们说出了哪些地方超过了百事可乐，而以前的历次品尝测试中，总是百事可乐胜过可口可乐。可口可乐公司的市场调查人员认为，这种新配方的可口可乐至少可以将公司在饮料市场的所占份额向上推动一个百分点，这意味着将增加2亿美元的销售额。

为了万无一失，可口可乐公司又倾资400万美元进行了一次规模更大的口味测试。13个大城市的19.1万名顾客参加了这次测试。在众多未标明品牌的可乐饮料中，品尝者仍对可口可乐青睐有加，55%的品尝者认为可口可乐的口味胜过传统配方的可口可乐，而且在这次测试中，新可口可乐又一次击败了百事可乐。新可口可乐马上就要投产了，但此时，可口可乐公司又面临了一个新问题：是为"新可乐"增加一条生产线呢，还是用"新可乐"彻底取代传统可乐呢？

可口可乐公司决策层认为，新增生产线肯定会遭到遍布世界各地的瓶装商的反对，因为这会增加瓶装商的成本。经过反复权衡后，可口可乐公司决定用"新可乐"取代传统可乐，停止传统可乐的生产和销售。1985年4月23日，戈伊朱埃塔在纽约市的林肯中心举行了盛大的新闻发布会，正式宣布"新可乐"上市。可口可乐公司向美国所有新闻媒体发出了邀请，共有200余位报纸、杂志和电视记者出席了新闻发布会。消息闪电般传遍美国，24小时内就有81%的美国人知道了可口可乐改变配方的消息，这个比例相比1969年7月阿波罗登月时的24小时内公众获悉比例还要高。

"新可乐"上市初期，市场反应非常好。1.5亿人在"新可乐"问世的当天品尝了，历史上没有任何新产品会在面世当天拥有这么多买主，发送给各地瓶装商的可乐原浆数量也达到了5年来的最高点。但是，"新可乐"的销量很快开始下降，公司每天会收到来自愤怒的消费者的成袋信件和上千通电话。一个被称为"旧可乐饮用者"的组织发起各种抗议活动，分发T恤，并威胁集体起诉，除非可口可乐公司重新采用旧配方。可口可乐公司不得不在3个月后重新提供了旧配方，并将其起名为经典可乐。不久，其销量就超过了新可乐，是其两倍之多。

资料来源　根据http://www.jiaoyanshi.com/article-1434-1.html相关资料整理而得。

（二）非抽样误差

1.非抽样误差的概念

非抽样误差是指在抽样调查过程中，由于违背了随机原则，导致抽取样本的计算结果与要推断总体的真实值之间的差异。这一问题的出现主要集中在抽样设计和实际调查访问中，客观上体现为抽样调查设计过程和调查过程中的主观随意性或工具的系统性偏差，或者相关人员缺乏相应知识和实践经验。

2.非抽样误差的性质

非抽样误差主要由某些固定不变的因素引起，并导致最终调查结果的系统性偏移。所以，非抽样误差通常又称为系统性偏差。除了系统性偏差外，非抽样误差中还有偶然性误差。这类误差与现场访员、应答者状态，以及调查实施环境有关，误差大小和方向不好确定。

3.非抽样误差产生的原因

（1）非随机抽样组织者通盘安排不当引起的非抽样误差

它也可以称为组织者误差，主要是指这种调查的组织者对其组织形式包括简便抽样（便利抽样）、判断抽样、配额抽样、滚雪球抽样等的概念不理解或者过程不熟悉或者所有环节考虑不周到等，致使在组织时错误地将一种形式调查在实际中改变为另一种形式调查或者互相混杂使用，导致最终结论与所研究现象的真实值存在较大差异。

（2）非随机抽样设计者的错误引起的非抽样误差

非随机抽样设计者的错误主要包括抽样方案设计者的错误和调查问卷设计者的错误两个方面。

①抽样方案设计不正确。其包括抽样框设计不当或错误、设计方案内容不全、抽样方法设计欠佳或调查设计顺序不畅，或者对调查人员及时间安排交叉、重复产生混乱。

②调查问卷设计不合理。其包括调查问卷内容和格式设计违背常规。例如，设计的问题顺序违反人们的思维常规；问题的语言设计偏激或隐匿事实，造成受访者不安或压力，不愿给予正面答案；问卷涉及问题过多，回答时间过长，导致被访者厌倦或不耐烦。以上各种原因会导致问卷的回收率过低，有效性较差，如未能回收全部调查问卷，或即使问卷全部收回但由于填写项目不完整，也会造成数据缺失，即有效问卷不足。

案例分享3-4　　　　　　　　　　　　　　《文学摘要》预测的失败

　　1936年，美国进行总统大选的民意测验。总统选举投票前，《文学摘要》寄出了1 000万张询问投票倾向的明信片，然后依据收回的200万份调查结果，极其自信地预测共和党候选人兰登将以领先对手15%的得票率战胜民主党候选人罗斯福。然而，选举的结果使预测者大失所望，获胜者是罗斯福，其得票率反超兰登20%。《文学摘要》的声誉一败涂地，不久就因此而倒闭了。到底是什么原因导致了《文学摘要》预测的失败呢？

　　除了抽样方式以及邮寄方法的原因外，对抽取样本的总体缺乏清楚的认识和明确的界定，是极其重要的原因。因为《文学摘要》当时抽取样本并不是依据美国全体已登记的选民名单，而是依据电话号码簿及汽车登记簿编制抽样范围，再从这些号码中进行抽取。这样一来，那些没有家庭电话和私人汽车的选民就被排斥在其抽样总体之外。当时，由于1933年开始的美国经济大萧条的影响，大量的人口滑落到下等阶层，而民意测验的样本并未包含这些人。结果，这些未被抽选到民意测验中的较为穷困的选民压倒多数地投了罗斯福的票，使《文学摘要》的预测惨败。

　　资料来源　根据https://www.sohu.com/a/117094602_352501相关资料整理而得。

　　（3）计量方法不妥及计量工具不准引起的非抽样误差

　　第一，计量方法不妥。这种误差是指调查人员在实际调查过程中使用了与原设计不相符的或者错误的计量方法，导致调查结果出现的系统性偏差。比如农业产量产前预测调查时，要求采用线性估算法估计粮食产量，而在现场由于相关的线性估算专业人员对此方法了解太少，使用了非专业人员的人为观察的粗略估算法。

　　第二，计量工具不准。这种误差是指在使用计量仪器或者计量工具进行统计调查时，由于这些仪器或者工具本身的精确程度不高或者不合乎标准，操作人员的操作存在有意无意的失误，以及人类自然视力所限而产生的计量结果形成一致的偏高或偏低等，一些非常规类型的统计误差。

　　（4）调查者素质不过关引起的非抽样误差

　　调查者素质不过关引起的非抽样误差包括：①调查者随意选择调查对象或调查单位。②调查者的自身调查能力有限或者自我作主进行的不真实调查。③调查者提问问题的方法不当或者稳健程度不够。④调查者登记不真实。

　　（5）被调查者素质参差不齐引起的非抽样误差

　　被调查者引起的误差主要是指由于被调查者的个体素质差异，对调查者或者调查问题的重视程度不够所产生的非抽样误差。其主要包括两种情况：一种是被调查者对所提问题的回答不全不实；另一种就是被调查者对所提问题不予回答。

　　第一，被调查者对所提问题的回答不全不实。这种误差也称为回答误差，是指由于被调查者的个体素质差异过大，包括企业法人、家庭主要成员、市场调查的任何个人等文化程度参差不齐，无视国家统计法规，故意编纂企业数据、伪造业绩，虚报、漏报、瞒报、假报家庭调查数据及任何个体被调查者，对所要回答的问题理解偏离问题本质，有意无意回避个人敏感问题，间接回答问题，一个问题回答不完整，没有说实话等所造成的误差。

第二，被调查者对所提问题不予回答。这种误差也称为无回答误差，是指由于调查者和被调查者无法配合，如被调查者厌恶和陌生人讲话，只回答自己感兴趣的问题，讨厌调查者的行为表现和提问问题的方式，索贿回答问题的报酬未果等一系列原因造成的对一些问题不予回答情况所构成的误差。

这一部分误差是整个调查误差问题处理的核心，也是非抽样误差处理中的重点和难点。究其原因是来自调查研究者的外部相关因素，可以说，调查者对被调查者几乎没有任何的约束力，作为一种意愿，其可以接受调查也可以完全拒绝调查，调查者没有任何理由强迫被调查者根据要求回答所要调查的所有问题，除非是国家或政府能够约束的相关部门或者企事业单位。这也正是调查者常常在调查前所提及的问题，也是调查行业发展初期以来难以解决的问题。现阶段，它仍然是亟待解决的问题。

（6）数据处理错误引起的非抽样误差

其包括自行编写的程序设计错误，收回的有效调查表、有效问卷的问题答案编辑错误和编码差错，以及数据等录入过程中出现的错误，对统计软件的使用不熟练等所造成的调查数据处理误差。

4.非抽样误差的控制与补救

（1）非抽样误差的控制

第一，非随机抽样组织者的非抽样误差控制。针对非随机抽样调查的组织者，可以对他们提出严格的专业知识和技能要求，要求他们必须是经由专门训练的和具有丰富实践经验的统计专业调查职业资格认证的人员担任，或者从国家或各省市的调查总队中邀请一些非常具有经验的业内人士与组织者一同讨论安排，这样就不会在调查组织过程中出现或发生低级的错误，导致大的非抽样误差。

第二，非随机抽样设计者的非抽样误差控制。对于非随机抽样调查的设计者，可以在选用这些人员时，进行严格的审查和把关，选择那些以前确实在抽样方案设计和调查问卷设计中成绩比较突出的专门调查设计人员，或者从专门的调查公司中邀请一些非常有知识和有经验的专职人员与设计人员一同讨论确定，提高调查方案、调查表和调查问卷的设计质量，强化调查程序的易用性和稳定性，并进行试点调查，确保非抽样调查过程中的所有相关设计无误后，再进行工作布置和实施。

第三，计量方法不妥及计量工具不准的非抽样误差控制。对于调查中计量方法不妥和计算工具不准的控制，只要在调查前和调查时，能够确保在实践中结合当时的具体调查环境所使用的计量方法和计量工具已经是最好的，就可以使非抽样误差降到最低。

第四，调查者素质不过关的非抽样误差控制。针对调查者素质的问题，可以在调查前的筛选上做出努力，在调查前进行十分细致的素质培训，包括调查技术、询问技巧、登记技能的职业培训，以及提供足够的薪酬制度支持。

第五，被调查者素质参差不齐的非抽样误差控制。这个问题的解决，一方面要依靠调查者的大力宣传，树立统计信誉和权威，以及相关鼓励措施；另一方面要依靠被调查者的自觉性，包括个人素质、心理偏好、对调查的支持意愿，以及调查环境等的特殊性。为此，可以通过国家力量提升整体国民的基本素质，这是一项持久的策略。另外，现阶段可以就调查费用，毫不吝惜地给予所能承受的最大限度的回报。实施市场调查的人员清楚，在市场经济十分发达的今天，没有任何一个被调查者会丝毫不吝惜自己的时间，无论是其劳动时间还是其休息时间，所以，给予被调查者相应的回报是必然的，而且不能吝啬，这样，这些可能与调查者的调查结果是否可靠毫不相关的"局外人"，才有可能做出较为负责任的回答。一项研究表明，被调查者回答问题的满意程度与所给予的报酬（包括赠予）是正向高度相关的。

第六，数据处理错误的非抽样误差控制。针对数据处理错误引起的非抽样误差，要求执行编写的程序设计人员有极高的程序编辑能力，调查数据整理阶段的整理者对开放式问题的各种不同答案的正确编辑经验，较强的文字组织、语义判断能力，准确的编码与数据录入审核能力。对于使用统计专业软件的数据整理人员，要求其非常熟悉所使用软件的相关软件操作技能和相应知识。

（2）非抽样误差的补救

针对非抽样误差的补救，通常使用以下一些方法：

第一，对于问卷中或者其他方式遗漏的数据，可以采用各种修正方法如加权调整法加以弥补。

第二，如果问卷没有收回，则可以采用二次回访法加以催收，并进行弥补；或者通过辅助电话进行回访；或者替换被调查者，要求替换后的被调查者应当符合被替换者的相关条件，而且能够收回相应问卷，否则替换的结果就毫无意义。

第三，对于问题回答不完整的情况，可以采用设计算法加以弥补。

第四，利用计算机软件进行统计分析，既可以减少工作量，也可以减少相应的计算误差。

第五，对于网络调查的抽样调查结果，经由计算机通信网络直接传送给使用者，以建立一种相互信任的或者再次合作的关系基础。

二、调查质量控制

调查质量控制是影响市场调研质量的关键问题，而调研误差主要存在于设计、调查和整理阶段。因此，对上述三个阶段及其相关因素进行控制，就构成了调查质量控制。为了得到准确的市场调研结果，必须针对其各自的特点，采取各种措施，将误差缩小到最低限度。

微课 3-7

调查质量控制

（一）设计阶段的质量控制

1.抽样对象误差控制

在抽样设计阶段，首先应该明确调查对象和调查单位的概念。调查对象是指需要调查的那些社会经济现象的总体，其由性质上相同的许多调查单位所组成。调查单位是指构成所要调查的社会经济现象总体的各个组成部分，也就是在调查对象中所要调查的各个具体的单位。

微课 3-8

调查准备阶段质量控制

确定调查的对象和单位，是保证调查质量的前提。在市场调查中，调单位是个人的情况有很多，但有时也以家庭为调查单位。这时，明确是以个人为调查单位还是以家庭为调查单位，就显得尤为重要。例如，调查住房消费与收入的相关程度，以家庭为调查单位一般会得到比以个人为调查单位更高的相关性。如果调查单位是某个组织，要注意的是应该尽量选择对组织全面了解并且没有明显理由对组织抱有偏见的成员为被访问对象。为了减少调查对象和调查单位的误差，可以采用甄别卷的方法先对调查的个体进行筛选，将不符合调查要求的调查单位分离出来。

2.抽样框误差控制

一个完整的抽样单位一览表，称为抽样框。一般而言，调查样本是从抽样框中抽取出来的，因此，准确地确定抽样框是保证样本质量的前提。造成抽样框误差的原因：一是调查对象不完整，二是包含非调查单位。抽样框的质量可以用抽样框完备度这一指标来估计，抽样框完备度越高，抽样框质量越好，通常的做法是列出调查对象的地址，以此作为抽样框，从中抽取样本。由于地址相对稳定，因此不易发生明显的疏漏问题。

3.抽样方法误差控制

抽样方法可分为概率抽样法和非概率抽样法两大类。概率抽样法是按照随机原则抽取样本的方法。非概率抽样是根据研究者个人的习惯，以个人的主观经验，有选择地抽取样本并进行调查的方法。概率抽样可以计算出抽样误差和抽样数目，从而可以较为精确地估计出抽样的区间，具有较高的效度。非概率抽样完全凭借个人的经验，存在较大的主观性，无法通过计算的方法事先对调查的结果和调查的误差进行控制，应用需要谨慎。在可能的情况下，尽量采用概率抽样法，只有在受客观条件限制，无法进行概率抽样的情况下，才采用非概率抽样法进行替代。

（二）调查阶段的质量控制

1.调查工具设计误差控制

测量工具的设计误差是调查误差的最主要来源，对抽象概念的文字描述不准确以及测量工具设计存在缺陷等原因，都会降低调查的信度与效度。因此，在设计测量工具时要反复斟酌，力求测量工具没有歧义。

考察调查工具信度常用的方法有交错法、折半法和重复检验法。其中，交错法是调查人员设计两份问卷，使用不同的问题，但调查问题的属性相同，让同一调查对象进行回答。如果两份问卷的调查结果相同，那么，该调查工具为可信的，由此得到的信度称为交错信度。另外，可以将上述两份问卷合成一份问卷，每一份问卷作为一个部分，考察这两个部分的调查结果，如果调查结果高度相关，那么，调查是可信的。重复检验法是使用同一调查工具对同一调查对象在不同的时间内进行两次测量，如果两次测量的结果具有较高的相关度，表明该调查工具具有较高的信度。

考察调查工具的效度，常用内容效度、校标效度、建构效度来体现。内容效度是考察调查所选题目是否符合调查的目的和要求，如果能够体现调查的目的和要求，则调查的效度就高。校标效度是利用几种不同的调查指标对同一变量实行测量时，将其中的一种指标作为标准，如果其他的指标与这个标准具有相同的效果，则其他的指标就具有校标效度。建构效度是通过对某些理论概念或特质的测量结果的考察，来验证该测量对理论建构的衡量程度。

2.调查员误差控制

很多单位或专业的市场调查公司出于成本考虑不会长期聘用专职调查人员，而是在调查工作出现时临时聘用调查人员，对其进行短期的调查业务培训。临时调查员在业务能力、职业道德方面都无法与专职调查员相比，因此，在调查中，应当尽量少用或不用临时调查员。如果调查量较大，必须聘用临时调查员，应该控制专职调查员与兼职调查员的比例，其中特别要做好兼职人员的培训工作，包括调查人员的职业道德、业务水平、表达能力、沟通能力和仪表仪态的培训等。

3.回答误差控制

回答误差是调查对象在某一特定问题的回答中有特定的偏向，则产生回答误差。回答误差包括有意错误和无意错误。有意错误的产生是因为调查对象故意对所提问题做出不真实回答。无意错误是调查对象希望能够做出真实、准确的回答，但给出了不正确的答案。回答误差通常是由于问题的格式、内容或调查对象的疏忽所造成的。

4.拒访误差控制

拒访误差主要包括以下三种情况：一是在特定时间无法联系到调查对象；二是虽然得到了默许，但调查对象在当时的环境下不能或不愿意接受访谈；三是虽然能够联系到调查对象，但调查对象拒绝接受访问。对此，可以采用为调查对象提供一定价值的礼物或货币报酬等方法，降低拒访率，提高调查质量。

（三）整理阶段的质量控制

1.统计误差控制

微课 3-9

数据整理阶段
质量控制

统计误差主要来自两个方面：一是统计人员操作误差。由于统计人员的业务能力、工作态度等原因，在统计数据资料时会出现重复统计、遗漏统计等问题。由于现在大多采用计算机辅助统计资料，为了避免上述错误的出现，可以事先编制相应的计算机程序，在向计算机输入完全相同的、重复的、超出预设值的信息时，计算机会出现"警告"提示，以此减少统计人员的操作误差。二是统计方法选择不当。有些统计方法对变量的量度层次有特定的要求，使用时需要充分考虑。

2.分析方法误差控制

分析方法分为定性分析和定量分析。定性分析误差的产生大多是由于调查者的知识和经验不足，导致不能对事物的本质和规律有一个正确的认识。因此，一般针对不能量化的事物，才会选用定性分析。定量分析是通过确定事物之间的相互关系，建立相应的模型进行分析的方法，其受调查者主观因素的影响较少，准确性相对较高。在统计分析中，两种方法可以结合使用，以提高调查的准确性。

案例分享3-5　　乐友咨询公司对成都旅游市场消费偏好的调查

为了解成都市场消费者对旅游产品的消费偏好情况，乐友咨询公司开展了一次市场调查工作。本次市场调查项目的开展情况如下：

实施时间：2016年3月至2016年5月。

调查样本：调查500个家庭消费者，200个单位团体消费者。

调查方法：采用面对面访谈和问卷调查形式。

实施工作安排：①调查前编制访问员工作手册，其中包括个人调查能力提升的常规培训手册和针对问卷的培训手册部分；②分别在成都市内不同区域的高校招聘10名在校大学生作为兼职调查人员，人员确定之后对他们进行严格培训；③派出一位主管在此期间进行工作督导，帮助调查人员解决问题并对每天的调查结果进行验收和复核；④分为访问员自查、督导检查、项目负责人验收三个阶段回收问卷；⑤项目负责人与督导再次一同对回收问卷进行复核；⑥将确认无误的问卷收回公司数据处理部门，并进行数据处理工作。

通过严格的工作流程，乐友咨询公司获取了有效信息，为后期开拓旅游行业市场奠定了基础。制订市场调查方案、选定适当的调查方法、制作调查问卷、准备有关的调查工具或设备以后，便可开始市场调查的资料收集工作。该阶段的主要任务包括：组建市场调查工作组、培训市场调查人员和管理控制市场调查。

资料来源　雷江. 市场调查与预测［M］. 北京：北京理工大学出版社，2017.

三、误差与质量分析

微课3-10

非抽样误差

非抽样误差主要是系统性误差，所导致调研结果的偏倚不会随着样本量的增大而减少，相反地，其会随着样本量的增大而增大。因此，在抽样调查数据质量管理活动中，非抽样误差成为调查误差的主要控制对象。

减少非抽样误差，是提高调研质量的保证。在调查设计和开发阶段，应当尽量预测可能发生的调查误差，并采取适当的措施加以避免。在调查实施阶段，应该使用质量控制技术对调查误差加以控制，使其达到最小限度。

任务实施3-2

根据市场调查的实际需要以及案例的学习，完成市场调查过程的控制与监督。下面以我国政府绩效评价中民意调查质量控制为例：

民意调查在我国政府绩效评价中可以分为两个基本阶段：20世纪80年代中期到21世纪初，是在政府主导下，公民无参与的阶段，其特征是：绩效评价由政府启动并组织实施，目的仅限于政府内部管理控制，其结果也常常仅限于政府内部通报。这个阶段虽然政府绩效评价遍地开花，也在一定程度上促使了地方政府追求政绩的热潮，但是普通公众并没有担当评价的主体角色。21世纪以后，中央政府强调将群众满意作为衡量公共部门各项工作的根本标准，使得政府绩效评价由此进入了公民有限参与的阶段，其中，公众满意度调查是普通公众参与政府绩效评价的主流方式。

目前，在广东省开展的地方政府综合绩效考核或专项工作的绩效考评中，通常设有民意调查。例如，在幸福广东指标体系中，作为主观考核指标，有7个维度34个二级指标的幸福广东民意调查；广东省法治政府建设指标体系包含社会评议工作，并向群众征集地级市及省直部门9个方向依法行政满意度。

一、调查准备阶段的质量控制

(一) 高质量的抽样框

抽样框是保证数据质量的基础,通常用于民意调查点抽样的抽样框形式有:名单、电话簿、地址、地图、数据包等。如果出现实际工作设计不科学或资料核实不准确的抽样框,会使总体单位数不全面或不准确,这将对总体的估计产生非抽样误差,而降低样本的代表性。例如,调查体系绝大部分的民意调查采取入户调查方式,经常要用到完整的住户抽样框。为保证抽样框的不重不漏,一是通过对抽样单元编号,根据某种规则进行排序,做到不重;二是通过各部门行政记录、人口普查数据、经济普查数据等渠道,建立抽样框。

(二) 固定的一线调查力量

近年来,广东省调查系统调查工作有四种组织模式:自身力量,自身外延力量,分支机构,委托专业调查公司。多元的组织模式构成了一支高效灵活的调查队伍,形成相对稳定的调查网络,能够针对不同的专项调查任务,快速高效地组织相应力量展开工作,体现了专项调查"灵活""高效""精确"的优势。自身力量是由统计调查系统在编工作人员组成,其主要负责完成一些具有保密性、敏感性的专项调查任务,如组织工作满意度民意调查、公众安全感和公安工作群众满意度调查、国有企业反腐倡廉民意调查。自身外延力量是由调查部门直接负责领导、聘请社会人员(通常是具有大专以上学历的人员)作为辅助调查员,这些人员与统计调查部门有着长期的合作关系,经过培训和优胜劣汰的筛选,能够胜任比较紧迫的调查任务,如基本公共服务均等化公众满意度调查。分支机构是与统计调查部门有业务指导关系的下级统计调查机构,如县区级统计局、统计工作站,其主要负责完成一些特殊的专项调查任务。委托专业调查公司是本地区的市场调查公司,统计调查部门与这些专业调查公司合作,能够完成一些大型和常规性的地方专项调查任务,如城市交通文明指数调查、机关行风评议调查。

(三) 标准化的培训

由于调查队伍具有一定的流动性,而且每次调查的内容又差别较大,为保证调查数据质量,统计调查系统有一套标准化的培训机制,避免在实施调查过程中,调查员无视调查方案。第一,普及性教育。其主要是对调查员有关职业道德、职业形象和调查质量的教育,重视调查员的入户专业知识和访问技巧的培训。第二,专项培训。其包括培训调查的目的和意义、调查的具体内容、调查的要求,使调查员能够理解调查、准确开展调查。第三,深入的专项培训。其包括对问卷中的问题不清楚或有歧义的地方进行解释说明,尤其是一些抽象的指标和选项;指导调查员的提问含义明确、通俗易懂,避免用词不客观,带有倾向性或诱导性;调查过程中的提问、追问技巧以及非语言交流控制。

(四) 小规模的模拟调查

在正式调查之前,进行小规模的模拟调查。模拟调查按正式调查的实施方案进行,选择一些较为典型的区域作为调查点,这样可以及时发现一些具有普遍性的问题,从而改进调查方案,使其更加完善,更具有操作性。同时,模拟调查也可以作为新调查员的实地培训项目，新调查员跟随老调查员访问，使新调查员对实地调查工作有一个初步的熟悉过程。

二、调查实施阶段的质量控制

（一）调查现场质量监控体系

（1）调查组织机构制度。在具体调查过程中，实行"金字塔"人员管理制度。第一层是整个项目的负责人，对所负责地区的调查质量负责，并及时对调查过程中反馈的问题做出工作调整。第二层是督导员，负责指导管辖区内调查员的工作，进行调查小结和业务再培训，并对管辖区内工作质量负责。督导员需要对调查问卷进行一定比例的回访，并监督调查员是否按照调查方案要求开展工作。第三层是调查员，负责对抽中调查单位和受访对象实施调查，并对调查内容检查，如有无逻辑错误、是否填写完整、填写是否规范等问题。遇到意外突发问题，应及时向督导员汇报。

（2）实地陪访制度。督导员在调查员开始实施调查初期，必须进行实地陪访，发现问题及时纠正，同时规范调查员入户调查程序，强化调查员入户调查时解决问题的能力和访问技巧。同时，调查员在独立调查期间，通过填写调查日志、配备录音设备等方法，掌握现场访谈情况，将调查质量监控辐射到调查现场。

（3）实地回访制度。调查结束后，督导员必须按一定比例进行回访，其中还要抽取部分调查入户进行实地回访，以便了解掌握调查员入户访问的真实情况。

（4）建立现场检查制度。调查结束后，要求采取调查员对调查问卷进行自查、督导员复查、项目组负责人抽查的审核方法，确保调查资料真实可信。

（二）调查现场质量控制原则

（1）抽取样本工作准则。调查现场应当执行调查方案设定的抽样方案，杜绝随意选取样本；对确实需要更换的样本，遵循替换原则；对抽样框进行时效性检查，在同一调查中，贯彻统一抽样方法。

（2）提问及追问工作准则。调查员必须熟悉问卷以及与调查相关的材料，按照统一规范的标准化方式提问，即以同样的方式向所有受访对象提问；严格按照问卷的措辞提问；按照问卷给定的顺序依次提问；保持中立，避免诱导和臆测；按照正面方式提问，不谈无关问题；重复被误解或曲解的问题；对于模棱两可的答案，需要追问。

（3）现场审核工作准则。现场调查的最后一步是现场审核问卷，确保调查完整性，有缺漏的，需要当场补全；规范性，必须按照要求填写；逻辑性，同一问卷中不应出现前后矛盾的问题。

（4）认真填写访问记录表，包含受访对象称呼、访问地址及联系电话的情况表。

（三）提高样本有效性原则

（1）调查合法性宣传。充分利用各种媒体宣传，以及统计法律法规、统计知识、统计工作等内容，让受访对象明确自身在民意调查活动中的权利和义务，依法维护自身合法权益，让受访对象明白调查的目的和意义，他们所提供的资料将会影响到政策的制定，从而获得广大受访对象的理解、支持和配合，营造良好的统计环境。

（2）用好基层资源。一是与调查社区的工作人员联系，出示调查有关文件，请他们与小区的物业公司沟通，争取得到配合；二是通过社区资源，获取社区内的抽样框情况；三是调查员在入户调查时，做好与受访对象的沟通，出示《致受访对象的一封信》和工作证明，说明调查的目的和意义，使受访对象配合完成调查。

（四）对现场调查过程进行录音

民意调查现场录音，一方面是对调查员现场质量的监督手段之一，确保调查质量；另一方面作为调查前线的真实反应，可以作为调研案例，为调查组织方调整抽样方法、修改问卷等提供重要参考。此外，还可以弥补培训和模拟调查的不足，让所有新调查员能够接触到真实的调查场景。

三、数据审核与评估阶段的质量控制

（一）电话回访制度

电话回访是调查结束后，组织专人按一定比例随机抽取调查问卷进行电话回访，检查调查员实际入户的真实性，是统计调查部门常用的数据质量监控方式。回访问题包括是否有接受过调查，是否有接受过调查礼品，调查员工作态度，以及问卷中的核心问题。如果发现有异常情况，则对相应问卷采取另案处理，并对相应调查员的问卷进行全部回访，如果问题严重，将通报批评，并要求重新调查。

（二）调查数据审核制度

（1）人工审核及数据录入比对。监控调查问卷的填报质量，主要工作是初步审核及完善数据录入。目前，调查系统开展的民意调查大多是绩效考核类的调查，调查数据之间的关联性不强，如公共服务均等化调查，计算机审核公式无法发现问题，这就会影响到最后的调查结果。因此，民意调查数据录入应当采取原录和复录两次录入，完全一致的数据才能进入汇总，或采取人为地增加平衡项方式，使计算机能够检验出录入错误。

（2）计算机逻辑审核。有效性和一致性审核是对单张问卷进行审核，分布审核是对全部问卷的审核。有效性审核是检查问卷是否有缺失、数据是否在允许值之内等；一致性审核是检查指标之间的关系是否符合逻辑；分布审核是通过数据的分布来确定某一记录是否在正常分布之外，即是否是离群值，也称之为统计审核或离群值检测。常用的方法有以下几种：重码校验、极值检验、均值检验、比例结构与逻辑关系审核等。

（3）查询与处理。对于审核出来的错误，首先是通过向下查询的方法进行处理，但由于时间和费用的关系，调查员往往不能在较短的时间内进行回访，这时通常采取属于数据缺失或无效等统一方式处理。如果不符合多条审核规则，受各种条件制约又无法得到实际数据的问卷，可以进行数据删除处理，视同无回答，采用"权数"调整的方法解决。

（三）数据质量评估

（1）现场抽查评价法。现场抽查评价法通常是在调查结束后由统计调查部门随机抽取一定比例的调查样本，派出素质较高的调查人员到现场重新调查，将结果与原始调查数据进行核对，发现差错后，同原调查人员一起核实，确定调查误差率，根据误差标准判定资料质量，验收数据。这种方法只是为了评价数据的质量，并不改动原调查的数据。

（2）一致性评价法。一致性评价法是通过对同一次调查取得的资料局部数据与综合

数据之间、相关数据之间，或对同类指标的各种调查、各种渠道提供的数据之间是否一致，以及一致性程度来评价资料的质量。如果一致性程度较高，则证明调查统计数据准确性较高，比较可信。

（3）逻辑关系评价法。逻辑关系评价法是上述逻辑检查的延伸，是根据数据之间存在的客观逻辑关系来评价数据质量的方法。例如，住户家庭收入可以根据家庭各主要项目开支及其占家庭收入的比重来推断等。

（4）应用结果评价法。应用结果评价法是根据调查统计结果使用后所发生的正面或负面效应来评价数据质量的方法。例如，某地刑事案件发案率较高，社会治安不太好，群众安全感不高，然而统计调查结果显示其公众对公安工作满意度评价得分较高，则证明统计数据质量存在可疑。如果证明符合实际，即可以放心使用；如果证明质量较差，须加以说明，慎重地、有条件地使用，或进行必要调整后再使用。

四、对作假行为的控制方法

在实际调查中，调查员作假行为很难杜绝。作假行为是指调查员或督导员在调查工作中不按照规定原则进行调查，使调查数据失真和缺失，并人为进行数据作假的行为。广东省调查系统对调查员作假行为的控制主要有两种渠道：

（一）督导员甄别

一是督导员要对调查问卷进行综合审视，尤其要对同一调查小区的所有调查问卷进行比对，发现问题，督导员必须及时进行实地重点回访。二是督导员在电话回访中，如果发现电话号码多是空号、外地号码或停机等情况，要查明原因。三是对于字迹潦草、主观题回答率很低的调查问卷，督导员要在电话回访时，特别询问调查员的工作态度和是否采用面访的调查方式。四是督导员在回访时，应对问卷中靠后且简明的问题再提问，主要检查调查员是否有自己填写或跳跃提问的情况。

（二）调查员奖惩制度

建立奖惩制度是为了加强调查员在调查实施过程中的自我约束，确保调查数据质量。奖惩制度主要包括评选名额、奖励金额、罚款标准和金额等内容。下面是深圳市调查队一次入户民意调查中对调查员奖惩的案例。

（1）对表现优秀的前三名调查员，分别奖励300元、200元、100元。

（2）发现弄虚作假调查问卷的，一律扣除所有调查劳务费用，并保留追究责任的权利。

（3）调查开始后不得中途退出，否则将扣除所有调查劳务费用，确实有特殊原因不能继续调查的，应该及时与督导员做好交接工作，再根据实际情况计算所得的调查劳务费用。

（4）在规定时间内无法完成所负责调查任务的，处以50元罚款。

（5）发现调查过程中没有赠送小礼品的，一户处以20元罚款。

（6）在调查期间没有按照规定上交调查问卷的，每次处以30元罚款。

（7）对于问卷填写不完整的，每空一题，处以2元罚款，并必须回访补填问卷。

（8）问卷填写不规范的，每份处以5元罚款，并必须重新入户填写问卷。

（9）问卷出现逻辑错误的，每份处以10元罚款，并必须重新入户填写问卷。

（10）《礼品签收单》中受访对象姓名看不清楚的，每个处以5元罚款；经核实，受访对象地址错误的，每个处以10元罚款，并重新入户调查；电话号码看不清楚的，每个处以5元罚款，并重新入户填写电话号码。

（三）调查员工作质量评级系统

每次调查结束后，必须指定专人根据各种考核标准对调查员业务能力绩效进行评价，通常分为优秀、合格和不合格三个档次，不断记录更新每位调查员的积分情况。系统记录每一个调查员的工作态度、工作能力，以及参加专项调查工作的次数等信息，作为对调查员、督导员的奖惩依据，也为今后选择优秀的调查员提供有力的依据。

资料来源　练飞兰. 政府绩效评价中的民意调查质量控制研究［D］. 广州：华南理工大学，2016.

任务总结

通过本任务的学习，理解调查团队组建、调查团队文化建设和调查业务技能培训，能够列举调查人员考核方式并能够开展考核结果分析，能够制定和执行调查人员激励政策。调查团队组建后，能够进行市场调查实施。通过调查误差的控制，在调查设计阶段、实施阶段、整理阶段的质量控制，能够认识调查误差的基本概念，能够描述调查误差过程的控制与监督，从而能够执行对市场调查过程的控制与监督，为下一步的市场调查数据处理做充分的准备。

任务实训

实训：组建调查团队，并进行哈尔滨城市旅游需求市场调查

实训内容：以小组为单位，每10人左右为一组，建立调查团队。针对哈尔滨城市旅游需求进行市场调查，随机抽取500～1 000个调查对象作为样本，进行问卷调查。调查外地来哈游客数量和本地游客数量。按照市场调查过程的控制与监督流程，完成相关任务，交流调查过程控制与监督的结果差异、调查经验和体会（见表3-6）。

表3-6　　　　　　　　　　　成员分组情况表

小组名称	成员姓名	具体分工

经过前期准备，调查游客数量并预测未来一年的游客数量（见表3-7）。

表3-7 哈尔滨游客分布情况表

哈尔滨游客情况	人数（人）	占比（%）	主要需求
省外游客			
本省游客			
哈尔滨游客			
省内外市			
省外各省分布情况	按省统计		
省内各市分布情况	按市统计		

各阶段的质量控制情况见表3-8。

表3-8 各阶段质量控制情况表

调查阶段	监控内容	执行情况	需要改善
准备阶段	1.高质量的抽样框		
	2.固定的调查力量		
	3.标准化的培训开展		
	4.小规模的模拟调查		
实施阶段	1.调查现场质量监控		
	2.调查工具的选取		
	3.样本质量情况		
数据审核与评估	1.统计误差		
	2.调查方法误差		
	3.回访情况		
	4.数据可靠情况		

实训组织：学生分小组进行调查，汇总、整理数据资料，并利用图表的形式将数据进行汇总。

实训总结：学生小组之间交流调查结果，教师根据讨论报告、PPT演示，以及学生在讨论分享中的表现，分别对每个小组进行评价和打分。

基本训练

一、选择题

基本训练3

答案

1.组织、控制整个调查运作，协调下属各部门之间的关系，制定公司的管理规则、人员的职责等是（　　　）。

A.市场调查管理人员　　　　　　　　B.市场调查研究人员

C.市场调查实施主管　　　　　　　　D.市场调查督导员

2.调查实施的具体执行者是（　　　）。

A.市场调查实施主管　　　　　　　　B.市场调查管理人员

C.市场调查员　　　　　　　　　　　D.市场调查研究人员

3.内部招聘的主要方法有（　　　）。

A.推荐法　　　　　　　　　　　　　B.布告法

C.档案法　　　　　　　　　　　　　D.学校招聘

4.调查人员的选拔需要考察（　　　）等方面。

A.知识要求　　　　　　　　　　　　B.素质要求

C.能力要求　　　　　　　　　　　　D.品德要求

5.（　　　）是企业团队合作的具体文化，是企业文化的重要组成部分，是人们在企业的具体工作中所信仰的共同文化价值的一种意识。

A.团队意识　　　　　B.团队文化　　　　　C.团队价值　　　　　D.团队合作

6.团队文化在团队管理中的功能有（　　　）。

A.导向功能　　　　　B.凝聚功能　　　　　C.辐射功能　　　　　D.激励功能

7.调查业务技能培训的内容主要有（　　　）。

A.政策法规和规章制度培训　　　　　B.访问技巧和基本要求培训

C.人际关系培训　　　　　　　　　　D.项目专项培训

8.激励机制优化原则有（　　　）。

A.企业目标与员工目标相结合原则　　B.正负激励相结合原则

C.物质激励与精神激励并重原则　　　D.外在激励与内在激励相结合原则

9.企业文化激励优化有（　　　）。

A.实现公司愿景与员工价值观的统一

B.加强员工企业文化培训

C.重视发挥工会的桥梁纽带作用

D.树立榜样模范激励

10.（　　　）是样本调查结果与使用相同程序进行普查结果之间的差异。

A.抽样误差　　　　　　　　　　　　B.非抽样误差

C.随机误差　　　　　　　　　　　　D.代表性误差

11.（　　　）是指在抽样调查过程中，由于违背了随机原则，导致抽取样本的计算结果与要推断总体的真实值之间的差异。

A.抽样误差   B.非抽样误差

C.随机误差   D.代表性误差

12.（   ）是影响市场调研质量的关键问题，而调研误差主要存在于设计、调查和整理阶段。因此，对上述三个阶段及其相关因素进行控制，就构成了调查质量控制。

A.样本选取   B.抽样误差控制

C.调查误差   D.调查质量控制

13.统计误差主要来自两个方面，分别为（   ）。

A.统计人员操作误差   B.样本选取

C.统计方法选择不当   D.抽样调查

二、思考题

1.简述团队文化构建的核心要素。

2.市场调查人员的配置有哪些？

3.调查误差的控制有哪些？如何进行调查误差控制？

4.调查质量控制在实施阶段该如何进行？

三、案例分析题

案例：为某国际化妆品公司进行消费者体验和忠诚度市场研究。

背景：客户是一家国际知名的化妆品公司，拥有多个高端品牌和产品线，在全球范围内拥有广泛的用户基础。客户希望通过评估消费者对其产品和服务的体验和满意度，以及与竞争对手的比较，找到提升消费者忠诚度和推荐意愿的关键因素和改进方向。

方法：咨询公司采用了多种定量和定性的研究方法，包括：

（1）网络调查：通过在线问卷，对目标消费者进行了广泛的调查，收集了他们对客户及其竞争对手的化妆品产品和服务的使用频率、使用场景、使用感受、满意度、忠诚度、推荐意愿等数据。

（2）电话访谈：通过电话或视频，对部分目标消费者进行了深入的访谈，探索了他们对化妆品产品和服务的期望、感知、评价、建议等。

（3）网络口碑分析：通过网络爬虫技术，收集并分析了目标消费者在各大电商平台、社交媒体、美妆论坛等网络平台上对客户及其竞争对手的化妆品产品和服务的评论、评分、点赞等数据。

（4）网络实验室：邀请了部分目标消费者参与了网络实验室测试，观察并记录了他们在使用客户及其竞争对手的化妆品产品和服务时的行为反应、情绪变化、认知过程等。

结果：咨询公司通过对上述数据的整理、分析和归纳，为客户提供了以下结果：

（1）消费者体验评估：基于消费者对产品和服务的期望、感知、满意度等指标，计算了客户及其竞争对手的消费者体验指数（CEI），并进行了横向和纵向的比较分析，找出了客户的优势和劣势。

（2）消费者忠诚度评估：基于消费者对产品和服务的重复购买、推荐意愿、情感依赖等指标，计算了客户及其竞争对手的消费者忠诚度指数（CLI），并进行了横向和纵向的比较分析，找出了客户的优势和劣势。

（3）消费者体验和忠诚度关联分析：通过相关性分析和回归分析，探究了消费者体验和忠诚度之间的因果关系，以及不同维度的消费者体验对忠诚度的影响程度，找出了提升消费者忠诚度的关键因素。

阅读材料，回答以下问题：

（1）通过消费者体验和忠诚度市场研究，为客户提供了什么价值服务？

（2）在这个过程中，值得总结的调查经验有哪些？

项目四

市场调查数据处理

■ 任务导入

    韩云的服饰公司委托的市场调查机构设计完成了此次调查，收集数据资料的工作已经完成，呈现在调查人员面前的是一大堆填答完毕的问卷。为了使资料所包含的信息能够更直观、更准确地展现出来，下一步，调查人员需要按照韩云的服饰公司的市场调查目标，依据一定的程序，认真回收和确认这些数据资料，通过对调查数据的整理和分析，得出数据结论，进而做出市场调查预测。在市场调查中，资料的系统整理是为进一步的分析做准备，运用科学的方法，对整理好的资料进行分析，做到去伪存真、由表及里、由此及彼，最终为市场预测形成一个良好的开端。

■ 学习目标

★知识目标

1.能够讲述市场调查数据整理的程序；

2.能够描述市场调查数据的审核内容；

3.能够执行市场调查数据的编码与分组；

4.能够应用定性分析方法、定量分析方法；

5.能够应用定性预测法、定量预测法。

★能力目标

1.能对收集的调查数据进行审核；

2.能对调查数据进行分组处理；

3.能对调查数据进行编码；

4.能对调查数据进行图表化显示；

5.能运用定量分析法对数据进行分析；

6.能根据不同的数据选择不同的市场预测方法。

★素养目标

1.具备强烈的责任心；

2.具备善于思考的能力；

3.具有工作的持久力；

4.具有严谨、精益求精的工作作风；

5.具备团队沟通与协作能力。

任务1　调查数据整理

【任务解析】

为了使收集到的数据资料清晰、有条理，必须对这些资料进行整理。调查数据整理要先对任务三中通过调查问卷收集回来的资料进行数据的准确性、完整性、及时性审查和核实，审核后确定分组的标志，选择分组方法对数据进行分组，分组后选择合适的编码类型和方法，将原始资料转化为数字（或符号）的信息进行编码和录入，并在此基础上制作统计图表，以图表的形式显示事物的发展趋势和特点，为下一步的分析和预测做好准备。

【知识链接】

一、认识调查数据整理

市场调查活动结束后，回收的数据资料还处于"毛坯"阶段，要想使其成为半成品、成品，需要对其进行加工整理，进而揭示出这些数据的本来面目。这就是市场调查数据整理工作，那么，这项工作的运作程序是怎样的呢？

在调查活动中，根据项目大小的不同，市场调查数据可能来自各个分散的被调查单位，这些数据需要经过确认、汇总后，才能为进一步的分析研究做准备。

案例分享4-1　　　　　　　　　　　　　**某校学生食堂服务质量调查**

现今社会，饮食的质量和卫生安全越来越受到人们的关注，饮食的好坏直接影响到一个人的营养状况和身体健康情况。作为大学生，为了求学，往往需要孤身一人在一个陌生的城市生活，远离了父母的悉心照料，校园就是其第二个家。

在第二个家中，食堂是大学生除了教室、寝室以外会经常光顾的第三个场所，他们的一日三餐基本上是在食堂解决的，能否在那吃得舒服、健康和营养，不仅是许多学生家长所关心的问题，也是学生自己极其关注的问题。因而，食堂质量的好坏对于广大学生的身体健康、切身利益和学校的稳定是极其重要的。

某校为了提高食堂服务质量，通过获取同学对食堂服务质量好坏评价的各种信息以及收集同学对食堂改善的一些宝贵建议，从而得出目前食堂服务有待改善的地方以及总结一些切实可行的建议，切实为学生服务。针对本校食堂服务质量，委托调研小组进行问卷调查。针对本案例内容认真分析，设计完成此次调查，并对原始资料进行整理与分析。

（图片来自网络）

案例解析：调查资料的整理对于整个市场调查工作具有非常重要的意义。它是研究阶段的第一步，更是进一步分析研究资料的基础，只有进行整理后，才能使原始资料具有长期保存的价值，资料整理也是对调查资料的全面检查。针对本案例内容，项目组成员需要了解市场调查的工作流程和注意事项。项目组成员在完成本次调研后，需要进行资料的整理与分析，并明确以下四个方面：

第一，确认数据资料，包括回收、登记问卷，审核数据，针对不合格数据酌情处理；

第二，对调查数据进行编码和汇总；

第三，利用统计图和统计表完成数据的展示；

第四，对数据进行初步分析。

（一）市场调查数据整理的含义

市场调查数据整理是指根据市场调查的目的和要求，对调查所收集到的原始资料运用列表、作图等方法进行科学的加工、归纳和简缩，使之系统化、条理化，成为反映总体特征的工作过程。

市场调查资料整理对于整个市场调查工作具有非常重要的作用。它是研究阶段的第一步，更是进一步分析研究资料的基础，只有进行整理后，才能使原始资料具有长期保存的价值。资料整理也是对调查资料的全面检查，要得到一套完备的、系统的资料，首先就要对资料进行归纳，使大量繁杂的资料条理化，从而为进一步的分析创造条件。另外，还要从整体上考察现有资料满足研究目的的程度，有没有必要吸收补充其他资料。

（二）市场调查数据整理的内容

市场调查数据整理的基本内容包括以下三个方面：

（1）数据确认。它是指对调查问卷或调查表提供的原始数据进行审核，确保数据质量。

（2）数据处理。它就是对确认无误的调查问卷或调查表进行加工处理，其任务是使原始数据和二手数据实现综合化、系列化和层次化，为分析研究提供具有使用价值的数据。

（3）数据展示。它是指对加工整理后的数据采用一定的形式表现出来，以便调研者阅读和使用。

通过市场调查收集的资料，包括文字资料和数字资料。调查人员需要分别对这两种资料进行整理。

1.文字资料的整理

整理文字资料的一般程序是：审查，分类，汇编。

审查，就是判断、确定文字资料的真实性和合格性。分类，就是将相异的资料区别开来，将相同或相近的资料合为一类的过程。汇编，就是对分类后的资料进行汇总和编辑，使之成为反映调查对象总体情况的系统、完整、集中、简明的材料。

2.数字资料的整理

数字资料的整理，一般要经过检验、分组、汇总、制作统计表或统计图等四个步骤。

检验，就是检查、验证各种数字资料是否完整和正确。分组，就是按照一定的标准，将调查的数字资料划分为不同的组成部分。汇总，就是将分组后的数据汇集到有关的表格中，并进行计算和加总，集中、系统地反映调查对象总体的数量特征。经过汇总的数字资料，要通过表格或图形表现出来。

（三）市场调查数据整理的意义

市场调查资料整理实现了从个别单位数量特征向总体总量数量特征的转换，是企业对市场现象从感性认识到理性认识的升华阶段，是整个市场调查工作的基石，是市场分析和预测的必要前提，具有重要意义。

1.市场调查资料整理是市场调查与分析中十分必要的步骤

市场调查与分析的根本目的是获取足够的市场信息，为正确的市场营销决策提供依据。从市场调查与分析的过程可知，在市场信息的收集与市场信息的使用之间，必然有一个市场信息的加工处理环节。这是因为运用各种方法，通过各种途径收集到的各类信息资料，尤其是第一手资料，大多处于无序的状态，很难直接运用，即使是第二手资料，也往往难以直接运用，必须经过必要的加工处理。对市场信息的加工处理，可以使收集到的信息资料统一化、系统化、实用化，从而方便使用。

2.市场调查资料整理提高了调查资料的价值

未经处理的信息资料由于比较杂乱、分散，其使用价值有限。资料整理是一个去伪存真、由此及彼、由表及里、综合提高的过程，其能够大大提升市场信息的浓缩度、清晰度和准确度，从而大大提高信息资料的价值。

3.市场调查资料整理可以激发新信息的产生

在信息资料的处理过程中，通过调查人员的智力劳动和创造性思维，使已有的信息资料相互印证，从而可能在此基础上产生一些新的信息资料。应用各种历史和现状信息资料，推测和估计市场的未来状态，这种预测信息也是一种新的信息。

4.市场调查资料整理可以对前期工作起到纠偏作用

在市场调查与分析工作的各个阶段、各个具体环节，都会出现计划不周或工作中的偏差等问题。比如，对市场调查与分析问题的定义可能并不十分全面；对市场调查与分析的设计可能忽视了某些工作；信息资料的收集可能存在遗漏或收集方法可能存在欠缺等。这些问题有可能在实施过程中，通过检查、监督、总结等活动被发现，并加以纠正。但是，很难避免有些问题并未被及时发现。在信息加工处理过程中，往往能够发现一些问题，通过及时反馈，能够采取有效措施对存在的问题加以纠正，以避免造成不良的后果。

二、调查数据整理的流程

调查数据整理是一项细致、周密的工作，需要有计划、有组织地进行。因此，调查数据整理需要按照以下步骤进行：

（一）审核

市场调查资料的审核包括对原始调查资料的审查和核实，也包括对次级资料，如历史资料或其他已经加工整理资料的再一次审核。审核是市场调查资料整理的一个重要步骤，是保证分析工作顺利进行的前提。

为了保证资料的质量，需要对数据进行审核，审核数据的准确性、完整性和及时性。对于数据不符合逻辑要求、出现计算错误、数据缺失、统计口径不一致，或者数据缺乏时效性等问题，发现后应当及时纠正，如果问题无法得以纠正，数据应当果断被废弃，避免错误的数据流入后期整理程序。

（二）分组

分组是采用一定的组织形式和方法，对数据进行科学的分类，对文字资料和数字资料的分类或分组，包括确定分类或分组的标志、分类或分组的具体方法、分布数列的编制等。资料的分类或分组，是市场调查资料整理的中心环节。

将审核后的数据按照一定的顺序进行排列。对于定性数据，可以按照类别或属性分组；无法分类或划分属性的，按照数据的首字母、笔画数或笔顺排序。对于定量数据，可以按照升序或降序对数据进行排序。例如，美国的《财富》杂志每年都要按上一年的营业收入在全世界范围内排列500强企业，企业可以借此了解自身在行业中的位置。近年来，我国已经有许多企业跻身其中。

审核和分组是数据整理的基础性工作，因此也称为对数据进行预处理。分组排序后的数据，称为顺序统计量。随着计算机的应用和普及，无论是定性数据还是定量数据的排序，目前均可借助计算机较容易地完成。

（三）编码和汇总

通过对数据资料进行编码，将调查信息转化为计算机能够识别的符号，进而将分散的调查信息以集中的形式显示出来，有利于数据的进一步处理和分析。对数据资料进行汇总和必要的计算，使其形成能够反映数量特征的综合指标。

（四）显示和分析

市场调查资料整理的结果一般以汇编资料或统计表、统计图的形式显示。社会调查结果为社会所承认，才能发挥其社会效益，向社会公众公布市场调查资料，是现代市场调查不可缺少的一个环节。

三、市场调查数据的审核

（一）回收、登记问卷

就我国企业界目前的市场调查而言，主要集中在对原始资料的收集。也就是说，在调查实践中，调查者整理的资料多为问卷资料。当所有的收集资料的工作完成后，摆在调研者面前的可能是一堆填答完毕的问卷，少则几百份，多则几千份，每份问卷至少几页到几十页，甚至更多。通常，调查所得问卷资料总是显得杂乱无章，不容易看出事物之间的本质联系，更加难以直接利用，必须经过整理，才能便于储存和利用。这就是对问卷的回收、登记工作。

问卷的回收和登记，应该开始就与资料收集工作相配合，随时掌握完成的问卷数和接收的问卷数信息，为每份问卷编一个有顺序的识别号码，对于已经完成的问卷，需要记录完成的日期及接收的日期，以便前后比较。在工作交叉进行时，需要注意原始文件，保证其不丢失。当多个调查项目同时进行时，需要分清每个项目问卷的回收等情况，工作要有条理。

（二）审核调查资料的内容

审核就是对问卷资料进行筛选，以选用真正有用的问卷资料。也就是说，所谓调查资料的审核，是指对已经收集到的资料进行总体检验，检查其是否齐全、是否有差错，以决定是否采用此份调查资料的过程。对于回收的问卷，主要是审核资料是否完整、是否准确。

1.调查资料完整性的审核

（1）调查对象的齐全性审核。查询有没有被遗漏的调查对象，如事先规定样本是400名青少年，而调查资料只有380名，这就是调查资料不完整。

（2）调查项目资料的完整性审核。如问卷上的各个问题，被调查者是否全部回答，有没有遗漏。

（3）调查资料的详细度审核。如对某商品销售额进行调查，事先规定收集该商品各品种、规格、花色、型号在各个地区的销售额资料，如果只收集到一个总的销售额数字或一个地区的销售资料，就达不到调查资料的完整性要求。

2.调查资料准确性的审核

（1）被调查者样本范围审核。如事先规定抽样调查100户高收入居民家庭，而调查资料显示的是对低收入居民家庭的调查，这就不符合样本的要求。

（2）调查资料明显错误审核。如某问卷中有这样两个问题：

【例4-1】

问题6：逛街购物对于我来说是一种享受（　　　）。

A.十分赞成　　B.赞成　　C.不赞成也不反对　　D.不赞成　　E.十分不赞成

问题11：逛街是我生活中的一件愉快的事（　　　）。

A.十分赞成　　B.赞成　　C.不赞成也不反对　　D.不赞成　　E.十分不赞成

这两个问题虽然在语义上有所差别，但是对两个问题回答的态度应该是一致的，可能只是程度不同而已。如果出现某个受访者在"问题6"上选择了"赞成"，而在"问

市场调查与分析

题11"上选择了"不赞成"的情况，即出现答案上的逻辑矛盾问题，其原因可能是受访者的心不在焉等，包含相互矛盾答案的问卷是不合格的，相应的数据应该予以删除。

（3）调查资料口径、计算方法、计量单位等统一性审核。如调查职工月收入，有的人只按基本工资填写，有的人按基本工资、奖金、加班费填写，这样的调查资料口径就是不统一的。

3.调查资料及时性的审核

调查资料及时性的审核，就是审查各被调查单位是否按照规定日期填写和送出资料，填写的资料是否是最新的资料。现代的市场活动节奏越来越快，只有代表市场活动最新状态的市场信息，才是使用价值最高的信息，切勿将失效、过时的信息引入决策。

（三）审核调查资料的方法

1.逻辑审核

这是根据调查项目指标之间的内在联系和实际情况对资料进行逻辑判断，观察是否有不合情理或前后矛盾的情况。例如，产品成本的升降总是与所占成本比重较高的主要原材料、燃料、动力等的消耗相关，若企业报送的资料中反映出成本显著下降，而对主要原材料、燃料、动力等的消耗升高，这就存在矛盾，需要进一步查校。又如，一张调查表中年龄填写13岁，而婚姻状况填写"已婚"，其中必有一项是错误的。总之，从回答是否合理可以看出答案的准确性。

2.计算审核

这是对数据资料的计算技术和有关指标之间的相互关系进行审查，一般在整理过程中进行。其主要是看各项数据在计算方法和计算结果上有无差错。常用的计算检查方法有加总法、对比法、平衡法等。

例如，对500人的收支状况进行调查汇总见表4-1。

表4-1　　　　　　　　500人收支状况调查汇总表

目前收支情况	人口数（人）	比重（%）
结余较多	50	10
略有结余	280	56
收支平衡	140	28
入不敷出	30	6
合计	500	100

人口数的合计为500人，如果合计大于或小于500人，就说明汇总时有错误，必须重新查找。

又如，一张统计表的进销存资料不平衡，说明其中一定有错误。有时，虽然各项有关数字之间平衡，但是数字不一定全部准确，这就需要经验和知识对有关情况加以了解。对于从抽样调查中获得的资料，首先要注意样本的抽取是否遵守随机原则。此外，有些资料使用了不同的计量单位或价格加以计算，对此，必须折合成标准单位或相同单

136

位才能进行比较。

3.经验审核

经验审核就是根据已有经验，判断数据是否真实、准确。例如，如果被调查者的年龄填为232岁，根据经验判断，年龄填写肯定有误。又如，某杂货店营业面积为4 000平方米，根据经验判断，这样的营业面积肯定与事实不符。

（四）问题数据的处理

审核问卷后，即一审后，需要处理有问题的问卷，对问卷中一些答案模糊、前后不一致等信息进行修正校订，这也称为二审。通常有以下三种处理方法：

1.返回现场重新调查

对于存在不合格回答的调查问卷，当样本容量小、调查对象易于辨认时，可以将这些问卷返还调查现场，与调查对象重新取得联系。

2.视为缺失数据

当不可能将调查问卷退还现场时，可以通过进一步的信息整理来避开遗漏的信息，保留剩余有用的信息。

缺失数据也称缺失值，在数据录入中，若遇到数据缺失的情况，首先分析数据缺失的原因，如果是有个别问题未作答，或是调查员没有记录，则可以采用以下方法纠正：

（1）找一个中间变量代替。如该变量的中间值，或量表的中间值（1~5分，可选3）。如果是性别变量，可以将第一个缺失值用男性数值代替，将第二个缺失值用女性数值代替，并依次交替。

（2）用一个逻辑答案代替。如收入缺失，可以依据职业情况和个人能力推断；如性别缺失，可以依据受访者笔迹推断。

（3）删除处理。一种方法是将整个样本资料全部删除，适合于样本数众多的情况；另一种方法是在进行缺失样本统计时，将该样本删除，适合于该变量不重要的情况。

3.视为无效问卷

在下列几种条件下，可以选择将不合格的问卷剔除：样本容量相当大；不合格问卷占总量比例较小；缺少对关键变量的回答；不合格回答在一份问卷中所占比例较大等。

四、市场调查数据的分组和编码

（一）市场调查数据的分组处理

调查数据审核无误后，可以进入分组处理。分组是根据调研的需要，根据调查总体的某些特征，将其区分为性质不同的类别或不同的组。也就是说，分组是按照一定标志将总体各单位区分为若干组的一种数据加工处理方法。所谓标志，是调查单位所具有的属性或特征的名称。通过分组，将相同

微课 4-2

调查数据的分组

性质的现象归纳在一起，将不同性质的现象分开，从而反映出被研究对象的本质和特征，为后续工作奠定良好的基础。

1.选择分组标志

分组标志即将同质总体区分为不同组的标准或依据。分组的关键在于选择和确定分组标志。分组标志一旦选定，必然会突出总体在该标志下的性质差别，而其他的差别就

不明显了。分组标志选择不当，不但无法显示现象的根本特征，甚至会混淆事物的性质，歪曲社会经济的真实情况。正确选择分组标志，必须根据统计研究的任务、目的，选择反映现象本质区别和内在联系的标志。

选择分组标志的依据有以下三个：一是根据研究的目的选择分组标志；二是选择反映事物本质的标志；三是根据经济发展变化及历史条件选择分组标志。

常用的分组标志有四类，即品质标志分组、数量标志分组、空间标志分组和时间标志分组。

（1）品质标志分组

品质标志分组就是选择反映事物的性质或属性特征差异的标志作为分组标志，其反映的是总体单位在性质上的差异，不能用数值来表现。按品质标志分组，标志一经确定，组数和组线都非常明显，不存在组与组之间的界限难以划分的问题。比如消费者按性别、职业等分组，商品按主要用途分组，商店按经营类型分组，设备按种类分组等。

按品质标志分组，反映的是被研究市场现象的质的属性或特性，可以将不同性质或类别的事物区分开来，有利于认识不同质的事物的数量特征，有利于对不同质的事物进行对比研究。由于不同质的事物的属性和特征差异是相对稳定的，因此，这种分组一般也相对稳定。

【例4-2】

某小区的家庭计算机拥有量可以按品牌进行分组，以区分不同品牌拥有量的差异性。这种分组方法为品质标志分组，具体见表4-2。

表4-2 　　　　　　　　　　　　某小区家庭计算机拥有量品牌分布

品牌	A	B	C	D	E	F	G	合计
拥有量（台）	369	665	775	444	406	261	230	3 150
比重（%）	11.7	21.1	24.6	14.1	12.9	8.3	7.3	100.0

（2）数量标志分组

数量标志分组就是选择反映事物数量差异的标志作为分组标志，能够直接反映所研究市场现象的数量特征。按数量标志分组，能够直接反映总体单位之间的数量差异，有利于从数量上准确认识客观事物，研究和分析不同数量特征事物之间的关系。比如消费者按年龄分组，商店按销售额分组，企业按规模分组等。

例如，某小区的家庭计算机拥有数量分布见表4-3。

表4-3 　　　　　　　　　　　　某小区家庭计算机拥有数量分布

拥有量（台）	0	1	2	3	4	5及以上	合计
家庭数（户）	300	708	646	274	52	20	2 000
比重（%）	15.0	35.4	32.3	13.7	2.6	1.0	100.0

（3）空间标志分组

空间标志分组是按研究对象的地理位置、区域范围等空间特性分组，如行政区划、经济区划等分组。按空间标志分组，可以将不同地域的事物区别开来，有利于了解事物的空间分布状况，便于对不同地理位置、区域范围内的环境现象进行比较研究。

例如，某小区的家庭计算机购买场所分布见表4-4。

表4-4　　　　　　　　　　　　某小区家庭计算机购买场所分布

购买场所	网上商店	专卖店	电子大世界	厂家直销	二手市场	合计
家庭数（户）	547	554	534	48	17	1 700
比重（%）	32.2	32.6	31.4	2.8	1.0	100.0

（4）时间标志分组

时间标志分组是以调查问卷中的一些时间属性的调查项目（如购买时间、需求时间）作为分组标志，对被调查者的时间选项进行分组而形成的时间数列。按时间标志分组，有利于认识事物在不同时点或时期的变化，揭示事物运动、变化、发展的趋势。

例如，某小区的家庭计算机购买时间分布见表4-5。

表4-5　　　　　　　　　　　　某小区家庭计算机购买时间分布

购买年数	1年	2年	3年	4年	5年	6年	6年以上	合计
计算机数（台）	652	592	551	513	479	310	53	3 150
比重（%）	20.7	18.8	17.5	16.3	15.2	9.8	1.7	100.0

正确地选择分组标志是进行分组的关键，能否科学地发挥分组的作用，取决于分组标志的选择是否恰当。只有选择恰当的分组标志，才能使分组后的资料符合研究的要求，从而说明现象的本质及其规律。

2.确定分组界限

分组界限是组与组之间划分的界限，分组标志确定后，就需要确定分组界限。对品质标志分组而言，性别、职业等分组界限就比较明确、简单。数量标志分组则需要对组数、组限、组距等进行确定。

（1）确定组数。组数是分组的个数。当数量标志的变动范围很小，而且标志值的项数不多时，可以直接将每个标志值列为一组，形成单项数列。

例如，某工程第一车间有50名工人专门看护机器，最多的看4台，最少的看1台，按工人看护的机器台数对第一车间工人进行分组，具体见表4-6。

表4-6　　　　　　　　　　　　某车间工人看护机器统计表

看护机器数量（台）	工人数（名）	百分比（%）
1	6	12
2	19	38
3	20	40
4	5	10
合计	50	100

当数量标志的变动范围很大，而且标志值的项数很多时，就可以将一些邻近的标志值合并在一组，以减少组的数量，形成组距数列。

例如，某市居民家庭人均年收入分布见表4-7。

表4-7　　　　　　　　　　　　某市居民家庭人均年收入分布

组别	样本户数（户）	比重（%）
5 000元以下	180	9
5 001～10 000元	220	11
10 001～20 000元	320	16
20 001～30 000元	500	25
30 001～40 000元	360	18
40 001～50 000元	260	13
50 001元以上	160	8
合计	2 000	100

（2）确定组限。组限是组距的两个端点，是组与组之间的分界值。组限有上限和下限两种。上限是每组中的最大值，下限是每组中的最小值。分组时，如果某一标志值正好与组限值一致，应当遵循统计学中"上组限不在内"原则，将具有这一标志值的调查单位归属于下限的那一组。上限、下限都有的组，称为封闭组。只有下限或只有上限的组，称为开口组。

（3）确定组距。组距是各组中最大值和最小值的差额。组距相等的称为等距分组，组距不相等的称为不等距分组。

按某一标志进行分组，在分组过程中，不要遗漏任何原始资料的数据。组距尽可能取整数，并且尽量使用等距分组。如果问卷已经是分类进行提问的，则尽量按照已有的分类进行排列。针对非区间范围的某一具体数字，应当重新进行分组设计，使其处在分组的间隔中。

通过分组，可以对各种市场现象的类型从本质上加以区分，可以识别各种类型的本质特征及其发展变化的规律，可以用来分析和研究市场现象之间的依存关系以及因果关系，便于企业通过一些促销手段来改变目标人群的观点和态度，从而改变其行为。通过分组能够反映事物的内部结构及比例关系，从而为企业寻找目标市场提供基础数据。科学的分组方法，一方面可以明显表示各组中频（次）数的分布情况，从而使研究者对被调查对象的结构情况有一个大体的了解；另一方面可以使许多普通分组显示不出来的结论趋于明显化，从而为企业寻找目标市场提供基础数据。

微课4-3

调查数据的编码

（二）计算机的编码

编码是将原始资料转化为数字（或符号）的信息代换过程，对每个问题中的每种可能的回答都规定一个相应的数字来表示。编码要与分组相适应，具有唯一性、完备性。编码可以使接下来的数据录入工作更为简便，也可以使计算机统计分析软件对数据处理的效果更好，更加便于调查资料的量化。对于品质标志分组来说，编码环节尤为重要。

1.编码的类型

编码可以根据进行时间，分为当时编码和事后编码。也就是说，编码可以在收集数据之前在问卷中编号，也可以在问卷回收之后才进行编码工作。

（1）当时编码

所谓当时编码，是指针对答案类别事先已知的问题，如结构式问卷中的封闭题和数字型开放题，在问卷设计的同时设计编码表。也就是说，在设计问卷时，即将编号标注在各个备选答案旁边。这种编码设计最大的优点是节省时间和劳动力，但也有可能由于问卷选项的设计缺少某个重要选项，或设置多余选项，进而影响数据质量。所以，当时编码只适用于篇幅短、内容较为简单的问卷，而对于复杂的资料，特别是开放式问题，问卷设计者是无法采用当时编码来概括全部回答的。

例如，单项选择题只需要规定一个变量，取值为选项号。

【例4-3】

请问您最近半年内买过音像制品吗？

1.买过　　　2.没买过

变量的取值范围为1、2，其中，1表示买过，2表示没买过，而0表示该题无回答。这个编码不能与合理回答相重复。例如，当询问家庭中的空调数时，答案为0表示家庭中没有空调，如果无回答也用0表示，编码就会出现异议，也就不能如实反映原始数据。这一点也适用于其他类型问题的编码设计。

针对多项选择题，需要规定多个变量。通常是将各个可能回答的答案选项均设为0~1变量，如果被调查者选择了该答案，则此变量的值为1，否则为0。

【例4-4】

下面哪种媒体的广告对您的消费影响较大？

A.电视（0，1）　　　　　　　　　　B.报纸（0，1）

C.街头广告（0，1）　　　　　　　　D.购物场所的广告（0，1）

这种方法的优点是便于分析，编码的结果不用经过转换，可以直接分析。其缺点是不便于录入，变量随着选项的增多而增多，对于大样本的录入工作，负担较重，容易出错。

针对排序题，可以像多项选择题那样规定多个变量，主要有以下两种方式：

第一种方式是将变量个数即选项个数，按照选项排列顺序，分别定义各变量为对应选项所排次序号，取值即为次序号。

【例4-5】

您选择去某一商场购物需要考虑的因素是什么？（请按重要程度顺序排序）

A.服务水平（　　　）　　　B.地理位置（　　　）

C.商品质量（　　　）　　　D.价格因素（　　　）

按照这种题型对所有选项排序，采用此方法比较可行，问卷设计时对应各选项统一留出位置填写次序号。但是,如果仅取前几名排序,采用此方法与多项选择题一样,其优点是可以直接进行分析,但录入工作量较大。

第二种方式是变量个数为要求排序的项数,依照次序号排列顺序,分别定义各变量为各次序号对应的选项项数,取值即为选项号。

【例4-6】

您选择去某一商场购物最重要的因素是什么?（　　　）其次呢?（　　　）再次呢?（　　　）

A.服务水平　　　　　B.地理位置　　　　　C.商品质量　　　　　D.价格因素

如果问题只要求取前几名排序,那么与多项选择题一样,采用此方法便于录入,减少工作量和出错率,但分析时需要先进行数据转换。

（2）事后编码

事后编码是在问题作答之后,给予每个答案一个数字代码或符号,是由专门编码员完成的。事后编码一般应用于封闭式答案的"其他"或开放式问题答案,不仅便于简化编码,还允许研究者对单一变量的多种问答进行编码。例如,一个问题可能有10多个可选答案,而被调查者实际只选择了5个,此时只需要5种编码就足够了。再如,如果要求被调查者从5项答案中选出1项作答,但由于问卷设计不周到或调查过程中的差错,导致较多的选项无法作答,并无法决定哪一项作为分析资料,此时,事后编码可以在不歪曲原始数据的基础上进行分析。

为保证事后编码工作顺利进行,可以遵循以下几点:保证所有的编码员都在同一地点、使用同一编码册进行工作,在编码工作中,每个编码员都要保持编码册的整洁和清晰。为编码员提供一份空白的问卷模板,以免引起偏差,最好能为每一个项目制作一个编码册,然后为编码员提供一份编码表或编码名单及编码指南,类别的设置尽量多些、窄些。这些都是编码工作的技术要点。

2.编码的方法

目前常见的编码方法主要有顺序编码法、分组编码法、表达式文字编码法和缩写编码法。

（1）顺序编码法

顺序编码法又称系列编码法,是指用一个标准对信息资料进行分类并按照事实上的顺序用连续数字或字母进行编码的方式。比如调查某大学生的家庭月收入,将不同收入家庭分为四个档次,顺序编码时可用①~④分别代表从低到高的四个档次:①5 000元以下;②5 001元~10 000元;③10 001元~15 000元;④15 001元以上。这种编码方式简单且易于管理,但不适用于分组处理。

（2）分组编码法

分组编码法又称区间编码法,是根据调查对象的特性和信息资料分类及其处理的要求,将具有一定位数的代码单元分成若干小组或区间,每一小组的数字均代表一定的意义。

【例4-7】

某大学的大学生月消费情况调查的分组编码见表4-8。

表4-8　　　　　　　　　　　　某大学大学生月消费情况调查分组编码

户口类型	性别	家庭月收入	生活费来源
1=城镇 2=农村	1=男 2=女	01=5 000元以下 02=5 001～10 000元 03=10 001～15 000元 04=15 001元以上	01=奖学金 02=做家教 03=家中补给 04=校内勤工俭学 05=校外课余打工 06=自己开店 07=网上兼职 08=其他

根据表4-8可知，编码210104表示该消费的大学生是来自农村的男生，家庭月收入低于5 000元，其本人生活费主要来自校内勤工俭学。这种方法的使用比较广泛，容易理解，但位数过多会造成系统维护困难。

（3）表达式文字编码法

表达式文字编码法是用数字、文字、符号等标明编码对象的属性，并按此进行信息资料编码的方法。例如，55TVC表示55英寸彩色电视机，其中，TV是电视机的缩写，C是color的首字母。这种方法比较直观，易于理解，便于记忆、识别。

（4）缩写编码法

缩写编码法是将惯用的缩写字直接用作代码进行编码，如FT（英尺），KG（千克），YD（码）。

问卷编码工作是问卷调查中不可缺少的流程，同时也是数据整理汇总阶段重要而基本的环节。当所有问题答案的编码都规定清楚后，编码人员需要编写一本编码手册，说明各英文字母、数码的意思。编码手册具备下列功能：①录入人员可以根据编码手册说明来录入数据；②研究人员或程序员可以根据编码手册拟统计分析程序；③研究者阅读统计分析结果，不清楚各种代码的意义时，可以从编码手册中查询。

3.编码应注意的事项

（1）掌握分组的尺度。对资料中的某个研究问题分组过细，会增加分析的复杂程度；分组过粗，会造成资料信息的流失，以及信息分析的深入程度不足。所以，根据实际分析的需要，设置合理的分组尺度是资料编码的首要任务。对分组较细的资料，可以进一步转化为分组较粗的资料，而对分组较粗的资料，除非保留了原始资料，否则不能转化为分组较细的资料。

（2）如果分组种类过多，可以设置一个"其他"来弥补分类的不足。

（3）分组与编码，应当遵循含义明确且独立这一原则。

（4）对错误或疏漏的回答，可以作为特殊的分组，并指定一个特殊的数字或字符代表，如用"！"或"＊"等，而不应将其归入类别中。

（5）在资料编码的过程中，应当尽量避免将无意义的数据进行随意录入。在资料收集过程中，应该与相关工作人员展开交流合作，保证数据的丰富度。

五、市场调查数据的汇总

汇总的主要任务是将市场调查的各种原始资料按照分组标志和编码设计进行统计汇总。

（一）录入数据

录入是将经过编码的数据资料输入计算机或其他存储设备中，这样便可供计算机统计分析。数据的录入形式有两种：一种是以单独数据文件的形式录入和存储，另一种是直接录入专门的统计分析软件中（如 Excel、SPSS）。在数据录入前，一般应对所有的问卷进行编码，以便按照问卷编码顺序进行每份问卷数据的录入。数据录入一般是由数据录入员根据编码的规则（编码手册）将数据从调查问卷上直接录入计算机数据录入系统中，系统会自动进行记录和存储。在录入过程中，为了避免发生差错，应当随时进行错误检查，如利用软件自动识别错误；也可以在全部调查问卷的数据录入完毕后，运用事先设置的计算机逻辑错误检查程序进行检查，以防止录入逻辑错误的产生。当确认数据录入无逻辑错误后，可以利用设定的计算机汇总与制表程序自动生成各种分组类，为分析研究提供综合化的数据。

（二）汇总方法

一般来说，汇总主要有手工汇总和计算机汇总。手工汇总主要适用于调查的样本数量较少的情况，其常见的方法有：

1.问卷分类法

将全部问卷按照问项设计的顺序和分组处理的要求，依次对问项答案进行问卷分类，分别清点有关问卷的份数，就可以得到各个问题答案的选答次数。

2.折叠法

将全部调查问卷中的同一问项及答案折叠起来，并一张一张地叠在一起，用别针或回形针别好，然后计点各个答案选择的次数，填入事先设计的分组表内。

3.划记法

事先设计好空白的分组统计表，然后对所有问卷中的相同问项的不同答案一份一份地进行查看，并用划记法划记（常用"正"），全部问卷查看与划记完毕后，即可统计出相同问项下的不同答案的次数，最后录入到正式的分组统计表中。

4.卡片法

利用摘录卡作为记录工具，对开放式问题的回答或深层访谈的回答进行过录或记录，然后依据这些卡片进行"意见归纳处理"。

关于计算机汇总，随着科学技术的发展，计算机的普及给资料汇总带来了极大的方便。尤其是近些年计算机软件的应用，如利用 Excel 可以对数据的某个指标进行计数、求和等，无论是速度还是准确度都有了显著提高。

（三）排序与筛选

调查数据量通常比较庞大与烦琐，通过视觉不能直观地分析数据，为提高工作效率，从庞大的数据量中选出想要的数据，往往使用 Excel 表格中的排序与筛选分类汇总辅助功能来管理数据。

1.数据排序

数据的排序是数据分析中不可缺少的组成部分。对数据进行排序，有助于快速直观地显示数据并更好地理解数据，有助于组织并查找所需数据，做出最终有效的决策。其可以对一列或多列中的数据按文本、数字以及日期和时间进行排序，还可以按自定义序列或格式进行排序。大多数的排序操作都是针对列进行的，但也可以针对行进行。

（1）单字段排序

如果将数据按某一列排序，操作十分简单，只要在那一列中选定一个单元格，在"数据"选项卡中的"排序和筛选"组中，单击升序按钮或降序按钮即可。

排序依据可能是数字、文本或日期，在按升序排序时，Excel将使用如下排序次序（在按降序排序时，则使用相反的次序）：

数字：按从最小的负数到最大的正数进行排序。

日期：按从最早的日期到最晚的日期进行排序

文本：按从左到右的顺序逐字符进行排序。

逻辑：在逻辑值中，False排在True之前。

错误：所有错误值（如#NUM!和#REF!）的优先级相同。

空白单元格：无论是按升序还是按降序排序，空白单元格总是放在最后。

（2）多字段排序

确保活动单元格在包含两列或更多列的表中，在"数据"选项卡中的"排序和筛选"组中，单击排序按钮将显示"排序"对话框，如图4-1所示。

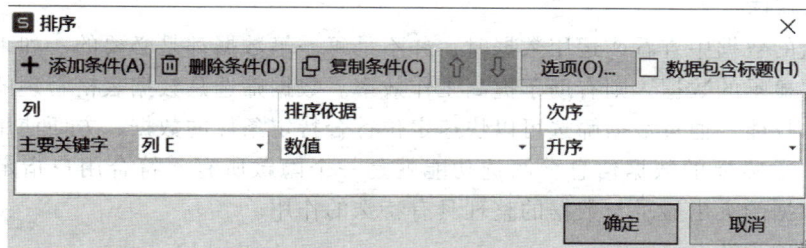

图4-1　"排序"对话框

在"列"下的"主要关键字"旁边列表框中，选择需要最先排序的列名，再选定其排列依据与次序。

单击"添加条件"，重复以上操作，便可添加作为排序依据的其他列，如图4-2所示。

若要复制作为排序依据的列，选择该条目单击"复制条件"。若要删除作为排序依据的列，选择该条目单击"删除条件"。若要更改列的排序顺序，选择一个条目后单击"向上"或"向下"箭头更改顺序。

若要改变排序方向（按行排序或按列排序）或排序方法（字母排序或笔画排序），在"排序"对话框中单击"选项"按钮，将显示"排序选项"对话框，在其中可以设置排序方向、排序方法和是否大小写区分。

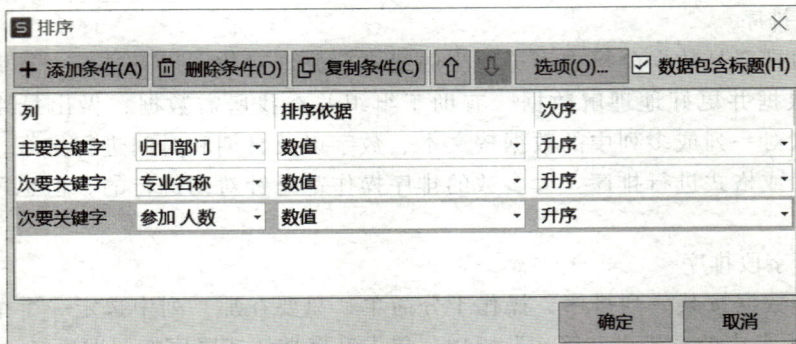

图4-2 多字段排序

（3）按单元格颜色、字体颜色或单元格图标进行排序

一般情况下，排序依据都是单元格中的数值，但有时也需要按单元格颜色或字体颜色进行排序。此外，还可以按某个图标集进行排序，这个图标集是通过条件格式创建的。

在"排序"对话框的"排序依据"下，选择"单元格颜色""字体颜色""单元格图标"来实现这种操作。

（4）部分数据的排序

如果在排序过程中，有些数据不希望参与排序，则必须先将这些数据隐藏。被隐藏的数据将不会改变其位置，其余的显示数据按其排序键进行排序，重新显示隐藏的数据后，便可达到部分数据不排序的目的。

2.数据筛选

在大量的数据中查看或运用数据时，并不是每一笔数据都是必要的。如果能够过滤一些不必要显示的数据，则有助于提高工作效率。数据筛选是数据表格管理的一个常用项目和基本技能，通过数据筛选可以快速定位符合特定条件的数据，方便使用者第一时间获取第一手需要的数据信息。筛选功能就是一个隐藏所有不符合用户指定条件的过程，对于数据的突出显示与数据的整理具有特殊的作用。

（1）自动筛选

"自动筛选"是直觉式的"字段"导向筛选方法，只要利用鼠标即可完成一般较简易的筛选处理。在数据清单中，选定一个单元格，在"数据"选项卡中的"排序和筛选"组中，单击"筛选"按钮，此时，在列表第一行的字段名称处出现向下拖动箭头按钮▼。单击某一列上的箭头按钮▼，可以弹出一个下拉菜单，其中可按"颜色"筛选，也可按"文本"筛选，如图4-3所示。

当用户想要实现自定义筛选时，可以使用自动筛选中的数字筛选按钮来自定义筛选的条件，如图4-4所示。

数据筛选完毕后，若想要显示所有数据，则可以通过单击"数据"菜单选择"排序和筛选"组中的"清除"按钮或"筛选"按钮，将全部数据显示出来，还可以通过下拉菜单中的复选框来实现全部数据的显示。

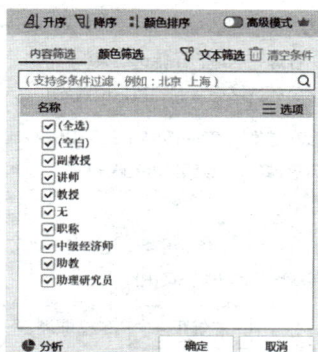

图4-3　自动筛选

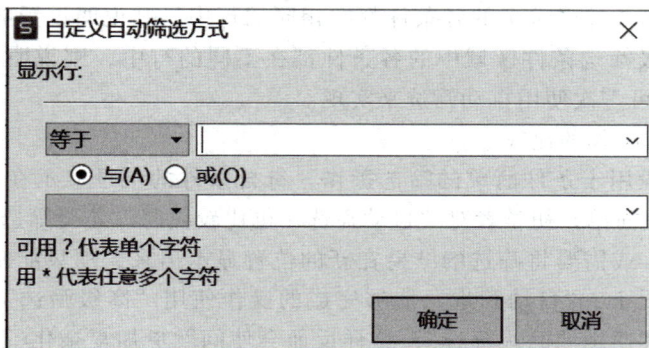

图4-4　自定义筛选

（2）高级筛选

利用"自动筛选"基本上可以解决大部分的筛选问题，但至少有如下四种可能的需求，用户必须进一步根据"高级筛选"功能来完成：①不同字段间"或"条件的设置；②同一字段多重范围的筛选；③比较的对象是由字段经处理后的结果；④将筛选结果送往原数据表以外的地方。

例如，单击数据区域内部，打开"数据"菜单"排序和筛选"组中的"高级"按钮，即会弹出"高级筛选"对话框，在"列表区域"中选择需要筛选的数据区域，在"条件区域"中选择条件区域，单击"确定"按钮，即可筛选出指定条件的数据，如图4-5所示。

在使用高级筛选时，与自动筛选的明显差异就是设置"条件区域"作为筛选的标准。在工作表的任意空白处（与数据清单至少间隔一行或一列）输入高级筛选条件。然后，在数据清单中选定一个单元格，在"数据"选项卡中的"排序和筛选"组中，单击"高级"按钮，此时出现"高级筛选"对话框。

高级筛选的方式有两种：一种是在原工作表中显现符合条件的数据；另一种是将符合条件的数据显示在其他区域，即在"高级筛选"对话框中的"复制到"中输入复制位置的起始单元格。

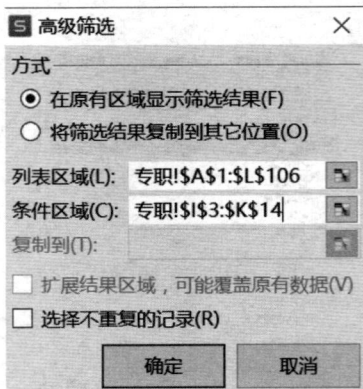

图4-5　高级筛选

如果高级筛选条件区域中的各条件都在相同的行中，则说明设置的各条件是"与"的关系。如果高级筛选条件区域中的各条件都在不同的行中，则说明设置的各条件是"或"的关系，也可多次使用自动筛选来实现。

（3）两种筛选操作的比较

自动筛选一般用于条件简单的筛选操作，符合条件的记录显示在原来的数据表格中，操作起来比较简单，初学者对"自动筛选"也比较熟悉。若要筛选的多个条件之间是"或"的关系，或需要将筛选的结果在新的位置显示出来，那只能使用"高级筛选"来实现。一般情况下，"自动筛选"能够完成的操作使用"高级筛选"完全可以实现，但有的操作则不宜使用"高级筛选"，这样反而会使问题更加复杂化，如筛选最大或最小的前几项记录。

（四）分类汇总

在数据类型比较简单的工作表数据中，经常需要对某些字段进行数据的分析统计。Excel提供的分类汇总功能可以对工作表数据进行分类和汇总计算。根据不同的字段，可以从不同的角度对数据进行分类汇总操作。

分类汇总的主要功能在于"分类"，即在进行汇总之前，必须先对所需分类的字段进行排序。不论升序还是降序，先将相同的数据放在一起，再对这些记录的其他数值字段进行求和、求平均、计数等汇总运算。

1.分类汇总命令

分类汇总命令的结果是在数据清单中插入汇总行，显示出汇总值，并自动在数据清单底部或顶部插入一个总计行。其操作步骤如下：

首先，对分类字段进行排序，排序的目的是要将同类记录放在一起。

然后，通过使用"数据"选项卡中的"分级显示"组中的"分类汇总"命令，可以自动计算列中分类汇总和总计。

如果想对一批数据以不同的汇总方式进行多个汇总，则可再次进行分类汇总，设置"分类汇总"对话框，并取消"替换当前分类汇总"复选框，即可叠加多种分类汇总。

设置分类汇总后，列表中的数据将分级显示，工作表窗口左边会出现分级显示区，列出一些分级符号，允许对数据的显示进行控制。默认数据分为三级显示，单击分级显示区上方的 ⊡1⊡2⊡3 等按钮，可以只显示列表中的列标题和总计结果，或显示各个分类结果和总计结果，或显示所有的详细数据等。

2.分类汇总函数

使用分类汇总命令汇总出来的数据信息繁多，不便于查看和比较，而且对许多没有统计价值的数据进行统计也是没有必要的，还会造成麻烦。利用Subtotal函数可以有针对性地汇总需要统计的数据信息。

语法格式：Subtotal（函数代码，参数1，参数2，……）。

函数功能：用来对参数列表指定的数据进行分类汇总。

分类汇总方式利用函数代码指定，表4-9列举了"分类汇总"对话框中的"汇总方式"下拉列表框中的选项对应的具体函数的含义，以及函数中指定的函数代码。

表4-9　　　　　　　　　　分类汇总方式及其函数代码

"汇总方式"选项	函数代码	实现功能
求和	9	数值求和
计数	3	数据项的数据
平均值	1	数据的平均值
最大值	4	数据的最大值
最小值	5	数据的最小值
乘积	6	所有数据的乘积
数值计数	2	含有数字的记录或者行的数目
标准偏差	7	估算总体的标准偏差，数据列为样本
方差	10	估算总体方差，数据列为样本
总体标准偏差	8	总体的标准偏差，数据列为总体
总体方差	11	总体方差，数据列为总体

说明：

Subtotal函数忽略了任何不包括在筛选结果中的行。

Subtotal函数适用于数据列或垂直区域，不适用于数据行或水平区域。

六、市场调查数据的显示

市场调查数据经过审核、排序、分组、汇总后，需要以一定的形式将数据整理的结果显示出来，以供调研者和用户阅读、分析和使用，以供企业作为决策的参考依据。市场调查数据显示最常用到的是统计表和统计图两种形式。统计表或统计图的主要作用是简化资料，反映数据的分布和规律性，省去冗长的文字叙述，也便于分析、对比和计算。

微课 4-4

调查数据的列示

（一）统计表

1.统计表的含义和结构

数据整理的结果可以采用不同的形式表现，但统计表是应用最广泛的形式。数据通过统计汇总，可以得出说明社会现象和分析过程的数据资料，将这些资料按照一定的目的在表格中显示出来，这种表格就称为统计表。统计表是将经过汇总整理所获得的系统化的数据，按照一定的顺序填写在由纵横交叉线条所构成的表格中。统计表能够有条理、系统地排列统计资料，使人们在阅读时一目了然，还能够合理地、科学地组织统计资料，使人们在阅读时便于对照比较。

从形式上看，统计表一般由五个主要部分组成，即表头、行标题、列标题和指标数值和表外附加（如图4-6所示）。

表头→2022年6月中国分类域名数

分类域名	数量（个）	占域名总数比例
.CN	17 861 269	52.8%
.COM	10 093 729	29.9%
.NET	893 198	2.6%
.中国	186 292	0.6%
.ORG	55 990	0.2%
.INFO	36 313	0.1%
.BIZ	23 296	0.1%
New gTLD	4 590 705	13.6%
其他	64 403	0.2%
合计	33 805 195	100.0%

（列标题）（行标题）（指标数值）

资料来源　根据中国互联网信息中心、中国互联网络发展状况统计报告整理而得。←表外附加

图4-6　统计表的形式表现

（1）表头。其包括总标题、表号、单位等。总标题一般位于表格上端正中，相当于一篇文章的总标题，表明全部统计资料的内容；表号位于总标题左侧位置，是表格的编码；全表若有统一单位，单位居于总标题右侧位置。

（2）行标题。其通常位于统计表左侧第一列，一般表明研究总体及其组成部分，即统计表所要说明的对象；如果是时间序列数据，当数据较多时，通常将时间放在行标题位置上。

（3）列标题。其通常位于统计表上端第一行，一般表明总体特征的统计指标的名称。

（4）指标数值。其是行标题与列标题交叉位置所对应的数字，是统计表的主体。

（5）表外附加。为了对统计表中的内容进行补充，统计表下方位置往往附加一些说

明，这部分内容称为表外附加。表外附加一般包含资料来源、指标说明、填表单位、填表日期等。

统计表从内容上看，由主词或宾词两大部分构成。主词是统计表所要说明的总体的各个构成部分或组别的名称，列在行标题的位置上。宾词是统计表所要说明的统计指标或变量的名称和数值，宾词中的指标名称列在列标题的位置上。有时为了编排的合理和使用的方便，主词和宾词的位置可以互换。

2.统计表的种类

统计表按分组情况可以分为两种：简单制表和交叉制表。其中，简单制表是将答案进行分类而形成的统计表。例如，20××年某4S店汽车销售数量见表4-10。

表4-10　　　　　　　　　　20××年某4S店汽车销售数量表

时间段	销售数量（台）
第一季度	380
第二季度	410
第三季度	400
第四季度	360

另一种常见的统计表称为交叉制表，其是按两个或两个以上的标志进行层叠分组而形成的统计表。例如，某地区消费品零售额统计表同时采用按时间标志和按对象标志层叠分组，就属于交叉制表（见表4-11）。

表4-11　　　　　　　　　　某地区消费品零售额统计表（20××年）

项目	金额（万元）
消费品零售额	9 000
其中：（一）个人和家庭的零售额	5 000
1.城市	3 000
2.农村	2 000
（二）对企业的零售额	4 000
1.城市	3 000
2.农村	1 000

3.统计表的作用

统计表能够较好地反映整理后数据的分布和规律性，是集中有序地表现统计资料的表格，是表现数字资料整理结果的最基本、最常用的一种工具。它在统计工作中的主要作用体现在：

第一，统计表可以说明研究对象之间的相互关系。通过统计表能够观察到总体分布的基本态势。

第二，统计表可以将研究对象之间的变化规律显著地表示出来。统计表能够表明总体发展的规律性。

第三，统计表可以将研究对象之间的差别显著地表示出来，这样便于研究人员用来分析问题和研究问题。

4.统计表的编制规则

统计表的编制应当遵循科学、实用、简练、美观的原则。一般的编制规则有：

（1）统计表通常应当设计为由纵横交叉线组成的长方形表格，长宽之间应当保持适当的比例。

（2）统计表的总标题应当简明扼要，表号标注正确，要用概括、简练的文字说明表格内容，并在总标题中或其下方注明资料所属的时间、地点和单位。

（3）统计表的主词各行和宾词各栏，一般应按先局部后整体的原则排列，即先列各项目，再列合计。如果没有必要列出所有的项目，则可以先列合计，再列其中一部分重要的项目。

（4）统计表的上下两端采用粗线或双线绘制，在有些需要明显分隔的部分，也应采用粗线或双线，其他部分采用细线。在横行与合计栏、横行与纵栏标题之间，需要画线。表格的左右两端应是开口的，不得画线。

（5）统计表中如果栏目较多，可以加以编号：一般主词的计量单位栏用（甲）（乙）（丙）等次序编号，宾词的各栏用（1）（2）（3）等次序编号。若各栏中统计指标之间有一定的计算关系，还可以用算式表示。

（6）统计表中的数字要注明计量单位。如果表中的数字属于同一计量单位，可将计量单位标注在表格的右上方；如果宾词的计量单位不同，可直接标注在指标名称的旁边或下方；如果主词的计量单位不同，可在横行标题后设置计量单位专栏。

（7）统计表中的数字应当填写整齐，对准位数。当数字为0或遇数较小可忽略不计时，要写上0，不得留空，一张填好的统计表不应当出现空白单元格；当缺少某项资料时，用"…"表示；当不应有数字时，用符号"—"表示；若上、下、左、右数字相同，必须如实写出，不得用"同上""同左"，或"…"等符号表示。

（8）表格不宜过长或过短，行与列的数量比例适中，表中数据分布合理，有小数点时应以小数点对齐，而且小数点的位数应该统一。

（9）统计表的下方一般备注资料来源、填表时间、指标说明等内容，方便读者查阅使用。若统计表为引用他人资料，特别要注明资料来源，以表示对他人劳动成果的尊重，并且防止侵权。

（二）统计图

1.统计图的含义及用途

统计图是利用点、线、面、体等绘制成几何图形，以表示各种数量之间的关系及其变动情况的工具。从广义上讲，统计图是表现统计数字大小和变动的各种图形的总称。统计图是以图形形象地表现统计资料的一种形式。利用各种图形形式来反映统计资料，从视觉角度来说具有简洁具体、形象生动和直观易懂的特点，能够给使用者带来明确深刻的印象，一般能够取得较好的效果。因此，统计图在统计资料整理与分析中占有重要的地位，并得到广泛的应用。

统计图可以揭示现象的内部结构和依存关系，显示现象的发展趋势和分布状况，还能够表明统计指标在不同条件下的对比关系，有利于调研者进行分析与研究。

统计图在统计数据显示中的主要用途包括：①揭示现象之间的依存关系，反映总体单位的分配情况；②说明现象总体的分布情况；③表明现象之间的对比关系；④检查计划的执行情况。

2.统计图的种类

常见的统计图有条形图、扇形图、环形图、曲线图、散点图等，图形的制作均可应用计算机来完成。当然，统计图只是描述和揭示统计数据特征的有效方法之一，其并不能代替统计分析。

（1）条形图

条形图是以若干等宽的平行长条或圆柱的长短来表示品质属性数列中各组频数或频率大小的图形。其通常以横轴代表不同的组别，以纵轴代表各组的频数或频率，有时可以用纵轴代表各组，用横轴代表频数或频率。条形图的特点表现为能够明确各组数据的大小，易于比较数据之间的差别等。例如，居民购买空调关注因素对比，如图4-7所示。

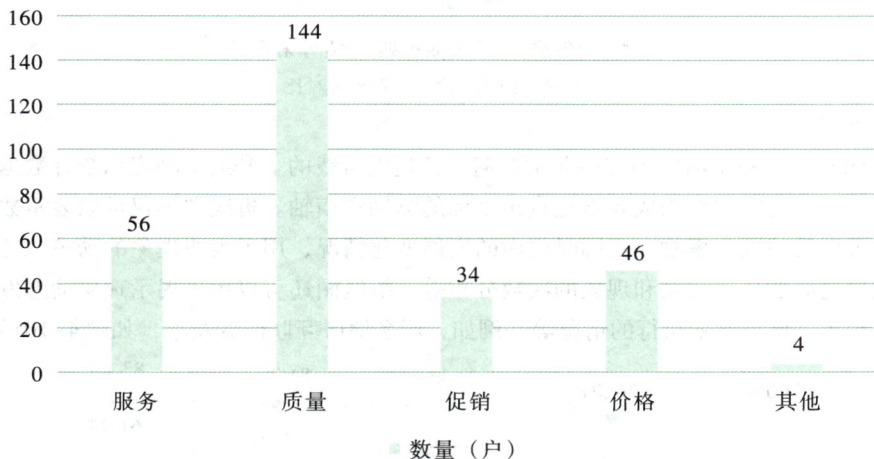

图4-7　居民购买空调关注因素对比

再如，空调购买价位对比，如图4-8所示。

（2）扇形图

扇形图是用圆形和圆内扇形的面积来表示数值大小的图形，主要用于表示总体中各组成部分所占的比例，对研究结构性问题十分有用。在绘制扇形图时，总体中各部分所占的百分比用圆内的各个扇形面积表示，这些扇形的中心角度是按各部分百分比占360度的相应比例确定的。例如，空调购买时间选择对比，如图4-9所示。

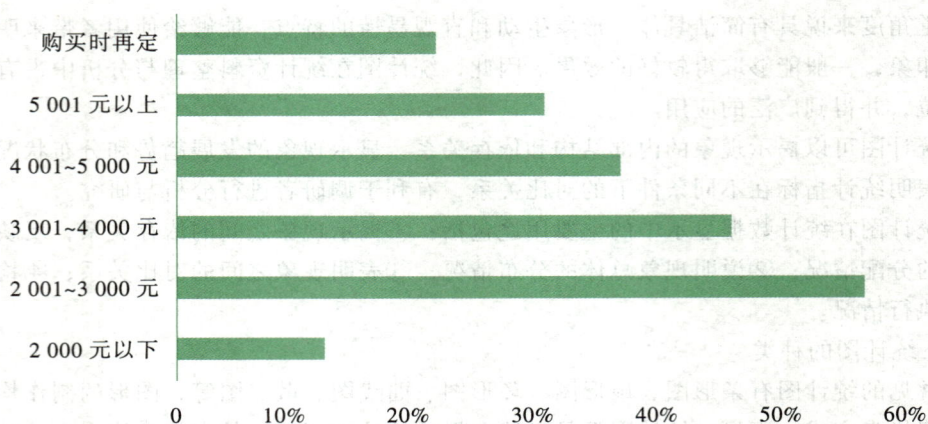

图4-8　空调购买价位对比

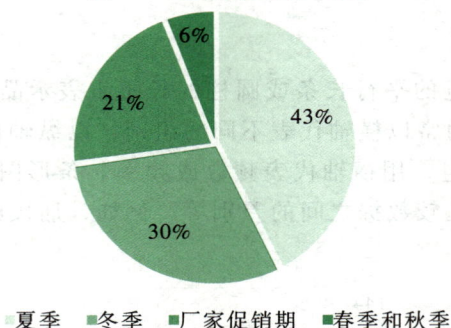

夏季　冬季　厂家促销期　春季和秋季

图4-9　空调购买时间选择对比

（3）折线图

折线图在工作和生活中的使用非常普遍，其是以折线的上升或下降表示统计数据的增减变化的统计图。它的主要构成要素是直角坐标的纵轴和横轴。折线图不仅可以表示数量的多少，而且可以反映同一事物在不同时间内的发展变化情况，用于表明现象的动态、计划完成情况、现象之间的依存关系和现象的次数分布等。折线图还可以用来揭示现象动态发展变化的规律和趋势、检查计划执行的情况等。例如，城乡地区互联网普及率，如图4-10所示。

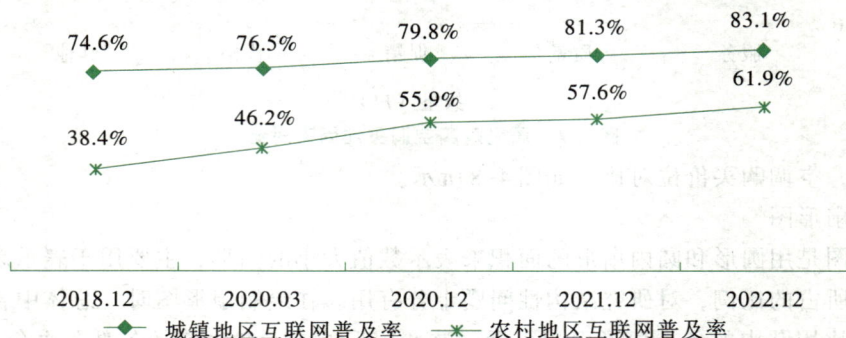

资料来源　根据中国互联网络发展状况统计报告整理而得。

图4-10　城乡地区互联网普及率

任务实施4-1

一、分组

针对本任务，全班分成若干小组（每组4~6人），以小组为单位进行市场调查数据的整理，各小组自行确定每个成员的具体分工。项目组成员需要了解数据整理的工作流程和注意事项，具体见表4-12。

表4-12　　　　　　　　　　　　　　　小组分工表

小组名称	成员姓名	具体分工

二、问卷审核

随时掌握完成的问卷数和回收的问卷数，给每份问卷编制一个有顺序的识别号码，对于已经完成的问卷，需要记录完成的时间及接收的时间。确认数据资料，包括回收、登记问卷以及审核数据，选择适当的审核调查资料的方法进行问卷审核，针对不合格的数据酌情处理。

（一）调查资料完整性的审核（见表4-13）

表4-13　　　　　　　　　　　　　　调查资料完整性审核表

审核内容	审核问卷数	问题问卷数
调查对象的齐全性审核		
调查项目资料的完整性审核		
调查资料的详细程度审核		

（二）调查资料准确性的审核（见表4-14）

表4-14　　　　　　　　　　　　　　调查资料准确性审核表

审核内容	审核问卷数	问题问卷数
被调查者样本范围审核		
调查资料错误审核		

三、对调查数据进行分组和编码

（一）调查数据的分组处理

分组情况，具体见表4-15至表4-18。

表4-15　　　　　　　　　　按性别及婚姻状况分组

性别	人数	婚姻状况	人数
男		已婚	
女		未婚	

表4-16　　　　　　　　　　按年龄和受教育程度分组

年龄（岁）	人数	受教育程度	人数
21~25		小学	
26~35		中学	
36~45		大专	
46~55		学士	
56~65		硕士	
66及以上		博士及以上	

表4-17　　　　　　　　　　按职业分组

职业	人数	职业	人数
专业技术人员		农民	
管理人员		服务员	
公务员		个体	
销售人员		学生	
家庭主妇		退休人员	
技工和一般工人		失业人员	

表4-18　　　　　　　　　　按年收入情况分组

收入（万元）	2以下	2~5	5~10	10~15	15~20	20~50	50~100	100以上
人数								

（二）计算机编码

以本任务为例，具体编码见表4-19。

其中，编码"12304"就表示一名未婚男性，其是年收入为5~10万元的销售人员。

按照实际调查问卷数据，完成数据编码。

表4-19 编码表

性别	婚姻状况	年收入	职业
1=男 2=女	1=已婚 2=未婚	1=2万元以下 2=2万～5万元 3=5万～10万元 4=10万～15万元 5=15万～20万元 6=20万～50万元 7=50万～100万元 8=100万元以上	01=专业技术人员 02=管理人员 03=公务员 04=销售人员 05=家庭主妇 06=技工和一般工人 07=农民 08=服务员 09=个体 10=学生 11=退休人员 12=失业人员

四、调查数据显示

为了更形象、直观地反映调查主题，调查数据采用统计表和扇形图、条形图等统计图进行展示，并进行简单的分析。

为了制作图形，需要首先识别表中各变量的类型，然后利用扇形图或条形图对每一变量进行适当的描述。

各项调查数据的显示，如图4-11、图4-12和图4-13所示。

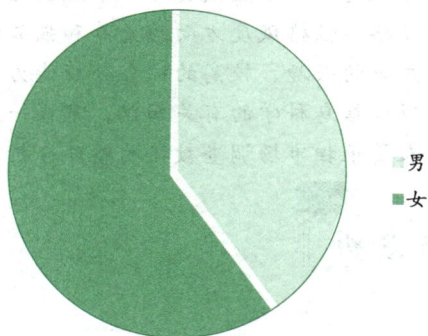

图4-11　性别状况

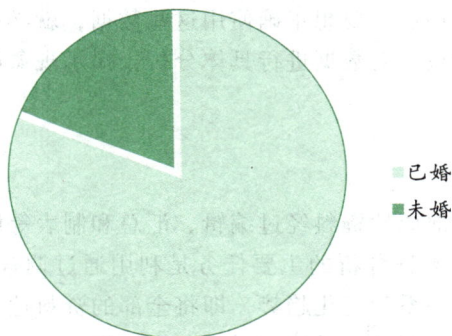

图4-12　婚姻状况

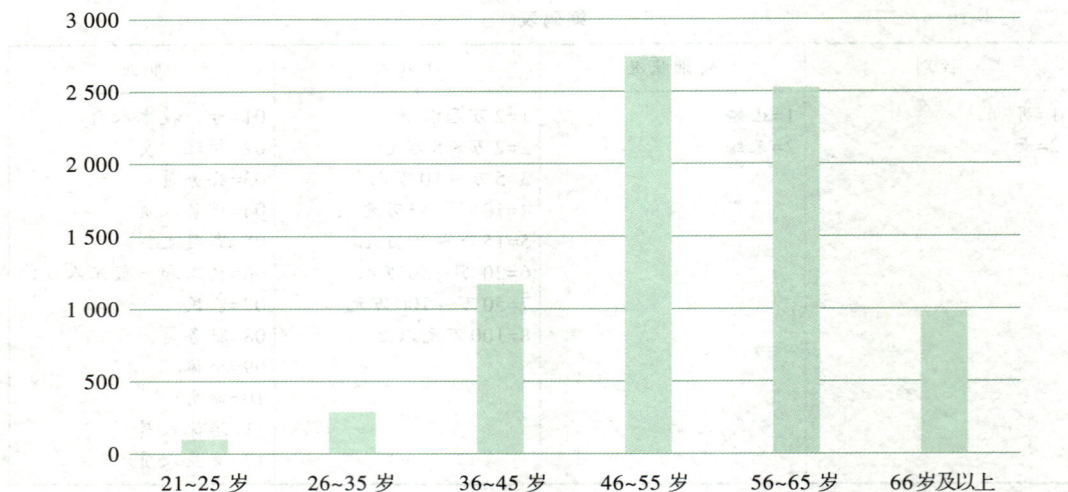

图4-13　年龄状况

　　按照实际调查数据情况，制作完成扇形图和条形图。

　　数据的整理与分析是一项专业性、技术性很强的工作，其对数据整理分析人员的要求很高。一名称职的数据整理人员，除了应该具备一个现代化的经营管理人员所需的思想、文化、经营管理、道德品格、性格风度方面的素养和强健的体魄外，还必须具有高度的敏感性、广博的知识、广泛的兴趣、较高的综合分析能力和严谨的作风，以及具备深度的市场经济知识，懂得现代信息科学的有关知识，掌握一定的现代信息处理技术和方法。一般而言，应由专职人员承担市场调查数据的整理分析工作。

任务2　调查数据分析

【任务解析】

　　市场调查数据经过整理后，要想正确使用这些数据，就必须进行分析。通过运用定性分析方法、定量分析方法，对数据进行具体分析，揭示现象的本质和规律，呈现数据的特点和趋势。

【知识链接】

　　市场调查所获取的全部原始资料经过编辑、汇总和制表等阶段后，就可以转入下一步的工作——数据分析。数据分析的主要任务是利用通过调查获得的全部情况和数据，验证有关各种因素的相互关系和变化趋势，即将全部的资料适当地组合为足以揭示其所包含的某种意义的模式，以明确、具体地说明调查结果。

一、调查数据分析的含义

调查研究是人们对事物和现象进行分析研究的一种重要的认识方法。调查活动是调查研究的一个环节。通过调查活动，可以掌握大量的关于现象的属性特征和数量特征的原始数据。但是，这些原始数据是关于个体的一些分散的、不系统的资料，不能反映总体的数量特征。调查研究的根本目的是对事物和现象总体的本质、规律进行认识，为决策和管理提供咨询服务。所以，调查活动结束之后，还必须对调查数据进行整理和分析，以达到调查研究的目的。

调查数据分析是根据研究的目的和要求，运用科学的方法和手段，对调查数据进行定性和定量分析，揭示现象的本质和规律，为决策和管理提供咨询服务的过程。

调查数据分析是调查研究过程中的一个十分重要的环节。调查研究是否能够达到研究的目的，除了决定于能否科学地设计调查方案、有效地组织调查过程、合理地进行调查数据的整理之外，还关键取决于能否对调查数据进行系统、深入、科学的定性和定量分析。调查数据的分析过程是调查研究活动中最具有挑战性和创造性的工作，调查数据分析的质量高低，直接影响整个调查研究活动的质量高低，是评价调查研究水平的重要标志。

二、调查数据分析的作用

调查数据分析在整个调查研究过程中占有十分重要的地位。其重要性主要表现在以下几个方面：

（一）数据分析是调查研究不可缺少的重要环节

一般来说，调查研究的过程包括调查方案设计、方案组织实施、调查数据整理、调查数据分析和调查报告撰写等几个环节。前三个环节是调查研究的基础工作，其工作成果主要表现为经过加工整理的调查数据，这些数据本身只能简单地描述现象的外延数量特征，无法表达现象的内涵数量特征和本质规律。如果不对其进行深入的分析研究，就不可能实现调查研究的目的。通过数据分析，能够认识现象的本质和规律。调查研究的前三个阶段的工作并没有太大的难度。可以说，整个调查研究工作的质量高低，关键取决于数据分析的优劣。

（二）数据分析是充分发挥调查研究作用的重要保证

无论是对社会现象，还是对经济现象进行调查研究，其目的都是对现象本质和规律的认识，为决策和管理提供有价值的信息。通过数据分析，可以发现新情况和新问题，总结经验和教训，揭示现象变化的统计规律和发展趋势，掌握变量之间的各种数量关系，了解现象变化的原因及其对其他现象变化的影响等。

（三）数据分析在检验工作质量上有着特殊的作用

在数据分析中，可以发现调查方案中关于研究假设的建立是否合理，问卷中所设计的变量是否具有内在的逻辑关系，问卷中的选项是否穷尽和互斥；可以发现某些调查数据是否真实可靠；可以发现调查数据整理是否科学合理，是否能够满足研究的需要等。

　　　　　　　　　　离尘不离城——窥见露营热背后新风潮

　　2020年以来，国内远途与出国旅游受限，融合了短途、户外、社交、娱乐等属性的露营迅速走红网络。

　　基于艺恩营销智库–舆情系统，可以发现2022年社媒平台露营热度呈现爆发式增长，系统监测到仅小红书平台2022年的露营相关笔记数量就是2020年全年的8倍（如图4-14所示）。

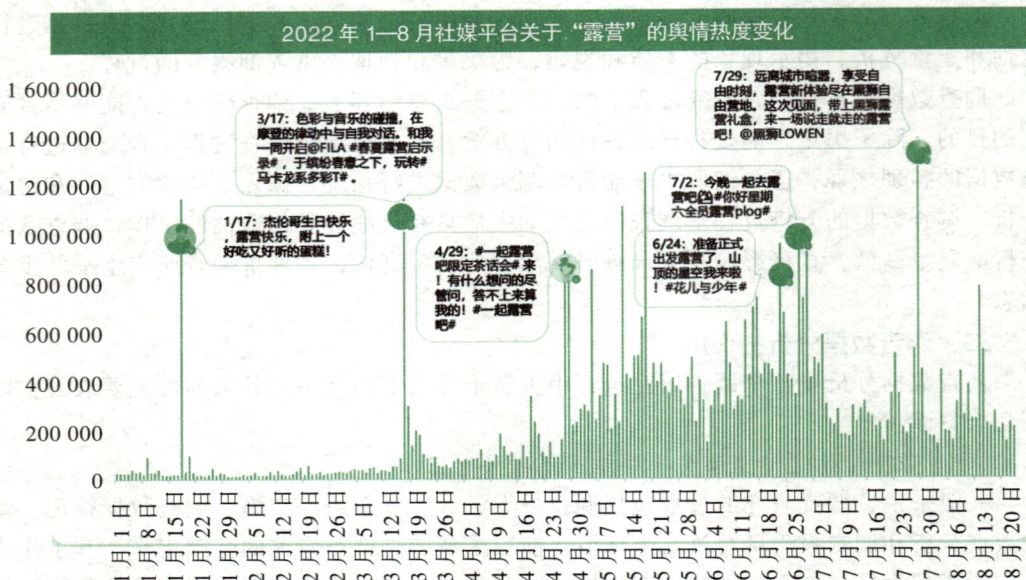

图4-14　2022年1—8月社媒平台关于"露营"的舆情热度变化

　　2022年露营热度的爆发式增长，离不开各线品牌"露营+"花式营销与露营综艺的助攻。

　　"露营热"持续升温，相继衍生出精致露营、BC露营、科技露营等不同流派，俨然已经发展成为当代年轻人的一种生活方式，并开拓了露营装备、露营穿搭、露营黑科技等一系列消费场景。

　　帐篷是目前舆情声量占比最高的品类，但天幕、户外桌椅等内容互动率较高，具备发展潜力（如图4-15所示）。

　　露营已经从最初的潮流跟风转变成一种生活方式，服装、美妆、酒饮、咖啡茶饮、3C数码等品牌借势露营热度，以"露营+"的营销方式获得了消费者的青睐（如图4-16所示）。

　　随着露营概念的爆火，品牌开始借助"露营+"的营销方式抢占露营场景，跨界联名、综艺植入等创意玩法帮助品牌掌握了流量密码。基于数据系统监测与分析，为品牌提供了"露营+"营销玩法的更多参考。

2022年1—8月露营相关品类舆情内容声量占比	
帐篷	54%
天幕	18%
户外椅子	8%
露营桌子	6%
野餐垫	4%
睡袋	4%
营地车	2%
吊床	1%
地垫	1%
营地灯	1%

2022年1—8月露营相关品类舆情内容互动率	
天幕	1 775
帐篷	1 407
户外椅子	1 361
露营桌子	1 347
睡袋	1 097
地垫	983
营地车	896
吊床	838
野餐垫	837
营地灯	757

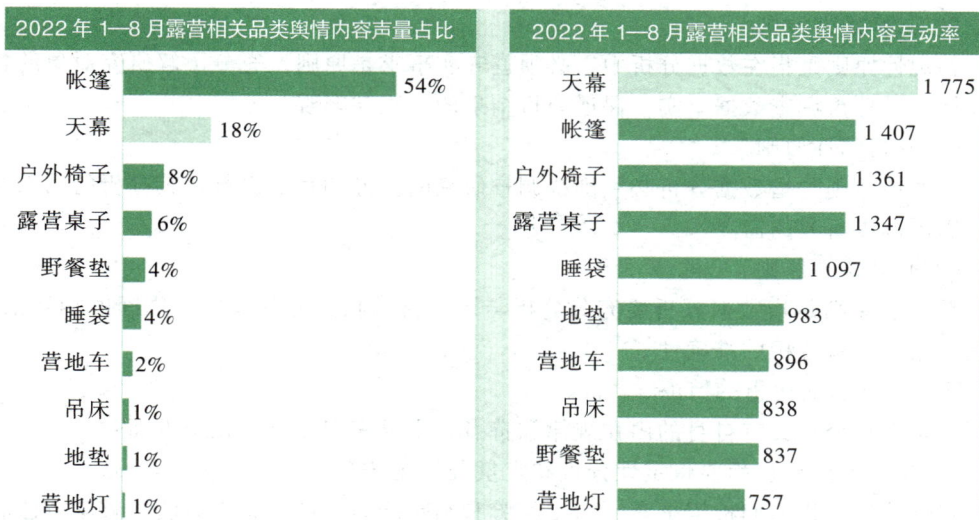

图4-15　2022年1—8月露营相关品类舆情内容声量占比及互动率

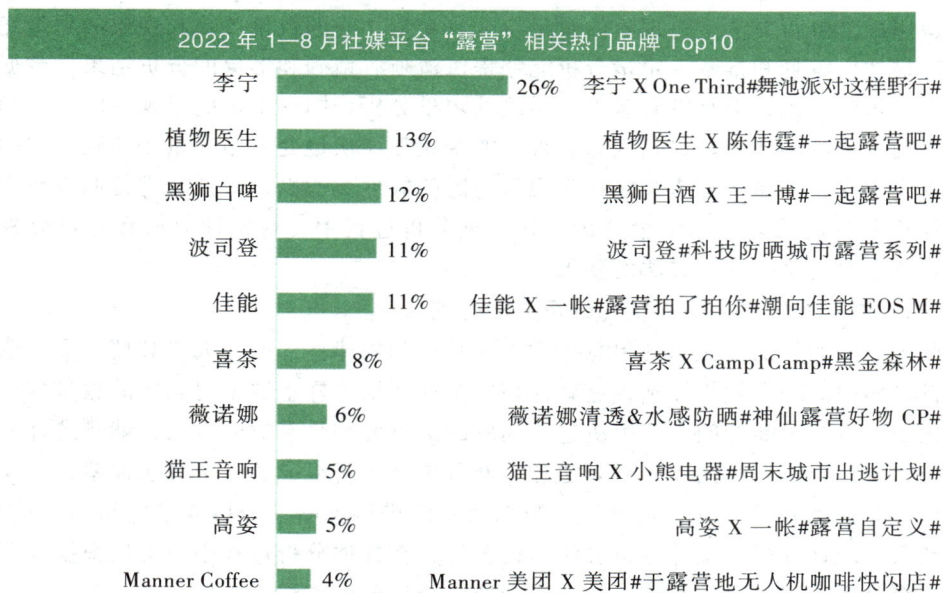

2022年1—8月社媒平台"露营"相关热门品牌Top10		
李宁	26%	李宁 X One Third#舞池派对这样野行#
植物医生	13%	植物医生 X 陈伟霆#一起露营吧#
黑狮白啤	12%	黑狮白酒 X 王一博#一起露营吧#
波司登	11%	波司登#科技防晒城市露营系列#
佳能	11%	佳能 X 一帐#露营拍了拍你#潮向佳能 EOS M#
喜茶	8%	喜茶 X Camp1Camp#黑金森林#
薇诺娜	6%	薇诺娜清透&水感防晒#神仙露营好物 CP#
猫王音响	5%	猫王音响 X 小熊电器#周末城市出逃计划#
高姿	5%	高姿 X 一帐#露营自定义#
Manner Coffee	4%	Manner 美团 X 美团#于露营地无人机咖啡快闪店#

图4-16　2022年1—8月社媒平台"露营"相关热门品牌Top10

三、调查数据分析的原则

调查数据分析作为调查研究的一个重要阶段，有其自身的规律和要求。在进行调查数据分析时，应该遵循的原则主要有：

（一）科学性原则

科学性原则是指在数据分析中，应该根据调查数据的属性和特点，调查数据的来源渠道，调查研究的任务和目的，选择科学合理的分析方法。

（二）客观性原则

客观性原则是指在数据分析中，必须遵守实事求是原则，充分了解研究对象的各种实际情况，尊重调查数据事实，保证分析结果的公正与客观。

（三）目的性原则

目的性原则是指数据分析必须围绕调查研究的任务和目的进行，其分析的结果必须能够满足调查研究的需要。

（四）系统性原则

系统性原则是指数据分析要充分分析与调查目的相关的各种要素之间的相互依赖、相互作用，确保分析的准确性。

四、调查数据分析的特点

调查数据分析具有自身的内在规律和特点，主要表现在以下几个方面：

（一）数据分析过程要将定性分析和定量分析相结合

定性分析是指人们根据事实，运用经验和判断能力、逻辑思维方法、哲学方法和相关专业理论，对现象进行判断、归纳、推理和概括。定量分析是指人们根据调查数据，主要运用统计分析方法，对现象的数量特征、变量之间的数量关系和现象的数量变化规律进行描述、解释和推断。定量分析能够提供清晰、精确和形象的分析结果。数据分析以定性分析为基础，但是没有深入、系统的定量分析，同样不可能对现象的本质和规律性有正确、深刻的认识。这是因为，现象的变化往往从量变开始，量变达到一定的程度才会发生质变，现象的本质又往往表现为一定的数量。所以，对现象进行调查研究，还必须注重其量的研究，即定量分析。在数据分析过程中，将定性分析和定量分析相结合，是调查研究这一认识方法的要求。

（二）数据的定量分析以统计分析方法为主

调查研究的目的是认识现象总体的本质特征和规律性，而在大多数情况下，调查数据来自总体中的一个随机样本，这就存在一个如何根据样本数据对总体的数量特征和变量变化规律进行推断的问题。解决这一问题的最重要和最有效的方法，就是统计分析方法。统计分析方法是由描述分析方法和推断分析方法所组成的一个方法体系，主要用来描述现象总体的数量特征，依据样本数据对总体进行推断，分析变量之间的数量关系，揭示现象的统计规律。统计分析方法多种多样，在数据分析过程中，可以根据数据的不同属性与分析研究的目的和要求，选择合适的统计分析方法。

（三）数据分析不能孤立于被调查研究的现象而独立进行

通过调查所获得的数据，是现象的属性和数量表现。在数据分析过程中，如果只强调方法的运用，而不了解被研究现象的背景、特点及变化规律等情况，就数据而数据，是不能达到分析目的的。例如，对酒类消费者市场调查数据进行分析，就不能脱离酒类消费者市场细分的一般规律，也不能对酒类产品的制造、销售和品质评价一无所知；否则，分析结果可能就是一些干瘪和苍白的数字，起不到为决策和管理提供咨询服务的作用。

（四）数据分析过程是一次认识上的质的飞跃

数据分析过程不仅是分析方法的运用过程，更是一个依据数据对现象本质的研究过程，是人们对现象从量变的认识上升到质变的认识的过程，可见，数据分析过程具有相当的复杂性。实现这种认识上的质的飞跃，不仅要选择合适的统计分析方法，得到可信的分析数据，而且要根据分析数据的内在特点和变量之间的关系特征，做出深入、系统的定性分析，从而对现象的本质和规律进行客观的判断、推理、归纳和总结，对现象变化的成因进行合理的解释，并在此基础上形成研究人员对现象的认识观点，这样的分析结果才是有用的。

五、调查数据分析的方法

（一）定性分析方法

定性分析主要是界定事物的大小、变化的方向、发展的快慢、事物的优劣、态度的好坏、问题的性质。定性分析方法主要有：

微课 4-5

学会定性分析
方法（1）

1.归纳推理法

归纳推理法是对收集到的资料进行归纳，概括出一些理论观点。归纳推理法分为完全归纳法和不完全归纳法。

完全归纳法是根据某类市场中每一对象都具有或不具有的某种属性，从而概括出该类市场中全部对象都具有或不具有这种属性的归纳方法。运用该方法进行分析，首先要清楚某类事物全部对象的具体数目，并对每一对象进行调查，是否每一对象都具有被研究的那种属性。该方法在运用上受到很大的限制，只能作为参考性结论来辅助其他的分析方法。

微课 4-6

学会定性分析
方法（2）

不完全归纳法分为简单枚举法和科学归纳法。简单枚举法是根据某类市场中部分对象具有或不具有的某种属性，从而概括出该类市场中全部对象都具有或不具有这种属性的归纳方法。这种方法是建立在直接经验基础上的一种归纳推理法，其结论具有一定的可靠性，并且简便易行。科学归纳法是根据某类市场中部分对象与某种属性之间的必然联系，从而推论出该类市场中所有对象都具有某种属性的归纳方法。与简单枚举法相比，科学归纳法更复杂、更科学，其认识作用也更大。

例如，某个空调市场调查表明，其所调查的300个空调用户中有200个用户在调查中表明将来更换空调时，有很大可能或绝对会购买海尔空调。根据这一发现可以得出这样的结论：大部分空调用户（67%）在更换空调时会购买海尔空调。

2.演绎分析法

市场调研中的演绎分析法就是将调研资料的整体划分为包含各个方面、因素等的分类资料，并通过对这些分类资料的研究，分析出每一类的本质和特征并联系起来，最终形成对调研资料的整体认识。在运用演绎分析法进行分析时，需要注意：①对数据的分类要标准、科学，分类角度应该多样化；②对分类研究后的数据，还要运用逻辑方法揭示其本质，形成理性认识；③综合要以分类研究为基础，要根据研究对象本身的客观性质，从内在的相互关系中把握其本质和整体特征，而不是将其各个部分、方面和因素进行简单相加或形式上的堆砌。

3.比较分析法

比较分析法是将两个或两类市场的调查资料相互对比，从而确定它们之间的相同点和不同点的逻辑方法。比较分析法是调研中经常运用的一种方法。任何客观事物或现象之间都存在共同点和相异点，这些相异点只有通过比较才能发现，通过比较分析，可以从众多的属性中找出本质的属性和非本质的属性。比较分析法是区分事物或现象、认识事物或现象的基本方法。运用比较分析法进行分析时，要注意可比性，对事物的比较要有相同的比较标准，如果将不具有可比性的事物放在一起进行比较，就会得出不正确的结论。常见的比较分析法有：类型比较法和历史比较法。

（1）类型比较法

类型比较法是对各种类型进行比较的方法。这种方法具有两个作用：一是由点到面，由个别到一般，逐步地建立类型，由此上升到对整体的一般性认识；二是抽象出事物的本质特征，以便比较和认识表面上差异极大或表面上很相似的现象。

（2）历史比较法

历史比较法是对不同时期现象的异同点进行比较和分析，由此揭示现象的发展趋势和发展规律的方法。

4.结构分析法

任何事物都可以分解成若干部分、方面和因素，构成事物的这些部分之间都有一种相对稳定的联系，其称为结构。结构分析法是指根据调查资料，分析某个市场现象的结构及其组成部分的属性，进而认识这一市场现象的本质。结构与属性是各类现象的普遍特征，因而结构分析法也是定性分析中常用的方法之一。

定性分析贯穿于整个数据分析过程，定量分析之前、定量分析之中和定量分析之后都离不开定性分析方法的运用。那种一味地强调定量分析的观点是错误的，不符合事物的认知规律。但是需要注意，在进行定性分析时，要摆脱陈旧思想的束缚，提倡在已有科学成果的基础上，进行有新发现、新创造或新突破的思维活动（创造性思维活动）。只有这样，才能抓住事物的本质联系，使调查研究的认识水平得以提高。

（二）定量分析方法

微课 4-7

数据集中趋势分析（1）

定量分析主要是从市场的数量特征方面出发，运用一定的数据处理技术进行数量分析，从而挖掘出数量中所包含的市场本身的特性及规律性的一种分析方法。从数据的对比研究中，得出分析研究的结论和启示。

1.相关分析法

相关分析法是通过计算变量之间的相关系数，分析现象之间的相关关系和相关程度，理清相关关系中的主要因素、次要因素以及这些因素之间的关系，并用适当的数学表达式表示的统计分析方法。

（1）相关关系的概念

相关关系是指现象之间确实存在的，但其数量表现又是不确定、不规则的一种相互依存关系。在这种关系中，当一个或一组变量选取一定数值时，与之相对应的另一个变量的数值是不能确定的，只是按照某种规律在一定范围内变化，这种关系不能用严格的函数式表示。

相关关系的范围比函数关系的范围更大，函数关系是相关关系的一个特例。但是，它们之间仍然存在一定的联系。首先，有些现象之间本来就该属于函数关系，但由于观察或测量误差等原因，其函数关系不够明确，往往通过相关关系反映出来。有些现象之间的相关关系，因为某些偶然因素的影响，也可能表现为函数关系。其次，在对相关关系进行数量分析时，通常用函数表达式近似地反映现象之间的数量依存关系及规律性，这就为研究相关关系提供了数学依据。

微课 4-8

数据集中趋势
分析（2）

（2）相关关系的类型

现象之间的相关关系，从不同的角度可以划分为不同的类型。

第一，按相关关系涉及变量（或因素）多少的不同，其可分为单相关和复相关。单相关又称一元相关，是指两个变量之间的相关关系，如广告费用支出与产品销售量之间的相关关系。复相关又称多元相关，是指三个或三个以上变量之间的相关关系，如商品销售额与居民收入、商品价格之间的相关关系。

第二，按相关关系表现形式的不同，其可分为线性相关和非线性相关。如果相关关系近似地表现为一条直线，则称为线性相关，如人均消费水平与人均收入水平通常呈现线性关系。如果相关关系近似地表现为一条曲线，则称为曲线相关，即非线性相关。非线性相关也有不同的种类，如抛物线、指数曲线、双曲线等。例如，工人加班时间在一定数量界限内会导致产量增加，但一旦超过一定限度，产量可能反而会下降，这就是一种非线性相关关系。

第三，按相关现象变化方向的不同，其可分为正相关和负相关。正相关是指相关的变量有着一致的变动方向，即同时增加或同时减少的关系，如居民的消费水平随着个人可支配收入的增加而增加。负相关是指相关的变量有着相反的变动方向，一个变量的值增加（减少），另一变量的值反而减少（增加），如商品流转额越大，商品流通费用越低。

第四，按相关程度的不同，其可分为完全相关、完全不相关和不完全相关。完全相关是指一个变量的数量完全由另一个变量的数量变化所决定。例如，在价格不变的条件下，销售额与销售量之间的正比例函数关系为完全相关，此时，相关关系便成为函数关系，因此，函数关系是相关关系的一个特例。完全不相关又称零相关，是指变量之间彼此独立、互不影响。例如，股票价格的高低与气温的高低，一般情况下是不相关的。不完全相关是指介于完全相关与完全不相关之间的一种相关关系。例如，商品的需求量与商品自身价格之间的关系就是一种不完全相关，因为商品的需求量除受自身价格影响之外，还受消费者的收入水平、消费者对价格的预期、消费者的偏好等因素的影响，一般的相关关系都是指这种情况。

（3）相关分析的主要内容

对客观现象具有的相关关系进行分析研究所采用的统计方法，称为相关分析法。运用相关分析法的目的是对相关现象之间的密切程度和变化规律有一个具体的、数量上的认识，以便做出某种判断，并进行相关的推算和预测。相关分析的主要内容有以下两点：

第一，判断现象之间的相关状态。判断现象之间是否存在相关关系，是相关分析的基础环节，属于定性认识问题。这主要依赖于研究者的理论知识和实际工作经验以及分析研究的能力。当现象之间确实存在相关关系时，可以借助散点图或其他工具来研究相关关系所呈现的状态。

第二，判断相关关系的密切程度。对于简单线性相关，确定关系密切程度的主要方法是计算相关系数，对于曲线相关是计算相关指数，对于多元相关是计算复相关指数，利用这类统计指标来判断相关系数是高度相关还是低度相关。

微课 4-9

数据离散程度分析

在进行相关分析时，应该注意：①相关系数不能解释两个变量之间的因果关系。相关系数只是表明两个变量之间互相影响的程度和方向，并不能说明两个变量之间是否具有因果关系，以及何为因、何为果。即使在相关系数非常大时，也并不意味着两个变量之间具有显著的因果关系。例如，根据相关的研究，抽烟与学习成绩具有负相关关系，但不能由此推断抽烟会导致学习成绩差。②警惕虚假相关导致的错误结论。有时，两个变量之间并不存在相关关系，但可能会出现较高的相关系数。

2.回归分析法

回归分析法是从事物因果关系出发进行预测的一种方法。在实际操作中，根据统计资料求得因果关系的相关系数，确定回归方程，相关系数越大，因果关系越密切。回归分析法的优势在于可以较为准确地预测事物的发展趋势。

回归分析就是对具有相关关系的两个或两个以上变量之间数量变化的一般关系进行测定，确定一个相应的数学表达式，近似地表达变量之间的平均变化关系。

相关关系能够说明现象之间有无关系，但其不能说明当一个现象发生一定量化关系时，另一个变量将会发生多大的变化。也就是说，它不能说明两个变量之间的一般数量关系值。

回归分析是指在相关分析的基础上，将变量之间的具体变动关系模型化，求出关系方程式，即找出一个能够反映变量之间变化关系的函数关系式，并据此进行估计和推算。通过回归分析，可以将相关变量之间不确定、不规则的数量关系一般化、规范化，从而可以根据自变量的某一给定值推断出因变量的可能值（或估计值）。

回归分析包括多种类型，根据所涉及变量的多少的不同，可以分为简单回归和多元回归。简单回归又称一元回归，是指两个变量之间的回归。其中，一个变量是自变量，另一个变量是因变量。多元回归是指三个及以上变量之间的回归。

根据变量变化的表现形式的不同，回归分析也可分为直线回归和曲线回归。对具有直线相关关系的现象配之以直线方程进行回归分析，即直线回归；对具有曲线相关关系的现象配之以曲线方程进行回归分析，即曲线回归。

（1）相关与回归的联系。相关分析是回归分析的基础和前提，回归分析则是相关分析的深入和继续。

相关分析需要依靠回归分析来表现变量之间数量相关的具体形式，而回归分析则需要依靠相关分析来表现变量之间数量变化的相关程度。

相关分析只研究变量之间相关的方向和程度，不能推断变量之间相互关系的具体形式，也无法从一个变量的变化来推测另一个变量的变化情况。

注意，避免"虚假回归"。只有当变量之间存在高度相关时，进行回归分析寻求其相关的具体形式才有意义。如果在没有对变量之间是否相关以及相关方向和程度做出正确判断之前，就进行回归分析，很容易造成"虚假回归"。

（2）相关与回归的区别。在相关分析中，涉及的变量不存在自变量和因变量的划分问题，变量之间的关系是对等的。在回归分析中，必须根据研究对象的性质和研究分析的目的，对变量进行自变量和因变量的划分。因此，在回归分析中，变量之间的关系是不对等的。

在相关分析中，所有变量都必须是随机变量。在回归分析中，自变量是给定的，因变量才是随机的，即将自变量的给定值代入回归方程后，所得到的因变量的估计值不是唯一确定的，而会表现出一定的随机波动性。

相关分析主要是通过一个指标，即相关系数来反映变量之间相关程度的大小，由于变量之间是对等的，因此相关系数是唯一确定的。在回归分析中，对于互为因果的两个变量，则有可能存在多个回归方程。

微课 4-10

数据相对程度
分析（1）

相关分析和回归分析有着密切的联系，它们不仅具有共同的研究对象，而且在具体应用时必须相互补充。

相关分析研究变量之间相关的方向和相关程度。但是，相关分析不能指出变量之间相互关系的具体形式，也无法从一个变量的变化来推测另一个变量的变化情况。回归分析则是研究变量之间相互关系的具体形式，其对具有相关关系的变量之间的数量关系进行测定，确定一个相关的数学表达式，根据这个数学表达式可以从已知量推测未知量，从而为估算和预测提供一个重要的方法。

微课 4-11

数据相对程度
分析（2）

3.判别分析法

判别分析法是判别样本属于何种已知类型的一种多变量统计分析方法。在已知被调查对象已经被分为若干组的前提下，判断新的被调查对象属于已知类型的哪一类。例如，判别某顾客是可能购买者还是可能非购买者，是某产品的可能使用者还是其可能非使用者。其中，购买者和非购买者、使用者和非使用者都是已知类型，该顾客为新的被调查对象，判别分析法就是判别该顾客归属于哪一种类型。

4.因子分析法

因子分析法的本质是从大量的变量和样本中通过归类找到数据的内在联系，通过研究众多变量之间的内部依赖关系，寻找变量之间的数据结构，分析影响变量或支配变量的共同因子有几个、各因素的本质如何，由表及里地探索市场之间的本质联系。在市场研究中，通过分析消费者对各种消费品的态度，研究消费者选择消费品的因素，为制定营销策略和拟定广告宣传主题提供参考依据，这种情况下通常采用因子分析法。

5.聚类分析法

聚类分析法是根据研究对象的特征对研究对象进行分类的一种多元分析技术，将性质相近的个体归为一类，使得同一类型中的个体都具有高度的同质性，而不同类型之间的个体具有高度的异质性。在市场研究中，当涉及市场细分问题时，通常使用聚类分析法。

任务实施4-2

通过对调查问卷的审核、编码、录入、汇总，可以得出数据整理结果见表4-20。

表4-20 数据整理结果统计表

选项	1.您的性别	2.您的婚姻状况	3.您的年龄	4.您的职业	5.您的年收入	6.您平时购买衣服的频率	7.您购买衣服关注的主要因素	8.您购买服饰所属的主要类型
A	440	740	50	50	20	150	190	100
B	560	260	180	120	60	180	170	350
C			220	40	190	230	250	150
D			210	90	210	300	240	260
E			180	70	110	20	60	60
F			110	120	180	40	40	50
G			130	120				20
H			60	60				
I			80					
J			110					
K			80					
L			10					

一、分组

全班分成若干小组（每组4~6人），以小组为单位进行市场调查数据分析。每个小组实行组长负责制，各小组成员应明确分工、密切合作，按时独立完成调查数据分析任务（见表4-21）。

表4-21 小组分工表

小组名称	成员姓名	具体分工

二、消费者构成分析

（一）消费者收入分析（见表4-22）

表4-22　　　　　　　　　　　　　　**消费者收入分析表**

收入（万元）	比重（%）
2以下	
2~5	
5~10	
10~15	
15~20	
20~50	
50~100	
100以上	

（二）消费者年龄分析（见表4-23）

表4-23　　　　　　　　　　　　　　**消费者年龄分析表**

年龄（岁）	比重（%）
21~25	
26~35	
36~45	
46~55	
56~65	
66及以上	

（三）消费者职业分析（见表4-24）

表4-24　　　　　　　　　　　　　　**消费者职业分析表**

职业	比重（%）
专业技术人员	
管理人员	
公务员	
销售人员	
家庭主妇	
技工和一般工人	

续表

职业	比重（%）
农民	
服务员	
个体	
学生	
退休人员	
失业人员	

分析结论：＿＿＿＿＿＿＿＿＿＿＿＿＿＿＿＿＿＿＿＿＿＿＿

三、消费者购买服装时关注的因素分析（如图4-17所示）

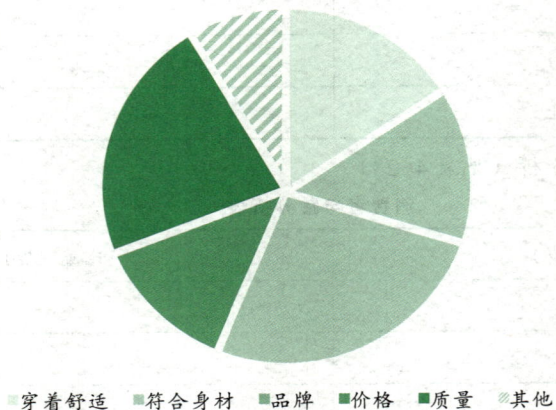

■穿着舒适 ■符合身材 ■品牌 ■价格 ■质量 ▨其他

图4-17 消费者购买服装时关注的因素分析

分析结论：＿＿＿＿＿＿＿＿＿＿＿＿＿＿＿＿＿＿＿＿＿＿＿

四、消费者消费特点分析（如图4-18和图4-19所示）

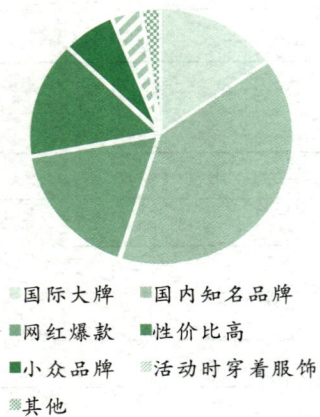

■国际大牌 ■国内知名品牌
▨网红爆款 ■性价比高
■小众品牌 ▨活动时穿着服饰
▨其他

图4-18 购买衣服的主要类型

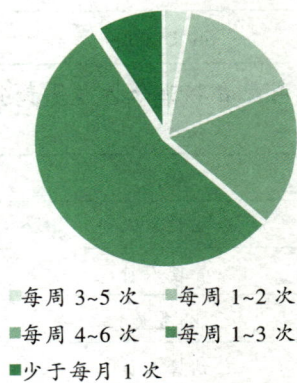

■每周 3~5 次 ■每周 1~2 次
■每周 4~6 次 ■每周 1~3 次
■少于每月 1 次

图4-19 购买衣服的频率

分析结论：＿＿＿＿＿＿＿＿＿＿＿＿＿＿＿＿＿＿＿＿＿＿＿

　　　　　　　　　　　　一叶障目

楚国有个书生，由于生活贫穷，很想找到一条发财的门路。

他读到一本书，书上写道："谁得到螳螂捕蝉时遮身的那片树叶，别人就看不见了。"他信以为真，整天在树下抬头望着。嘿！他终于看到了一只螳螂躲在一片树叶后面，正准备捕捉知了呢！他连忙把那片树叶摘下来。不料，那片树叶掉了下来，混在地上的落叶里，再也辨认不出了。他只好把所有的树叶扫回家，一片一片地试验。他拿树叶遮住自己的眼睛，问妻子："你看得见我吗？"妻子总是说："看得见！"后来，妻子被他问得厌烦了，随口回答了一声："看不见！"他马上带着这片树叶，当面去取人家的东西，结果被人家扭头送到了衙门。县官经过审问，忍住笑，说道："你真是一叶障目，不见泰山呀！"

启示：在进行市场调查分析时，应该全方位地考虑事情的着眼点，如果入手点单一，某些现象或障碍会导致市场调查分析得到的信息没有连续性、全面性，不利于对市场进行充分了解。

任务3　市场调查预测

【任务解析】

经过前期的工作，已经对市场调查资料进行整理和初步分析，但如果要想进一步获得预测数据，还必须以这些资料为基础，运用预测方法，按照市场预测的原理与程序进行科学预测，获得预测数据。

【知识链接】

市场竞争的激烈程度不亚于"战争"，故而人们常说"商场如战场"，因此，商场上许多的战略和谋术也就应运而生。古人云"知己知彼，百战不殆"，从现代的观点来看就是谁能更早地获得信息、更快地处理信息、迅速地做出反应，谁就能做出更加准确的市场预测，谁也就掌握了市场的主动权。

一、市场预测的含义及基本要求

（一）市场预测的含义

市场预测是指在掌握市场信息的基础上，运用科学的理论和方法，对市场有关因素的未来变化发展趋势及其可能水平做出估计和测算，为企业决策提供服务的活动。市场预测的目的是最大限度地减少不确定性对预测对象的影响，为科学决策提供依据。企业生产经营活动离不开市场预测。例如，某企业的产品主要出口到东南亚国家，亚洲金融危机之后，其预测东南亚国家的经济会衰退，对进口商品的需求会缩减。为此其决策，减少出口到东南亚国家的产品数量，积极开拓其他国际市场和国内市场，从而变被动为主动。

正确理解市场预测的概念，应当把握以下几层含义：其一，市场预测的对象是市场有关因素的未来发展趋势和可能的水平，如对某产品未来两年的销售量或市场占有率进行预测。其二，市场预测的依据是市场的历史资料和现在的市场信息。其三，市场预测的目的是把握市场未来需求变化的趋势，为企业经营决策服务。其四，市场预测需要应用科学的方法和知识，如定性预测法中的专家意见法，定量预测法中的移动平均法，还有数理统计知识等。

（二）市场预测的基本要求

市场预测的准确度越高，预测效果越好。然而，由于各种主客观原因，预测不可能没有误差。为了提高预测的准确程度，预测工作应该具有客观性、全面性、及时性、科学性、持续性和经济性等基本要求。

1.客观性

市场预测是一种客观的市场研究活动，但这种研究是通过人们的主观活动完成的。因此，预测工作不能主观随意地"想当然"，更不能弄虚作假。

2.全面性

影响市场活动的因素，除经济活动本身外，还有政治的、社会的、科学技术的因素。这些因素的作用使市场呈现纷繁复杂的局面，预测人员应该具有广泛的经验和知识，能够从各个角度归纳和概括市场的变化，避免出现以偏概全的现象。当然，全面性也是相对的，无边无际的市场预测既不可能也无必要。

3.及时性

信息无处不在、无时不有，任何信息对于经营者来说，既是机会又是风险。为了帮助企业经营者不失时机地做出决策，要求市场预测快速提供必要的信息。过时的信息是毫无价值的。信息越及时，不能预料的因素就越少，预测的误差就越小。

4.科学性

预测所采用的资料，需要经过去粗取精、去伪存真的筛选过程，才能发现预测对象的客观规律。运用资料时，应当遵循近期资料影响大、远期资料影响小的规则。预测模型也应当精心挑选。必要时，还应当先进行试验，找出最能代表事物本质的模型，以减少预测误差。

5.持续性

市场的变化是连续不断的，不可能停留在某一个时点上，相应地，市场预测需要不间断地持续进行。在实际工作中，一旦市场预测有了初步结果，就应当将预测结果与实际情况相比较，及时纠正预测误差，使市场预测保持较高的动态准确性。

6.经济性

市场预测是需要耗费资源的，有些预测项目，由于预测所需的时间较长，预测的因素又较多，往往需要投入大量的人力、物力和财力，这就要求预测工作本身必须量力而行，讲求经济效益。如果耗费过大，效益不高，将使市场预测声誉扫地。如果企业预测所需的成本过高，可以委托专门机构或咨询公司来进行。

二、市场预测的种类

（一）按预测的时间期限不同分类

1.短期预测

预测的时间期限一般在一个季度内，如预测下月冷饮的销售量。它主要为企业日常生产经营计划服务，讲究预测的时效性。

2.近期预测

预测的时间期限一般在一年内，如预测明年某产品的市场需求量。它为企业制订年度生产或经营计划服务，为采购原材料等生产要素、组织货源提供依据。

3.中期预测

预测的时间期限一般在1年以上、5年以内。它为企业制定中期发展规划提供依据。

4.长期预测

预测的时间期限一般在5年以上。它为企业发展的长远规划提供依据。

（二）按预测的角度范围不同分类

1.宏观市场预测

宏观市场预测是对整个国民经济发展前景和整个社会经济活动趋势的预测。宏观市场预测的主要内容有：国内生产总值及其增长态势、物价总水平及其变动、商品零售总额、商品需求总量、基本建设投资规模及其增长程度、新技术和新产品发展动向、消费结构变化等。

2.微观市场预测

微观市场预测主要是指企业对产品的市场需求量、销售量、市场占有率等内容的预测。微观市场预测的内容比较具体、细致，对指导企业的生产、经营活动有着直接的影响和作用。

（三）按预测的商品对象不同分类

1.单项商品预测

单项商品预测是对某种品牌、规格、花色、款式等具体商品市场需求量或销售量的预测。例如，对彩电各种品牌的需求预测。单项商品预测仍需要分解和具体化，单项商品预测是十分具体、细微的工作。

2.同类商品预测

这是对某一类别商品的市场需求量或销售量的预测。大的类别有生产资料的预测与生活资料的预测。每一类别又可分为较小的类别层次，如生活资料类可分为食品类、衣着类、日用品类、家电类等。按不同的用途与等级，上述各类生活资料还可分为更具体的类别层次，如家电类可分为电视类、音响类、冰箱类、微波炉类等。

3.目标市场预测

按不同的消费者与消费者群体的需要划分目标市场，是市场经营策略与经营决策的重要依据。目标市场预测可分为中老年市场预测、青年市场预测、儿童市场预测、男性市场预测等。

4.市场供需总量预测

市场供需总量可以是商品的总量，也可以用货币单位表示商品总额。这类预测的目的是为实现社会有支付能力的货币需求与商品供应总量上的平衡及为调节供求关系决策提供依据。

（四）按预测方法的不同性质分类

1.定性市场预测

定性市场预测是依据一定的经济理论和实践经验，对市场未来的状态与趋势做出的综合判断。定性市场预测是基于事实与经验的分析判断，其无须依据系统的历史数据建立数学模型。

2.定量市场预测

定量市场预测是基于一定的经济理论与系统的历史数据，建立相应的数学模型，对市场的未来状态与趋势做出定量的描述，为各项预测指标提供量化的预测值。

三、市场预测的内容

市场预测的内容丰富而广泛，概括起来有以下几个方面：

（一）市场需求预测

市场需求预测是对消费者、用户在一定时间和市场范围内的商品需求的预测。它主要包括商品需求量预测、商品需求变化预测和社会购买力及投向变化预测。市场需求预测是市场预测最重要的预测内容，也是企业最关注的问题。

商品的需求量预测包括消费品需求量和生产资料需求量这两个方面的预测。

1.消费品需求量的预测

其主要预测消费者及社会集团对消费品需求量，也包括对主要消费品需求量的预测。首先，要预测消费者平均消费水平和消费总量。其次，要做好社会集团对消费品需求量的预测。社会集团如政府机关、企事业单位，也是消费的主体。再次，要做好对各种主要消费品需求量的预测。这种预测要落实到对各种主要消费品的品牌、规格、品种的预测。

2.生产资料需求量的预测

其主要预测物质生产部门对生产资料未来的需求量，分析影响需求变化的原因及其变动趋势。从工业生产资料市场需求预测来看，其包括工业发展规模、结构变化、基础设施建设投资、劳动生产率、技术进步、固定资产使用年限、管理水平等方面的预测；从农业生产资料市场需求预测来看，其包括对可耕地面积、农业内部结构变化、农民收入水平、农业贷款、农用生产资料价格、农业新产品和新技术的发展等方面的预测。

（二）市场供求关系和价格变化的预测

1.市场商品供给量及其变化预测

市场商品供给量是指在一定时期内可以投入市场以供出售的商品资源总量。市场商品供给量及其变化预测，就是对市场商品资源总量及其构成、各种具体商品市场供给量及其变化趋势的预测。市场商品供给量拥有两个来源：一是我国国内企业生产的商品，二是从国外进口的商品。因此，对商品供给量的预测，就是要对国内企业商品生产能力和商品生产数量进行预测，还要对进口商品的数量、商品结构及其变化趋势进行预测。

2.市场商品供求关系及其变化预测

在市场激烈竞争的条件下，商品供求关系总是处于不断变动之中。供求关系变动有三种情况：供不应求；供大于求；供求平衡或基本平衡。市场商品供求关系及其变化预测，就是要预测商品供求关系的未来趋势是供求平衡，还是供大于求，或是供不应求，以及其程度。它包括预测社会商品总体的供求关系趋势，也包括预测某一具体商品的供求关系趋势。商品供求关系及其变化预测对于企业来说十分重要，只有事先预测某一商品的供求关系变化，才能未雨绸缪，根据市场变化组织生产经营活动，适应市场需要。

3.商品价格变化的预测

市场供求关系变化必然会引起商品价格变化，而商品价格变化直接关系到企业的利润。商品价格变化的预测，主要是预测消费品和生产资料价格变化的趋势。尤其要重视对关系国计民生的重要生活资料和生产资料价格变化趋势的预测。

（三）科学技术发展影响的预测

科学技术发展影响的预测，就是要预测科学技术未来的发展对行业技术发展的影响，对企业产品开发、生产工艺、材料、设备等的重大影响，以及对企业其他经营活动的影响。众所周知，科学技术本身拥有强大力量，能够迅速淘汰旧的产品和旧的工艺，甚至一个工业部门。科学技术的发展，新技术、新工艺、新材料的推广应用，对企业商品性能、质量、销售、成本、定价等都有着重要影响。企业要想取得经营上的成功，就必须预测科学技术发展可能引起的后果和问题，可能带来的机遇或挑战，必须十分关注本行业产品的技术状况及科技发展趋势。

企业只有高度重视科技发展影响的预测，才能使企业的生产技术、经营活动紧跟世界科技潮流，在竞争中处于优势地位。例如，企业加强对本行业产品技术状况及发展前景的预测，就可以加速对新产品、新工艺、新材料和新能源的开发和利用，推陈出新，升级换代，将企业运行建立在科技进步的基础上。

（四）企业经营能力和经营效益的预测

企业经营能力的预测，主要是对企业研究发展能力、销售能力等的预测。企业研究发展能力的预测，主要包括市场调研能力、技术创新能力、管理协调能力、经营决策能力等方面的预测。企业销售能力的预测，主要有拓宽销售渠道能力、促销技术能力、销售服务能力等方面的预测。

企业经营效益的预测，主要是预测企业的经济效益和社会效益。企业经营的目的就是以较少的投入获取较大的收益。企业经济效益的预测，是对未来一定时期内企业生产经营活动所取得的经济效益与劳动耗费进行预测，如企业投资效益预测。企业社会效益的预测，是对未来一定时期内企业从事市场营销活动的结果给社会宏观效益所带来的影响的预测。社会效益是指企业经营行为是否有益于消费者身心健康，是否有益于环境保护等。一个好的企业，不仅要有良好的经济效益，也要有良好的社会效益。

（五）市场占有率的预测

市场占有率的预测，是预测某企业生产或营销的某种商品，在该种商品的总生产量或总销售量中所占的比重。在现代社会生产中，绝大多数的商品都是由多家企业共同生产和营销的。企业注重对市场占有率的预测，能够促进企业在组织生产或营销中，提高经营管理水平，提高生产产品的质量和营销产品的质量，促使企业采用先进的生产技术和灵活多样的促销手段。

市场预测除了上述内容以外，同行竞争趋势的预测、消费者心理行为的预测、产品市场生命周期的预测、市场营销发展趋势的预测等，都是市场预测的重要内容。

四、市场预测的作用

同市场调查一样，市场预测与企业生产、经营活动密切相关。市场预测在企业生产、经营活动中有着多方面的重要作用。

（一）市场预测有利于企业做出正确的经营决策

经营决策是否正确是一个企业成败与兴衰的关键，而正确的决策则要以科学的市场预测为前提。市场预测能够为企业经营决策提供必要的市场经济信息，为决策方案制订提供科学的依据。市场预测是企业正确决策的充分必要条件。这是因为市场预测是以市场历史、现实发展过程的事实材料为基础，借助预测理论与方法探索未来，对市场活动未来发展趋势做出预计，减少对市场活动认识的不确定性，针对解决决策关心的主要市场问题（市场变量），如市场需求、商品销售、价格、市场占有率、产品生命周期等的发展变动趋势与可能达到的水平做出定性和定量的估计，为制订解决问题的方案及方案论证的比较选择提供科学的依据。市场预测是对未来市场的变量不确定性、发展前景做出表述和预计，市场预测得到的未来市场信息越准确、可靠，企业经营决策正确性的把握就越大。

（二）市场预测有利于企业主动适应市场变化，提高企业竞争力

市场是千变万化的，今天的市场不等于就是明天的市场。企业要提高竞争力，就不仅要关心研究现有的市场，还要关心研究未来的市场。市场预测就是对未来市场需求的估计和判断。因此，要使企业在竞争中得到发展，必须通过市场预测活动，随时了解市场上各种商品的供求变动状况及其趋势，随时把握消费者潜在需求，自觉地指导企业正确选择或调整生产经营方向，选择新产品开发，采取经营对策，促使产品及时打入并占领市场，不断扩大产品销售，提高市场占有率。只有这样，企业才能更好地适应市场变化，提高企业竞争力。

（三）市场预测有利于企业提高经营计划的科学性和经济效益

企业全部生产经营的核心是提高经济效益。企业生产经营活动能否不断取得理想的经济效益，与企业经营计划是否科学有着直接关系。搞好经营的基础之一，就是积极做好市场预测工作。企业应该生产经营哪些产品，数量多少，开发什么新产品，投入资源多少，产品定价多少，如何销售，这些问题的解决都要依赖市场预测。配备了落后的生产设备，采购了不适合的原材料，就可能使生产经营的产品不符合市场变化的需求而导致产品积压，企业经营亏损；或者出现产品供不应求，造成脱销，既影响社会需要，也不利于企业提高经济效益。

在市场调查的基础上，通过市场预测，可以了解商品需求的变化及其发展趋势，并根据商品需求的预测制订企业生产经营计划，促使产销的紧密结合，产品适销对路，企业才能获得良好的经济效益。

五、市场预测的原理和程序

（一）市场预测的原理

市场之所以可以被预测，是因为人们通过长期的认识，积累起丰富的经验和知识，可以逐步了解市场变化规律；凭借各种先进的科学手段，根据市场发展的历史和现状，推演市场发展的趋势，做出相应的估计和推测。具体而言，市场预测需要以下几点基础理论作为指导：

1.惯性原理

任何事物的发展在时间上具有连续性，表现为特有的过去、现在和未来这样一个过程。没有一种事物的发展与其过去的行为没有任何联系，过去的行为不仅影响到现在，还会影响到未来。因此，可以从事物的历史和现状推演出事物的未来。市场的发展也有一个过程，在时间上也表现为一定的连续性。尽管市场信息瞬息万变，但这种发展变化在长期的过程中也有一些规律性，如竞争规律、价值规律等，这些规律可以被人们所认识，惯性原理是时间序列分析法的主要依据。

2.因果原理

任何事物都不可能孤立存在，都是与周围的各种事物相互制约、相互促进的。一个事物的发展变化，必然影响到其他有关事物的发展变化。例如，一个国家在一定时期内采用某种特定的经济政策，势必对市场发展产生某种影响，这时的政策是"因"，市场变化情况是"果"。经过一定的时间，国家根据市场发展变化的新情况，制定新的经济政策刺激市场，或是稳定市场、限制市场，甚至改变市场发展方向等，这时市场情况成为"因"，经济政策又变为"果"。当然，一因多果或一果多因的现象经常出现，但有其因就必有其果，这是规律。因此，从已知某一事物的变化规律，推演与之相关的其他事物的发展变化趋势，是合理的，也是可能的。

3.类推原理

许多事物相互之间在结构、模式、性质、发展趋势等方面客观存在着相似之处。根据这种相似性，人们可以在已知某一事物的发展变化情况的基础上，通过类推的方法推演出相似事物未来可能的发展趋势。采用类推法进行预测的关键是分析样本之间是否存在相同或相似之处，相同或相似的程度越高，采用该方法预测的效果就越好。

（二）市场预测的程序

市场预测的程序就是开展预测工作的步骤，其是提高预测工作的效率和质量的重要保障。完整的预测工作一般包含以下几个步骤：

1.确定预测目标

由于预测的目标、对象、期限、精度、成本和技术力量等不同，预测所采用的方法、资料数据收集的方法也有所不同。确定预测目标，就是要明确预测的目的、要求。其具体包括要确定预测对象、预测项目、预测的空间范围和时间要求。预测目标应当尽量具体、详尽，不能含糊、抽象。其既关系到整个预测活动的成败，又关系到预测中其他步骤的开展，如收集什么样的资料、采用什么样的预测方法，以及如何制订该项预测的具体工作计划和进度等。

确定了预测目标，就使整个市场预测工作有了明确的方向和内容。例如，某地区为制定小轿车生产行业长远规划，开展了该地区家庭小轿车需求预测。该项预测目标明确，预测对象是小轿车，预测项目涉及居民家庭小轿车的需求量预测、影响居民小轿车需求的各种因素（如收入水平）的预测。该项预测属于长期的市场预测。对企业而言，预测目标的确定，应当根据企业生产经营管理的需要，服从企业经营决策的要求。开展目标分析，也就是运用系统观点，逐步把握目标和外部环境之间的依存关系。

2.收集资料

科学的市场预测，必须建立在掌握充分的市场资料的基础上。预测目标确定后，就要围绕预测目标，广泛收集各种历史和现实资料。市场资料众多，在预测中应当收集什么样的资料，完全由预测目标来决定。市场预测所需的资料有两类：一类是关于预测对象本身的历史和现实资料，如某地区家庭近年来购买小轿车的统计资料。另一类是影响预测对象发展过程各种因素的历史和现实资料，如影响居民家庭购买小轿车的因素资料有收入状况及变化资料、小轿车价格变动资料、城市道路发展变化资料等。

围绕市场预测目标，收集市场资料，力求收集资料的完整性、可靠性、准确性和适用性。收集历史资料和收集现实资料，在内容和方法上有所不同。历史资料包括企业已经建档和各级政府统计机构发布或经报刊、会议文件等其他途径发布的各种经济与社会发展资料，包括宏观的、中观的与微观的各种历史统计资料，如人口状况、就业与人均收入的变化情况、社会购买力、货币流通量、商品生产与销售情况、企业经营的各种业务数据和财务数据等。从历史资料的分析中，可以认识与揭示预测对象发展变化规律，进而推测未来。历史资料主要通过文献调查法来获得。

3.分析判断资料

分析判断是指对收集的历史和现实资料进行综合分析，对市场未来的发展变化趋势做出判断，为选择预测方法和建立预测模型提供依据。分析判断的内容是多方面的：

（1）分析各种市场影响因素对市场未来需求的影响。一是要分析国家方针、政策和经济形势对市场未来需求的影响，如基建投资规模和房地产业的发展与建材需求密切相关。二是要分析进出口贸易对市场未来需求的影响，如进出口商品的规模与结构对国内商品的需求量和需求结构有着直接的影响。三是要分析居民的收入水平和消费结构变化对市场未来需求的影响，如居民的消费结构变化直接决定市场需求的结构。四是要分析产品之间的替代关系和依存关系对市场未来需求的影响，如空调和电风扇两类产品是可以相互替代的，哪一类产品生产销售的变化都会影响到另一类产品的生产销售。

（2）分析预测期内生产、供应和销售关系及其变化。这方面的分析主要包括：分析商品供需关系及其变化，即社会商品供应是否能够满足市场需求，供需关系将发生何种变化；分析各种企业生产、销售的商品结构是否与消费者、用户需求结构相适应；分析商品流通渠道是否适合商品销售和满足消费者购物需要；分析各类产品的生产、供应是否与销售相脱节等。

（3）分析消费心理、消费倾向等对市场未来需求的影响。其主要分析消费者的消费心理、消费倾向、消费行为、价值观念等变化对市场未来需求的影响。随着我国逐步进入小康社会，人们对健康日益重视，可以预测各种健身用品的需求量将越来越大。

4.选择预测方法，建立预测模型

市场预测需要依赖预测方法。根据预测目标，在对有关资料进行分析判断后，就要选择预测方法。市场预测方法有很多，但并不是每个预测方法都适合所有被预测的问题。预测方法的选用是否得当，将直接影响预测的精确性和可靠性。根据预测的目的、费用、时间、设备和人员等条件选择合适的方法，是预测成功的关键。

如何选择预测方法，一般应从以下几个方面考虑：

第一，根据预测目标和要求，选择预测方法。预测方法要服从于预测目标和预测要求。例如，预测项目是短期和近期的，一般选用集合意见法、市场调研预测法、移动平均法、指数平滑法等。预测项目是中长期的，一般采用趋势延伸法、回归分析法、德尔菲法等。若预测目标用于企业战略性决策，一般采用适合中、长期预测的方法；若预测目标用于企业部门的短期决策，可以采用适合近、短期预测的方法。

第二，根据预测对象商品本身的特点，选择预测方法。不同的预测对象商品，具有不同的属性及其内在的变化特点。例如，服装、儿童玩具、家用电器类商品，一旦被社会所接受，其发展速度相当迅速，但更新淘汰速度也很快，因此，其不宜采用趋势延伸法，而市场调研预测法较为适宜。像空调、冷饮等季节性商品，一般采用季节指数法进行预测最为合适。像香皂、毛巾等日用品，可以采用移动平均法、指数平滑法等进行预测。此外，还应考虑预测的条件和基础。

预测方法的选择必须建立在切实可行的基础上。各种新的预测方法层出不穷，在实际中还是要受数据资料、经费、人力、设备等方面条件的制约。因此，选择预测方法时需要考虑是否具备相应的各种条件。

预测模型与预测方法是紧密联系在一起的。确定了预测方法，也就确定了预测模型。建立预测模型，就是指依据预测目标，应用预测方法建立起来的数学模型。建立预测模型，应当注意以下问题：

第一，在满足预测目标和要求的前提下，尽可能使预测模型简单化；

第二，在应用预测模型时，要对模型进行必要的检验，以判断模型是否适用；

第三，当预测模型不够科学时，应当及时进行修正。

5.做出预测结论

这是市场预测工作的最后一个阶段，包括两个环节：

（1）利用预测模型计算出预测值。根据具体的数学模型，输入有关数据资料，经过运算，求出预测值。

（2）评价预测值的合理性，最后确定预测结论。利用预测模型计算出来的预测值，只是初步预测的结果。由于种种原因，预测值和实际情况之间总是存在一定的偏差，这就是预测误差。因此，在确定最后预测结论时，一般需要对预测的误差做出估计，预测误差实质上是对预测模型精确度的直接评价，决定着对模型是否认可，是否需要做出修正。如果预测误差较小，符合预测要求，最后就可以确定预测结论，即确定最终的预测值。

需要指出的是，为了保证预测值的准确性，在市场预测中，常常要同时采用不同的预测方法与预测模型，并对其预测结果进行比较分析，进而对预测值的可信度做出评价，以确定最符合实际的预测值。

6.编写预测报告

预测报告是对预测工作的总结，也是为使用者提供的结果。预测结果出来之后，要及时编写预测报告，报告的内容除应列出预测结果外，一般还应包括资料的收集与处理过程、选用的预测模型及对预测模型的检验与预测结果的评价（包括修正预测结果的理由和修正的方法），以及其他需要说明的问题等。预测报告的表述，应当尽可能利用统计图表及数据，做到形象直观、准确可靠。

六、市场预测的方法

市场预测的方法多达上百种，按预测方法性质、作用的不同，可以分为定性预测法和定量预测法。

（一）定性预测法

定性预测法是指预测者通过市场调查掌握有关资料，依靠个人实践经验、知识和分析能力，对市场未来变化的趋势和性质做出判断，再以判断为依据做出量的测算。定性预测法也称判断分析预测法。定性预测法的应用，主要取决于预测者掌握的实际资料、个人经验、知识和分析判断能力。

定性预测法主要包括集合意见法、专家意见法、市场调研预测法、消费水平预测法等。运用这些方法，不需要高深的数学知识。在缺乏必要的历史资料，掌握的信息数据不全面、不准确，对主要影响因素难以定量和建立数学模型时，定性市场预测就是一种行之有效的市场预测方法。例如，对新建企业生产经营发展前景的预测、新产品生产销售前景的预测，由于缺少必要的历史信息数据，以采用定性预测法为宜。

定性预测法的优点是：需要的资料数据和经费较少，比较简便易行；能够考虑不能定量因素的影响，综合性强；可以利用预测者的丰富经验、业务理论水平、掌握的实际情况和分析判断能力，进行比较切合实际的预测。

定性预测法的缺点是：经验判断有一定的局限性，以定性判断为主，数量估计粗略；预测者由于业务理论水平、实践经验和分析判断能力差异，再加上易受心理情绪影响，预测时包含的主观因素较多。尽管如此，简便易行的定性预测法在市场预测中仍然占有重要地位。

1.集合意见法

微课 4-12

集合意见法

集合意见法是指企业内部经营管理人员、业务人员凭借自身的经验判断，对市场未来需求趋势提出个人的预测意见，再集合大家的意见做出市场预测的方法。集合意见法是短期或近期的市场预测中常用的方法。企业经营管理人员和业务人员在日常工作中，积累了丰富的经验，掌握了大量的实际资料，非常熟悉市场需求的变化情况，对其意见进行充分调查并加以集中，可以对市场的未来情况做出预测。集合意见法是由企业集合有关人员收集到的市场情报、资料、数据，运用科学的思想方法和数学运算手段对预测目标进行分析与讨论，判断市场未来发展趋势的一种方法。

集合意见法的主要操作步骤如下：

第一步，预测组织者根据企业经营管理的要求，向参加预测的有关人员提出预测项目和预测期限的要求，并尽可能提供有关背景资料。

第二步，有关人员根据预测要求及掌握的背景资料，凭借个人经验和分析判断能力，提出各自的预测方案。在此过程中，预测人员应当进行必要的定性分析和定量分析。

定性分析主要是分析历史上生产销售资料、目前市场状态、产品适销对路的情况、商品资源和流通渠道的情况及变化，消费心理变化、顾客流动态势等。

定量分析主要是确定未来市场需求的几种可能状态（如市场销路好或市场销路差的状态），估计各种可能状态出现的主观概率，以及每种可能状态下的具体销售值。

第三步，预测组织者计算有关人员预测的方案期望值。方案期望值等于各种可能状态主观概率与状态值的乘积之和。

第四步，将参与预测的有关人员分类，如厂长（经理）类、管理职能科室类、业务人员类等，计算各类综合期望值。综合方法一般采用平均数、加权平均数或中位数统计方法。

第五步，确定最后的预测值。预测组织者将各类人员的综合期望值通过加权平均法等计算出最后的预测值。

【例4-8】

某家电厂商为了预测明年的产品销售额，要求经理和业务科、计划科、财务科及营销人员做出年度销售预测。

运用集合意见法预测的具体步骤如下：

第一步：各位经理、科室负责人和营销人员分别提出各自的预测方案意见，具体见表4-25至表4-27。

表4-25 经理预测方案

经理	销售估计值						期望值	权数
	销售好	概率	销售一般	概率	销售差	概率		
甲	500	0.3	420	0.5	380	0.2	436	0.6
乙	550	0.4	480	0.4	360	0.2	484	0.4

表4-26 科室负责人预测方案

科室人员	销售估计值						期望值	权数
	销售好	概率	销售一般	概率	销售差	概率		
业务	600	0.5	400	0.2	360	0.3	488	0.3
计划	540	0.4	480	0.3	340	0.3	462	0.3
财务	580	0.3	440	0.3	320	0.4	434	0.4

表4-27 营销人员预测方案

营销人员	销售估计值						期望值	权数
	销售好	概率	销售一般	概率	销售差	概率		
A	480	0.3	400	0.5	300	0.2	404	0.4
B	520	0.3	440	0.4	360	0.3	440	0.3
C	540	0.2	420	0.5	380	0.3	432	0.3

在上述表格中，未来的市场销售前景有三种可能性：销售好、销售一般、销售差，每一种可能性发生的机会称为概率。例如，销售好的概率为0.3，即指销售好发生的可能性有30%。销售好、销售一般、销售差三种可能性的概率之和等于1。

对于表格中的权数，不同人员由于在企业中的地位不同、权威性不同，其预测意见的影响力也不同，如经理甲是正经理，经理乙是副经理，显然，经理甲的权威性大于经理乙的权威性，因此，经理甲的权数应该大于经理乙的权数。例如，经理甲的权数为0.6，经理乙的权数为0.4，也可以是0.7和0.3，具体数字由预测人员主观确定。其他人员的权数确定也一样，凡是权威性大的人员，其权数也就大。

第二步：计算各类预测人员的方案期望值。

方案期望值等于各种可能状态下的销售值与对应的概率乘积之和。

例如，经理甲的方案期望值为：500×0.3+420×0.5+380×0.2=436（万元）

业务科人员的方案期望值为：600×0.5+400×0.2+360×0.3=488（万元）

营销人员甲的方案期望值为：480×0.3+400×0.5+300×0.2=404（万元）

其他人员的方案期望值依此计算，并填入表中。

第三步：计算各类预测人员的综合预测值。

即分别求出经理类、科室人员类、营销人员类的综合预测值（四舍五入删除小数点）。

经理类综合预测值为：436×0.6+484×0.4=455（万元）

科室人员类综合预测值为：488×0.3+462×0.3+434×0.4=459（万元）

营销人员类综合预测值为：404×0.4+440×0.3+432×0.3=423（万元）

第四步：确定最后预测值。

即对三类人员的综合预测值采用加权平均法再加以综合计算。由于三类人员综合预测值的重要程度不同，所以，应当给予三类人员综合预测值不同的权数。假定：

经理类权数为：0.5

科室人员类权数为：0.3

营销人员类权数为：0.2

则有，最后预测值为：455×0.5+459×0.3+423×0.2=449（万元）

从预测的结果来看，综合预测值低于管理人员类和科室人员类的预测值，高于营销人员类的预测值，这说明集合意见法本身是个人的主观判断，上述三类人员的预测也是分别从各自的角度出发进行的，难免出现过于保守或乐观的情况。这就要求在最终确定预测值之前，要对综合预测值进行必要的调整，通过召开会议，互相交流看法，互相补充意见，从而克服主观上的局限性，在充分讨论和综合各方意见的基础上，由预测组织者确定最终的预测值。

2.专家意见法

专家意见法是一种应用范围十分广泛的预测方法。它是依靠专家的知识、经验和分析判断能力，对过去发生的事件和历史信息资料进行综合分析，从而对未来的发展做出判断预测。

专家意见法一般在缺乏历史资料或历史资料不全面，并且既要有质的分析，又要有量的分析时采用。它特别适合于对新产品及更新换代产品的预测。专家意见法包括专家会议法和专家小组法。

微课 4-13

专家意见法与德尔菲法

（1）专家会议法

专家会议法是邀请有关方面的专家，通过会议的形式，对市场未来需求趋势或企业某个产品的发展前景做出判断，并在专家分析判断的基础上，综合专家的意见，进行市场分析预测的方法。

采用专家会议法分析市场发展趋势，应当进行以下操作：

①选择专家。专家会议法预测能否取得成功，在很大程度上取决于专家的选择。专家的选择应当依据以下要求：

第一，专家要有丰富经验和广博知识。专家一般应当具有较高学历，拥有丰富的与预测课题相关的工作经验，思维判断能力敏锐，语言表达能力较强。

第二，专家要有代表性。即包含各个方面的专家，如市场营销专家、管理专家、财务专家、生产技术专家等，不能局限于一个部门。

第三，专家要有一定的市场调查和预测方面的知识和经验。

②召集专家会议。

第一步，做好会议的准备工作。其包括确定会议的主题，确定合适的主持人，选好会议的场所和时间，确定会议的次数，准备会议的记录分析工具。

确定主持人对于会议的成功与否起着非常重要的作用，要求其具有丰富的调查经验，掌握与讨论内容相关的知识，并能够影响或引导会议的进程和方向。

第二步，邀请专家参加会议。邀请出席会议的专家人数不宜过多，一般为8~12人最好，要尽量包含各个方面的专家，应该独立思考，不受某个权威意见的左右。

第三步，控制好会议的进程。会议主持人提出预测题目，要求大家充分发表意见，提出各种各样的方案。会议主持人不应谈及自身的设想、看法或方案，以免影响与会专家的思路。对专家所提出的各种方案和意见，不应持否定态度，均应表示肯定和欢迎。

在这一步骤中，需要强调的是会议上不应批评他人的方案，应该打开思路，畅所欲言，方案多多益善，气氛民主热烈。同时，要做好会议的记录工作，可以由主持人边提问边记录，也可以由助手进行记录，还可以通过录音、录像的方法记录。

第四步，在会议结束后，主持人再对各种方案进行比较、评价、归类，最后确定出预测方案。

　　另外，为了使专家会议法更有成效，会议之前应当进行一定的调查研究，提供相关的资料，如市场动态资料，不同厂家所生产的同类产品的质量、性能、成本、价格对比资料，以及同类产品的历史销售资料等。同时，会议之前还需要做一些组织准备工作。组织准备工作包括如何选择专家，如何让专家充分发表意见。在专家会议上，会议主持人应该允许与会者畅所欲言，各抒己见，自由讨论；召集会议的预测者不应发表可能影响会议的倾向性观点，只是广泛听取意见。在充分讨论的基础上，综合各位专家的意见，形成有关市场未来变化发展趋势或某一产品未来需求前景的预测结果。

　　③选择专家会议的形式。专家会议法根据会议的程序和专家交换意见的要求，分为下列三种具体的形式：

　　第一种，非交锋式会议。在这种方法中，参与的专家均可以独立地、任意地发表意见，无须携带发言稿，以便充分发挥灵感，鼓励创造性思维。但是，不与争论，不批评他人意见。这种非交锋式会议的方法，也称为头脑风暴法。

　　第二种，交锋式会议。其是与会专家均可以围绕预测的问题，各抒己见，直接争论，经过会议达成共识，做出一个较为一致的预测结论。

　　第三种，混合式会议。其又称为质疑头脑风暴法，是交锋式与非交锋式会议的混合使用。第一阶段实施头脑风暴法；第二阶段对前一阶段提出的各种想法意见进行质疑，在质疑中争论、批评，也可以提出新的设想，不断交换意见，互相启发，最后取得一致的预测结果。

　　专家会议法的优点是：其将一些专家集合成一个小组，由主持人对他们同时进行访谈，这会比个人的访谈产生更多、更全面的信息和观点；与会专家能够自由发表意见，各种观点能够互相启发、借鉴，有利于集思广益，有利于预测意见得到修改、补充和完善；同时，节省时间，节省费用，应用灵活方便。

　　专家会议法的缺点是：与会人员的意见容易被个别权威专家的意见所左右；由于与会人员的个性和心理状态，其有时不愿发表与众不同的意见，或出于自尊心不愿当场修改已经发表的意见。因此，会议最后的综合意见，可能并不完全反映与会专家的全部正确意见。但是，在难以进行量化分析的情况下，专家会议法仍然不失为一种很有价值的预测方法。

　　（2）专家小组法

　　专家小组法又称为德尔菲法，其是采用背对背的通信方式征询专家小组成员的预测意见，经过几轮征询，使专家小组的预测意见趋于集中，最后做出符合市场未来发展趋势的预测结论。德尔菲法是为了克服专家会议法的缺点而产生的一种专家预测方法。在预测过程中，专家彼此互不相知、互不往来，这就克服了专家会议法中经常发生的专家不能充分发表意见、权威人物意见左右他人意见等缺点，各位专家能够真正充分地发表自己的预测意见。

　　①选择德尔菲法。其适合在以下情况下发挥作用：

　　第一，缺乏足够的资料。企业在市场预测中，由于没有历史资料或历史资料不完备，难以进行量化分析时，适合采用德尔菲法。

第二，进行长远规划或大趋势预测。长远规划和大趋势预测，因为时间久远，不可控制的变量过多，进行具体的量化非常困难，也不准确，这时采用德尔菲法是一个不错的选择。

第三，影响预测的因素过多。预测事件的变化总是会受到很多因素的影响，假如某事物受到影响的因素过多，就比较适合采用德尔菲法。

第四，主观因素对预测的影响较大。当预测事件的变化主要不是受技术、收入等客观因素的影响，而是受政策、法规等主观因素的影响时，适合采用德尔菲法。

②德尔菲法的操作步骤。其包括：

第一步，确定预测题目，选定专家小组。确定预测题目即明确预测的目的和对象，选定专家小组则是决定向谁做出有关的调查。这两点是有机地联系在一起的，即被选定的专家必须是对确定的预测对象具有丰富知识的人员，既包括理论方面的专家，也包括具有丰富实际工作经验的专家，这样组成的专家小组，才能对预测对象提出可信的预测值。专家人数一般为 10 ~ 20 人。

第二步，制定征询表，准备有关材料。预测组织者要将预测对象的调查项目，按次序排列绘制成征询表，准备向有关专家发送。同时，还应将填写要求和说明一并设计，使各位专家能够按统一要求做出预测值。

制定征询表时，应当注意以下几个要点：征询的问题要简单明确，使人容易回答；问题数量不宜过多；问题的回答要尽量接近专家熟悉的领域，以便充分利用专家的经验；表中还要提供较为详细的背景材料，以供专家参考。

第三步，采用匿名方式进行多轮函询，具体如下：

第一轮：预测组织者将预测课题、征询表和背景材料，邮寄给每位专家，要求专家一一作答，提出个人的初步预测结果。

第二轮：预测组织者将第一轮汇总整理的意见、预测组的要求和补充的背景材料反馈给各位专家，进行第二轮征询意见。

专家在接收到第二轮资料后，可以了解其他专家的意见，并由此做出新的预测判断。专家既可以修改原有的意见，也可以仍然坚持第一轮意见，并将第二轮预测意见按期寄送给预测组织者。

第三轮：预测组织者将第二轮汇总整理的意见、补充材料和预测组的要求反馈给各位专家进行第三轮征询意见。要求每位专家根据收到的资料，发表第三轮预测意见，专家将第三轮意见（修改的或不修改的）再次按期寄回。

这样，经过几次反馈后，各位专家对预测问题的意见将会逐步趋于一致。

第四步，运用统计分析方法对专家最后一轮预测意见加以处理，做出最后的预测结论。

采用德尔菲法征询专家意见，一般要求在三轮以上，只有经过多次征询，专家的看法才能更加成熟，并使预测意见趋于集中。采用统计分析方法处理专家的预测数据，得出最终的预测值，一般采用平均数法和中位数法。

采用平均数法，就是用专家所有预测值的平均数作为综合的预测值。

采用中位数法，就是用所有预测值的中位数作为最终的预测值。

【例4-9】

某企业市场环境发生了变化，对明年家电产品的销售量预测难以确定，因而聘请了10位专家，采用德尔菲法进行预测，具体数据见表4-28。

表4-28   专家预测意见统计表   单位：万台

专家意见	1	2	3	4	5	6	7	8	9	10
第一轮	70	80	75	52	75	45	50	60	54	63
第二轮	70	75	73	55	65	47	54	65	60	63
第三轮	70	73	70	62	72	55	58	68	63	65

从表4-28中不难看出，在发表第二轮预测意见时，大部分专家都修改了自己的第一轮预测意见，只有编号为1和编号为10的专家坚持了自己的第一轮预测意见。专家发表第三轮预测意见时，情况也是如此。经过三轮征询后，专家预测值的差距在逐步缩小，在第一轮征询中，专家最大预测值80与最小预测值45，相差35万台；在第二轮征询中，专家最大预测值75与最小预测值47，相差28万台；在第三轮征询中，专家最大预测值73与最小预测值55，仅相差18万台。

采用平均数法确定最终预测值：

$(70+73+70+62+72+55+58+68+63+65)\div10=65.6$（万台）

即预测家电产品明年销售量为65.6万台。

采用中位数法确定最终预测值：

首先，对表4-28中专家的第三轮预测值，按其数值从小到大排列：

55，58，62，63，65，68，70，72，73（有两个70，舍去1个）

其次，确定中位数所在位置：

$10\div2=5$

因此，第5个数据为中位数。

即预测家电产品明年销售量为65万台。

（二）定量预测法

微课 4-14

定量预测法

定量预测法是指预测者在掌握比较充分的资料的基础上，运用数学知识和方法，对市场未来的变化趋势做出数量估计和测算。定量预测法有两个特点：一是依靠历史资料数据，重视数据作用和定量分析；二是建立一定的数学模型，作为定量预测的工具。

定量预测法是将数学统计知识与市场预测实践相结合而形成发展起来的。定量预测法分为以下两类：

1.时间序列分析法

时间序列分析法是以事物的时间序列数据为基础，运用一定的数学方法建立数学模型描述其变化规律，以其向外延伸来预测市场未来的发展变化趋势及可能水平。这类方法的应用是以假设事物过去和现在的发展变化规律会延续到未来为前提，其撇开对事物发展变化过程因果关系的具体分析，直接从时间序列统计数据中寻找事物发展的演变规律，建立模型，据此预测未来。在量化的分析预测方法中，时间序列分析法涉及的数学知识比较简单，方法较为直观，在实际中经常被采用。

通常情况下，事物的发展变化呈现出一定的趋势，这种趋势还可能进一步延续。时间序列分析法是指通过对调查数据的统计和计算分析，得到一定的结果，用其来描述和评价调查现象的数量特征和规模，预测出市场未来的发展趋势。时间序列分析法包括简单平均法、移动平均法、指数平滑法和季节指数法。

（1）简单平均法

简单平均法就是将一定观察期内预测目标值的算术平均数作为下一期预测值的一种简便的预测方法。其具体分为：简单算术平均法、加权算术平均法和几何平均法。

第一，简单算术平均法。它就是将观察期内时间序列预测目标实际值求和，取其平均值，并将其作为下期预测值。

【例4-10】

某电动自行车厂20×2年1—12月电动自行车销售量分别为60，50.4，55，49.6，75，76.9，72，68，54.5，44，43.8，47万辆。利用简单算术平均法，预测20×3年1月电动自行车销售量（分别按全年、下半年、第四季度三种情况预测）。

根据全年的销售量进行预测，具体如下：

下期预测值=（60+50.4+55+49.6+75+76.9+72+68+54.5+44+43.8+47）÷12=58（万辆）

根据下半年的销售量进行预测，具体如下：

下期预测值=（72+68+54.5+44+43.8+47）÷6=54.9（万辆）

根据第四季度的销售量进行预测，具体如下：

下期预测值=（44+43.8+47）÷3=44.9（万辆）

由此可以看出，由于观察期的长短不同，得到的预测值也随之不同。因此，观察期的长短选择对预测结果很重要。一般来说，当数据的变化倾向较小时，观察期可以短些；当时间序列的变化倾向较大时，观察期应该长些。这样，预测值相对精确。

简单算术平均法使用简便，花费较少，适用于短期预测或对预测结果的精确度要求不高的情况。

第二，加权算术平均法。它是为观察期内的每一个数据确定一个权数，并在此基础上，计算其加权平均数作为下一期的预测值。

使用加权算术平均法预测的关键，就是确定权数。一般来说，距离预测值越近的数据，其对预测值的影响越大，应该确定较大的权数；距离预测值较远的数据，应该确定较小的权数。

第三，几何平均法。首先要计算出一定时期内预测目标时间序列的发展速度或逐期增长率，然后以此为依据进行预测。

（2）移动平均法

移动平均法是将观察期内的数据，按一定的跨越期进行平均的一种预测方法。随着观察期的"逐期推移"，观察期内的数据也随之向前移动，每向前移动一期，就去掉最前面一期的数据，而新增原来观察期之后的数据，保证跨越期不变，然后逐个求出其算术平均值,并将距离预测期最近的平均数作为预测值。

常用的移动平均法有一次移动平均法和二次移动平均法。一次移动平均法又可分为简单移动平均法和加权移动平均法两种。下面仅对一次移动平均法进行简单介绍。

第一,简单移动平均法。它是指时间序列按一定的跨越期,移动计算观察数据的算术平均数,形成一组新的数据。

【例4-11】

某城市20×2年各月份汽油的消耗量见表4-29,并分别对跨越期为3个月和5个月的情况进行预测。

表4-29　　　　　　　　　　某城市20×2年各月份汽油的消耗量及其平均值　　　　　　　单位:升

月份	实际使用量	3个月移动平均值	5个月移动平均值
1	120.0		
2	132.0		
3	142.0		
4	138.0	131.3	
5	146.0	137.3	
6	152.0	142.0	135.6
7	146.0	145.3	142.0
8	155.0	148.0	144.8
9	143.0	151.0	147.4
10	156.0	148.0	148.4
11	148.0	151.3	150.4
12	150.0	149.0	149.6

第二,加权移动平均法。它是对跨越期内不同重要程度的数据乘以不同的权数,将这些乘积之和除以各权数之和,求得加权平均数,并以此来预测下一期数据。

【例4-12】

利用表4-29中的数据,设置跨越期为3个月,权数分别为0.5、0.3、0.2,运用加权移动平均法预测该城市20×3年1月份对汽油的需求量,具体见表4-30。

表4-30　　　　　　　　　　预测某城市20×3年各月份对汽油的需求量情况　　　　　　　单位:升

月份	实际使用量	加权移动平均值	预测值
1	120.0		
2	132.0		
3	142.0		
4	138.0	142×0.5+132×0.3+120×0.2=134.6	134.6
5	146.0	138×0.5+142×0.3+132×0.2=138.0	138.0

月份	实际使用量	加权移动平均值	预测值
6	152.0	146×0.5+138×0.3+142×0.2=142.8	142.8
7	146.0	152×0.5+146×0.3+138×0.2=147.4	147.4
8	155.0	146×0.5+152×0.3+146×0.2=147.8	147.8
9	143.0	155×0.5+146×0.3+152×0.2=151.7	151.7
10	156.0	143×0.5+155×0.3+146×0.2=147.2	147.2
11	148.0	156×0.5+143×0.3+155×0.2=151.9	151.9
12	150.0	148×0.5+156×0.3+143×0.2=149.4	149.4

2.因果关系分析法

因果关系分析法是从事物变化的因果关系出发，寻找市场发展变化的原因，分析原因与结果之间的关系，建立数学模型，据以预测市场未来的发展变化趋势和可能水平。因果关系分析法需要的数据资料比较完整、系统，建立模型要求一定的数理统计知识，在理论和计算上都比时间序列分析法复杂。常用的因果关系分析法是回归分析法。

回归分析法是通过对预测对象和影响因素的统计整理和分析，找出它们之间的变化规律，将变化规律用数学模型表示出来，并利用数学模型进行预测的一种分析方法。因此，建立变量之间有效的回归方程，是回归分析法的重要工作，主要是对市场现象未来发展状况和水平进行预测。如果能够找到影响市场预测对象的主要因素，并能够取得其数据资料，就可以采用回归分析法进行预测。它是一种具体的、行之有效的、实用价值很高的、常用的市场预测方法。

（1）相关分析

第一，相关概念。相关分析就是研究两个或两个以上变量之间相关程度大小以及用一定函数来表示现象之间相互关系的方法。

一般来说，现象之间的相互关系可以分为两种：一种是函数关系，另一种是相关关系。函数关系是指变量之间存在的相互依存的关系，它们之间的关系值是确定的。相关关系是指两个现象数值变化不完全确定的随机关系，是一种不完全确定的依存关系。相关关系是相关分析的研究对象，而函数关系则是相关分析的工具。相关关系与函数关系的不同之处表现在：函数关系变量之间的关系是确定的，而相关关系两个变量之间的关系则是不确定的，可以在一定范围内变动；函数关系变量之间的依存可以用一定的方程式 $y=f(x)$ 表现出来，可以给定自变量来推算因变量，而相关关系则不能用一定的方程式来表示。函数关系是相关关系的特例，即函数关系是完全的相关关系，相关关系是不完全的函数关系。

第二，相关种类。按相关的程度划分，有完全相关、不完全相关和不相关。相关分析的主要对象是不完全的相关关系。按相关的性质划分，有正相关和负相关。正相关指的是因素标志和结果标志变动的方向一致，负相关指的是因素标志和结果标志变动的方向相反。按相关的形式划分，有线性相关和非线性相关。按影响因素的多少划分，有单相关和复相关。

第三，相关图表。编制相关表，不仅可以直观地显示现象之间的数量相关关系，而且其是计算相关指标的基础。相关表有简单相关表和分组相关表，分组相关表又有单变量分组相关表和双变量分组相关表。

相关图有相关散点图和相关曲线图。借助相关图，可以直观而形象地显示现象之间的相关性质和紧密程度。

第四，相关系数。它是测定变量之间相关密切程度和相关方向的代表性指标。相关系数用符号"γ"表示，其特点表现在：①参与相关分析的两个变量是对等的，不分自变量和因变量，因此，相关系数只有一个。②相关系数由正负号反映相关关系的方向，正号表示正相关，负号表示负相关。③计算相关系数的两个变量，都是随机变量。

利用相关系数的基本公式计算相关系数相当烦琐，但是利用代数推演的方法，可以得到许多计算相关系数的简化式。

（2）一元线性回归分析

运用回归方程进行分析预测的方法，主要有一元回归预测法和多元回归预测法。一元回归预测法就是分析一个自变量与因变量之间的相关关系，利用一元回归方程进行预测。多元回归预测法就是分析因变量与若干自变量之间的相关关系，运用多元回归方程从若干自变量的变化中预测因变量的变化。下面介绍运用一元回归方程进行预测的方法——最小二乘法。

最小二乘法的基本原理是求出长期趋势值和实际值的离差平方和为最小，即 $\sum \left(Y - \hat{Y} \right)^2 =$ 最小值，这就使得求出的趋势线与原数列达到最佳的配合。

最小二乘法既可用于配合直线，也可用于配合曲线，所以，它是分析长期趋势非常普遍和理想的方法。一般来说，常见的趋势线模型有三种：直线趋势线、指数趋势线和二次抛物线趋势线。本章主要介绍线性趋势方程。

当时间序列各期的逐期增长水平大致相同时，表明现象的发展呈现线性趋势，可以拟合恰当的趋势直线，即可用下列线性模型来描述：

$$\hat{Y}_t = a + bt \qquad\qquad\qquad （公式4-1）$$

式中，$\hat{Y}_t$ 为时间序列 Y_t 的趋势值；t 为时间代号；a 为趋势线在 Y 轴上的截距，是当 $t = 0$ 时 $\hat{Y}_t$ 的数值；b 为趋势线的斜率，表示时间 t 每变动一个单位，趋势值 $\hat{Y}_t$ 的平均变动量。

求解参数 a 和 b 的值，最常用的方法是最小平方法，又称最小二乘法。

假设 Q 为趋势值 $\hat{Y}_t$ 和实际值 Y_t 之间离差的平方和，则有：

$$Q = \sum \left(Y_t - \hat{Y}_t \right)^2 = \sum \left(Y_t - a - bt \right)^2 \qquad\qquad （公式4-2）$$

当 Q 最小时，所确定的方程是与原趋势值拟合最好的直线，如果确定了此时的参数 a 与 b 的值，也就得到了这条直线的方程。要使 Q 最小，其必要条件是对 a，b 的一阶偏导数求零，则为：

$$\frac{\partial Q}{\partial a} = -2\sum\left(Y_t - a - bt\right) = 0$$

$$\frac{\partial Q}{\partial b} = -2\sum t\left(Y_t - a - bt\right) = 0$$

（公式4-3）

对上式进行整理，得到以下标准方程组：

$$\begin{cases} \sum Y_t - na - b\sum t = 0 \\ \sum tY_t - a\sum t - b\sum t^2 = 0 \end{cases}$$

（公式4-4）

采用消元法求解参数 a，b，可得：

$$b = \frac{n\sum tY_t - \sum t\sum Y_t}{n\sum t^2 - \left(\sum t\right)^2}$$

$$a = \frac{\sum Y_t}{n} - \frac{b\sum t}{n} = \overline{Y_t} - b\overline{t}$$

（公式4-5）

将 a，b 代入趋势方程，即为所求的最佳配合趋势直线方程。

【例4-13】

某食品连锁店2×19年以来的销售额见表4-31。试给出最小二乘趋势直线方程，并预测2×24年的销售额。

表4-31　　　　　　　　　　某食品连锁店2×19年以来的销售额

年份	销售额（百万美元）
2×19	7
2×20	10
2×21	9
2×22	11
2×23	13

为简化计算，用代码来代替年份，也就是说，假设2×19年为1，2×20年为2，以此类推。这样就缩减了 $\sum t$，$\sum t^2$ 和 $\sum tY_t$ 的值的范围，通常将这种方法称为代码法。

为方便计算，将公式中所需的值计算出来，具体见表4-32。

表4-32　　　　　　　　　　确定趋势方程所需的计算

年份	销售额（百万美元）Y_t	时间代码 t	tY_t	t^2
2×19	7	1	7	1
2×20	10	2	20	4
2×21	9	3	27	9
2×22	11	4	44	16
2×23	13	5	65	25
合计	50	15	163	55

利用公式4-5确定 a，b 的值：

$$b = \frac{n\sum tY_t - \sum t\sum Y_t}{n\sum t^2 - \left(\sum t\right)^2} = \frac{5 \times 163 - 50 \times 15}{5 \times 55 - 15^2} = 1.3$$

$$a = \frac{\sum Y_t}{n} - \frac{b\sum t}{n} = \overline{Y_t} - b\overline{t} = \frac{50}{5} - 1.3 \times \frac{15}{5} = 6.1$$

所以，趋势方程为：

$$\hat{Y}_t = a + bt = 6.1 + 1.3t$$

由于2×24年所对应的时间代码为6，因此：

$$\hat{Y}_6 = a + bt = 6.1 + 1.3 \times 6 = 13.9\text{（百万美元）}$$

即2×24年的趋势值为13.9百万美元。

任务实施4-3

以小组为单位，4～6人为一组，针对学生服装需求进行市场调查，抽取500个调查对象作为样本，进行问卷调查。按照预测的基本技能要求完成市场调查预测，小组之间比较各种方法的差异及优缺点，交流预测方法的经验和体会（见表4-33）。

表4-33 小组分工表

小组名称	成员姓名	具体分工

经过问卷回收、资料整理，被访者对服装的购买意向见表4-34。

表4-34 被访者购买意向频数分布表

购买意向	人数（人）	频率（%）
一定会买		
可能会买		
不能肯定是否买		
可能不会买		
肯定不会买		
合计		

针对上述调查结果必须进行加权处理，才能得出符合实际情况的结论。如果被访者回答"一定会买"或"可能会买"，往往包含夸大购买倾向的成分。

根据这种分析，在实际处理时，可以对每一种选择赋予适当的购买权重。例如，对"一定会买"赋予权数0.9，对"可能会买"赋予权数0.2，对"肯定不会买"赋予权数0.2等，并计算加权百分比，具体见表4-35。

表4-35　　　　　　　　　　被访者购买意向权数分布表

购买意向	回答百分比	指定权数	加权百分比
一定会买			
可能会买			
不能肯定是否买			
可能会不买			
肯定不会买			

根据调查结果填写上表数据，并完成调查预测。

平均购买可能性=＿＿＿＿＿＿＿＿＿＿＿＿＿＿＿＿＿＿＿

未来市场需求量=学生数×平均购买可能性

结合调查实际谈一谈，预测的实施步骤及注意事项。

每个小组推荐1人介绍本组所选用的预测方法。

知识拓展4-3　　　　　　　　　　　　　　　　　**德尔菲法**

德尔菲法，是美国兰德公司于20世纪50年代首创的综合有关领域专家意见而进行预测的一种定性预测方法。德尔菲是古希腊传说中的神谕之地，以有阿波罗神殿著称于世。阿波罗能够综合诸神的看法、代表希腊生活中的主神宙斯宣告神旨，预卜未来。因此，美国兰德公司以德尔菲作为此项预测方法的命名。这种预测方法可以用于技术发展预测，也可以用于政治、经济、社会、文化环境的发展趋势预测。

任务总结

本项目主要讲述数据整理的含义、流程，调查数据回收后的审核，数据编码的原则及如何编码，数据分组的标志与方法，要求学生对数据选择不同的标志进行分组。理解什么是数据分析，原则有哪些，定性分析的含义，要求学生通过理解不同的定性分析方法，能够在不同的情况下正确加以运用。让学生认识到市场预测的重要性，在今后的工作中能够利用科学的预测方法，按照市场预测的原理与程序进行科学预测。掌握集合意见法、专家会议法、德尔菲法等定性预测方法。掌握简单平均法、移动平均法、回归分析法等定量预测方法。

任务实训

实训1：市场调查资料分析

实训内容：

1.设定某一调查主题，如对本校、本班级同学的手机、电脑等电子产品购买使用情况的调查。围绕这一主题，尝试在班级内模拟市场调查。

2.讨论分析调查结果，并将调查结果用图表的方式进行列示。

实训组织：学生分成小组，进行模拟调查，汇总、整理数据资料，并用图表的形式将数据进行列示。

实训总结：学生小组之间交流对调查资料图表列示的认知结果，教师根据讨论报告、PPT演示，以及学生在讨论分享过程中的表现，分别对每组进行评价和打分。

实训2：定性预测

实训内容：

1.上网收集我国成品油定价形成机制，注意关注这一机制中的影响因素的变化，自己尝试对成品油价格的变化做出预测估计。

2.讨论分析预测结果，并将预测结果进行分享。

实训组织：学生分组收集相关信息，可以通过集体讨论的方式，得出本组的预测结果。

实训总结：学生小组之间交流对所观察经济现象变化的预测结果，教师根据讨论报告、PPT演示，以及学生在讨论分享过程中的表现，分别对每组进行评价和打分。

基本训练

基本训练4
答案

一、选择题

1.分析市场信息，使之集中化、有序化，成为可利用的信息，这一过程是（　　）。

A.市场调查　　　　　　　　　B.市场分析

C.市场预测　　　　　　　　　D.数据整理

2.统计分组的依据是（　　）。

A.标志　　　　B.指标　　　　C.标志值　　　　D.变量值

3.市场预测的第一步是（　　）。

A.收集资料　　　　　　　　　B.明确预测目的

C.判断分析　　　　　　　　　D.选择预测方法

4.定性预测法的缺点是（　　）。

A.费用太高　　　　　　　　　B.花费时间太长

C.估计欠精确　　　　　　　　D.难以运用

5.决定德尔菲法成败的关键性的步骤是（　　）。

A.成立预测工作小组　　　　　B.选好专家

C.制定征询表　　　　　　　　D.结果的汇总和整理

6.相关分析是研究（　　）。

A.变量之间的数量关系　　　　B.变量之间的变动关系

C.变量之间的相互关系的密切程度　　D.变量之间的因果关系

7.下列关系中，属于正相关关系的有（　　）。

A.在合理限度内，施肥量和平均单产量之间的关系

B.产品产量与单位产品成本之间的关系

C.商品的流通费用与销售利润之间的关系

D.流通费用率与商品销售量之间的关系

8.（　　）特别适用于缺少历史资料的市场现象的预测。

A.相关回归分析法　　　　　　　　B.定性预测法

C.时间序列法　　　　　　　　　　D.定量预测法

9.衡量回收后的问卷是否有效，其标准是（　　）。

A.访谈是否按规定的方式进行，访员有无作假

B.问卷上的问题是否回答完整

C.访员是否询问了问卷上的所有问题

D.问卷上的问题回答是否正确

10.下列分组中，按品质标志分组的是（　　）。

A.企业按年生产能力分组　　　　　B.产品按品种分组

C.家庭按年收入水平分组　　　　　D.人口按年龄分组

11.采用直线将各数据点连接起来而组成的图形，以折线方式显示数据的变化趋势的统计图是（　　）。

A.饼形图　　　　　　　　　　　　B.折线图

C.散点图　　　　　　　　　　　　D.柱形图

12.下列属于描述样本数据集中趋势的指标是（　　）。

A.中位数　　　　　　　　　　　　B.方差

C.频率　　　　　　　　　　　　　D.变异系数

13.采用加权平均法进行预测，其关键在于确定（　　）。

A.发展速度　　　　　　　　　　　B.平均的项数

C.权数　　　　　　　　　　　　　D.一些特殊的影响因素

14.时间序列法将所有对研究对象的影响因素归结为（　　）。

A.历史资料的变动　　　　　　　　B.长期趋势

C.市场变量　　　　　　　　　　　D.时间变量

15.下列关于德尔菲法的说法中，错误的是（　　）。

A.德尔菲法是一种典型的定性预测方法

B.德尔菲法选择的专家人数一般为10～15人

C.专家之间要进行面对面的交流和沟通

D.德尔菲法具有反馈性和一致性

二、思考题

1.简述市场调查数据整理的一般程序。

2.市场调查问卷审核过程中发现有问题的问卷，该如何处理？

3.编码的方法有哪些？

4.调查数据分析的原则是什么？

5.市场预测的作用是什么？

6.市场预测中的定性预测法有哪些？

7.专家会议法中的专家是如何界定和选取的？

8.德尔菲法的特点是什么？

三、案例分析题

案例1：海量数据中的商业机遇

"可能感兴趣的人""猜你喜欢""购买此商品的人还购买了……"在你刷微博、网上购物时，经常会在相应的位置上见到如上提示。这些看似简单的用户体验背后，其实正孕育着被誉为"新油田"的大数据产业。

美国互联网数据中心指出，互联网上的数据每年增长50%，两年便可以翻一番，而目前世界上90%以上的数据是最近几年才产生的。这些数据并非单纯指人们在互联网上发布的信息，全世界的工业设备、汽车、电表上有着无数的数码传感器，随时测量和传递着有关位置、运动、振动、温度、湿度乃至空气中化学物质的变化的信息，因此，产生了海量的数据信息。

大数据技术的战略意义不在于掌握庞大的数据信息，而在于对这些含有意义的数据进行专业化处理。换言之，如果将大数据比作一种产业，那么，这种产业实现盈利的关键，就在于提高对数据的"加工"能力，通过"加工"来实现数据的"增值"。

虽然大数据在我国尚处于初级阶段，但是商业价值已经显现出来。首先，手中握有数据的公司站在金矿上，基于数据交易即可产生很好的效益；其次，基于数据挖掘会有很多商业模式诞生，定位角度不同，或侧重数据分析，如帮助企业做内部数据挖掘，或侧重优化，如帮助企业更精准地找到用户，降低营销成本，提高企业销售率，增加利润。

阅读材料，回答以下问题：

（1）大数据时代的到来，会给资料的整理与分析带来哪些影响？

（2）大数据时代对于企业的意义有哪些？

案例2：某公司的销售预测

某公司欲对本公司下一年度的销售额进行预测，由3名权威的管理人员组成预测小组，他们的预测结果见表4-36。

表4-36　　　　　　　　　　　**销售额预测表**　　　　　　　　　金额单位：万元

预测人员	最高销售额	概率	最可能销售额	概率	最低销售额	概率
管理人员A	7 800	0.3	7 300	0.6	6 800	0.1
管理人员B	6 700	0.2	6 500	0.7	6 200	0.1
管理人员C	6 200	0.1	6 000	0.7	5 600	0.2

根据以上资料估算：

（1）各位管理人员的预测期望值。

（2）若给予管理人员A、B、C的权数分别为7、6、5，试估算该公司下一年度的销售预测值。（保留两位小数）

项目五

市场调查报告的撰写

任务导入

韩云的服装公司委托的市场调查机构经历了半年的艰苦调研后，精心准备了一份长达 250 页的市场调查报告（包括图表和统计数据），打算直接汇报给股东。项目组成员信心满满，认为报告中有许多重大发现，包括若干可开发的新细分市场和创意。然而，在听了一个小时的充满事实、数据和图表的汇报之后，公司的大股东站起来说道："打住吧，我完全被你的长篇大论弄糊涂了。我想我们只需要一份 5 页纸的摘要。"说完就离开了房间。只有遵循和运用调查报告撰写的各项原则和技巧，才有可能写出一份好的书面报告，而市场调查的口头报告也有相关的要求和技巧。

学习目标

★知识目标

1.能够说出市场调查报告的特点；

2.能够描述市场调查报告的作用；

3.能够列举市场调查报告的结构；

4.能够说出市场调查报告的撰写原则及技巧；

5.能够应用市场调查报告的提交方式。

★能力目标

1.能对市场调查报告的写作材料进行收集；

2.能对市场调查报告进行合格的撰写；

3.能选择合适的方式评估并提交市场调查报告。

★素养目标

1.具备自行撰写市场调查报告的基本素养；

2.具备爱岗、敬业、奉献、忠实、细致的基本职业素养；

3.培养团队合作能力、协调沟通能力和创新能力。

任务1 市场调查报告的设计

【任务解析】

为了使收集到的有价值的数据资料形成系统的准确的文字报告，本任务是进行市场调查报告的撰写。在撰写市场调查报告之前，要对市场调查报告进行设计，学生通过对市场调查报告的特点、作用的描述以及结构的设计，在撰写过程中对注意事项的学习，在此基础上设计出市场调查报告完整的系统的报告内容，为下一步的市场调查报告评估做准备。

【知识链接】

一、市场调查报告的内涵

微课 5-1

市场调查报告的内涵

市场调查报告是调查人员对所研究问题进行调查后，经过分析研究而形成的一种报告形式。市场调查的资料，只能说明事物发展变化的状态，不能说明事物发展变化的原因。只有通过市场调查报告，才能将"死"数字变成"活"情况，起到透过现象看本质的作用，使感性认识上升为理性认识，更好地指导实践活动。

市场调查报告的特点与作用如下：

1.市场调查报告的特点

（1）针对性。满足人们的需求是一切经济活动的起点和归宿，而市场需求的变化基本上反映了人们生活需求的状况。这就需要市场调查报告针对市场中的问题进行调查分析，为企业和部门的经营决策提供有价值的市场信息。

（2）新颖性。市场经济是竞争的经济，一个企业要想在市场竞争中做到"知己知彼，百战不殆"，就要促使自己不断地推陈出新。这就要求市场调查报告具有新颖性，报告要用全新的视角发现问题，用全新的观念看待问题；不仅要对市场供求情况进行分析，而且要对竞争对手进行调查分析；不仅要对目前的竞争对手进行调查分析，而且要对潜在的竞争对手进行调查分析，分析的内容还要新颖。例如，对新产品的分析，要包括新产品的发展方向、特性、进程以及所利用的技术，尤其是要分析竞争对手的新产品上市后的竞争形势。只有做到市场调查报告具有新颖性，才有可能为企业提供新的方向，企业才能不断采用新工艺，开发新产品，改进经营方式，更新经营理念，开辟新市场，从而达到"人无我有，人有我新，人新我好，人好我专"，才能始终立于不败之地。

（3）时效性。时效性是指企业为了更好地适应市场竞争，调查报告要及时反馈给使用者，以便适时做出决策。市场变化多端，商情商机往往转瞬即逝。市场调查报告要求尽可能利用有效时间，获取更多的市场资料，快速反映出国内外市场价格、需求量、同类产品竞争状况以及新的需求走向、新的技术经济情报，及时为有关部门决策提供参考。这是一种潜在的获取经济效益的行为。

（4）合理性。首先，引用的事例和数据都要经过反复核实，做到确凿无误。其次，采用的分析方法要根据实际情况进行筛选，选择最恰当合理的方法。同时，要强调客观性，有效地防止调查者无意识地将自己的主观性带入调查之中。也就是说，在调查、获取信息时，调查者不是"导游"角色，更多的是充当"记录员"角色。只有在这个基础上写出的市场调查报告，才会是客观真实的、合理的，才能提供正确可靠的市场信息。

（5）专业性。市场调查是一门技巧性很强的实用管理科学。市场调查组织机构有隶属于政府及行政机构的；有大型企业或公司自己设置的；有正式注册具有法人资格的，如中国统计信息服务中心是我国较有权威的市场调查机构，这类独立的市场调查机构，主要是接受客户委托从事商业性市场调查。这些专业性机构在市场调查中起到主导作用。

2.市场调查报告的作用

（1）为生产和销售方面的经营者提供决策依据。决策者需要的不是市场调查所收集的大量信息，而是这些市场信息资料所蕴含的市场特征、规律和趋势。市场调查报告就是在对信息资料分析的基础上形成决策者需要的结论和建议。

（2）可以完整地表述调查结果。调查报告对已经完成的市场调查做出完整而准确的表述。调查报告能够详细、完整地表述出市场调查中有关市场调查的目标和要求、市场调查的背景信息、调查方法及评价，以及采用文字、表格和形象化的方式展示调查结果、调查结论和建议等内容。

（3）衡量和反映市场调查活动质量高低的重要标志。市场调查是对市场最新信息的收集和研究，也是信息流的组织活动。市场调查活动的质量体现在调查活动的策划、资料处理等过程中。

（4）能够发挥参考文献的作用。市场调查报告包含了一系列意义重大的市场信息，决策者在研究问题时，往往要以市场调查报告作为参考。

（5）可以作为历史资料反复使用。当一项市场营销调研活动完成之后，市场调查报告就成为该项目的历史记录和证据。作为历史资料，它有可能被重复使用，从而实现其使用效果的扩大。

（6）有效地避免风险。市场调查报告可以有效地避免市场经济中的风险性、滞后性和过度竞争等市场缺陷，从而降低企业经营决策的风险。

二、市场调查报告的结构

（一）市场调查报告撰写的原则与要求

1.符合市场规律和相关的政策规定

在市场环境下，市场供求活动有其特定的规律。掌握市场规律及其变化，并分析原因，同时密切关注各个时期政府有关政策的变化、自然条件的变化，以及消费者购买心理的变化对市场产生的影响，结合调查目的进行深入分析，可以使问题分析得更加透彻，使其在报告中更加真实、准确。

微课 5-2

市场调查报告
的结构（1）

2.尊重事实

市场调查报告必须尊重事实，反对弄虚作假。为此，在实际调研中需要注意：①数字的准确性。②人们认识能力的有限性影响了判断问题的准确性。③个别调研员弄虚作假，为准确地反映客观事物带来困难。

3.服务客户

市场调查报告是为客户阅读和使用而准备的，所以必须高度重视市场调查报告的特定的阅读者和使用者，考虑他们的背景和兴趣，从而决定市场调查报告使用的术语和涉及的深度。

4.重点明确

市场调查报告必须在保证全面、系统地反映客观事物的前提下，明确重点，突出调研目的，提高报告的针对性、适用性，从而提高其价值。

5.适当运用图表

在调查报告正文中使用图表，可以对收集的数据进行高度简明的概括和形象的描述，以展示变量所具有的规模、速度与趋势，以及变量的分布态势、变量之间的对比关系和共变关系。

（二）市场调查报告的写作标准

市场调查报告对整个营销研究起着非常重要的作用，要想写出优质的市场调查报告，必须遵循一定的写作标准。

1.整体性

一份不完整的报告有可能阻碍营销决策行动，而为实际决策带来不便。例如，在报告中，有的问题陈述得过于简单，忽略了必要的定义说明和解释；有的问题陈述得过于冗长而缺乏深度，使读者难以接受。因此，读者是决定报告本性的关键，他们的兴趣和能力决定了什么地方要加以解释或说明，什么地方要省略。一般来说，细节的数量要以满足读者的使用为标准。

微课 5-3

2.准确性

在起草市场调查报告之前的所有调研步骤，都要确保调研信息的可信性和有效性。因为经理一般只是快速地浏览报告内容，然后根据报告的内容做出判断和决策，而不会仔细推敲方法设计得是否妥当。

市场调查报告
的结构（2）

3.清晰性

在市场调查报告的撰写过程中，清晰性主要依赖有逻辑地思考和准确地表达。当逻辑出现问题时，报告的读者将会在理解上产生困难，甚至产生误解。报告内容必须清楚明了，用词清晰而不能产生歧义、普通而不生僻；句子精练而不繁杂；每段文字都必须认真考虑，长度适中，层次清晰。

4.简洁性

市场调查报告必须完整、简洁。这意味着，在保证报告完整性的前提下，必须有选择地采用信息。研究人员必须避免让读者面对所有的信息资料，有些与主题无关的资料可以省去。在报告中，句子和段落保持简洁，通常每句话不要超过17个字，而超过7行的段落可能会让读者却步。虽然这不是一个神奇的公式，但是"17-7"的原则能够使文字表述更加有效。

（三）市场调查报告的写作步骤

1.确定调查报告的主题

调查报告的主题是调查报告中的关键问题。主题是否明确、是否有价值，对调查报告具有决定性的意义。

（1）确定主题的步骤

第一，选题。选题是发现、选择、确定、分析论题的过程。论题就是分析对象和目的的概括。所以，选题一般表现为调查报告的标题。选题是认识过程中已知与未知领域的连接点。它既表现为已知的，是在以往认识基础上产生的，又表现为未知的，是在以往认识活动中所未解决的。它既反映了现有知识的广度和深度，又反映了未知领域探索的广度和深度。

第二，确定观点的原则。观点是调查研究者对分析对象所持的看法与评价。它是调查材料的客观性与作者主观认识的统一性相结合的产物，是形成思路、组织材料、构成篇章的基本依据和出发点。观点是在充分分析材料的基础上形成的，其思维过程是对调查材料的分析—综合—再分析。随着认识的不断深入、认识水平的不断提高，观点逐渐产生。

（2）确定主题应注意的问题

第一，调查报告的主题必须与调查主题相一致。一般来说，调查的主题就是调查报告的主题。因此，选题也是调查主题确定的关键。调查主题在调查之初即已基本确定。调查报告的主题观点，则产生在调查分析之后。

第二，根据调查分析的结果确定观点，并重新审定主题。有时，调查报告的主题不一定就是调查的主题。这主要是因为调查主题的涉及面广或问题较多，因而需要重新确定主题以缩小原题的范围；在调查主题的范围内，有些材料并不充分，或调查分析较为肤浅难以把握，就需要重新确定报告主题；在调查分析过程中发现缺乏新意或价值不大的主题时，需要依据实际应用价值重新确定，不一定局限于与调查主题相一致。

第三，调查报告的主题不宜过大。为便于反映问题，主题要相对小而短，同时容易撰写。

2.取舍资料

资料是形成调查报告主题观点的基础。观点是资料的统帅和代表。观点决定资料的取舍和使用。只有达到资料与观点的高度统一，资料才能充分地说明调查报告的主题。这是撰写调查报告必须遵守的主要原则。

在撰写调查报告时，论证材料必须充分，言必有据。充分的材料不但应该是客观、真实的材料，而且必须是全面反映事物本质的典型材料。通常还应具有侧面或反面的材料，以说明和支持作者的结论。

在取舍调查材料时，应注意以下几点：

（1）材料要充分而完整。对调查资料要全面分析和比较，以获取尽可能充分和完整的材料。调查报告不能只是简单地罗列材料，而应该根据调查报告的目的和要求，进行具体的分析、比较和论证。这种分析和论证又与论文不同，其必须以反映事实为基础，用事实说话。在不偏离事实叙述的前提下，将充分完整的材料提升到原则高度上进行适当的评析，才能揭示材料的性质和意义。

（2）材料的筛选。材料只有依据主题的需要、观点的要求进行筛选，才能使主题更加突出。与主题无关或关系不大的材料，要忍痛割爱。否则，堆砌材料会冲淡主题，削弱调查报告的效果。筛选的标准是能够深刻说明问题的本质。筛选一般采用比较鉴别的方法，对同类材料依照筛选的标准和报告的篇幅进行比较、鉴别，以决定取舍。另外，鉴于调查报告明确、简练的特点，可用可不用的材料要大胆舍弃。

（3）多次取舍。当调查材料数量庞大时，为了减少不必要的劳动，在分析之前也可以进行一次取舍。这样，既节省了劳动力，又不会减弱材料的代表性和结论的科学性。同时，材料的取舍工作要与定量分析、定性分析等工作结合起来。只有经过了筛选，调查报告的依据才能充实、扼要，而不至于偏颇。

3. 拟定提纲

提纲是调查报告的骨架，可使思路明确，表明调查报告各部分之间的关系。调查报告的写作提纲可分为条目提纲和观点提纲两类。条目提纲就是从层次上列出报告的章节，观点提纲就是列出各章节所要表述的观点。

一般首先拟定大提纲，将调查报告分为几大部分，然后在各部分中充实内容，按次序或按轻重，横向或纵向罗列编织成为较细的提纲。提纲的粗细也反映了作者对写作内容了解的深浅程度。提纲越细，说明作者对材料、内容掌握得越深入、越具体，反映出作者的思路越清晰，在撰写报告时也会越顺手。拟定调查报告的写作提纲，可使作者进一步深思熟虑、精益求精，也便于对调查报告进行"构造"的调整。因此，写作提纲的作用是不可被低估的，其不是可有可无的。即使是有写作经验的调查者，也应于撰写调查报告之前拟定写作提纲，特别是较细的提纲。

4. 初稿

根据写作提纲的要求，采取单独一人或者小组分工的方式撰写初稿。初稿各部分的写作格式、文字数量、图表和数据要协调、统一。初稿完成后，就要对其进行修改，首先检查各部分内容和主题的连贯性，是否需要修改和增减，顺序安排是否得当，然后整理成为完整的全文，提交审阅。

5. 定稿

写完初稿，并征得各方意见进行修改后，就可以定稿了。在定稿阶段，一定要坚持公正客观、服从真理、不屈服于权力和金钱的原则，使最终报告能够较完善、较准确地反映社会经济活动的客观规律。

三、撰写市场调查报告应注意的问题

（一）调查报告的撰写应满足用户的需求

调查报告以满足用户的需求为宗旨，为用户的需求服务。如果用户需求的层次不同，可以撰写多种版本的报告。例如，一个包括详细技术数据的报告主要是为了满足专业技术人员的需求，而一个包含较少技术方面讨论、将重点集中在调查结果的运用上的报告是为了满足调查在商业上的应用。

（二）撰写调查报告应遵循撰写步骤

撰写调查报告，首先应围绕市场调查的主题及其分解的主题，编写详细的报告提纲；其次按照提纲扩展为一个个分列主题的报告；再次对这些分列报告进行组合、扩充，加上必要的内容后，成为市场调查报告的主体；然后根据主题内容的需要，编写附录文件；最后根据主题的内容，写出市场调查报告的内容摘要及目录。

完成报告的初稿后，应当广泛征求各方意见并认真进行修改后，方能最后定稿。

（三）注意定量分析与定性分析相结合

在市场调查报告中，数据资料具有重要的作用。利用准确的数据证明事实真相往往比长篇大论更具说服力。但是，调查报告不是流水账或数据的简单堆砌，过多地堆砌数据会令人感到眼花缭乱，不得要领。因此，市场调查报告应以明确的观点统领数据资料，将定量分析与定性分析结合起来，这样才能透过数据本身的表面现象，把握市场现象的本质属性和发展变化规律。

（四）市场调查报告应做到客观真实

撰写市场调查报告应当具有科学的态度，准确而全面地总结和反映调查的结果。调查报告中的各种观点都应当从事实出发，总结或检验其正确性，而不应从个人的主观意愿出发，先入为主地做出事先判断。调查之前的理论模型设计或现行的工作假定，都应毫不例外地接受调查资料的检验。凡是与事实不符的观点，都应当坚决放弃；对暂时拿不定主意的观点，应当如实在报告中写明，或作为附录文件加以讨论。

任务实施 5-1

根据企业市场调查的实际需要以及案例的学习，完成市场调查报告初步框架的建立以及市场调查报告内容提纲的撰写。

一、市场调查报告基本流程计划的建立

这部分是用文字、图表、数字等形式对调查对象及结果进行描述与解释说明。具体说明时，对情况的介绍要尽量详尽而准确，这样才能为下一步的分析、总结提供依据。

（一）分析调查目的

这部分主要说明要进行调查研究的问题是什么，即给出调查问题的背景，对为什么要进行此项调查做出简要的解释，指出与决策者以及相关专家讨论的要点，并根据定性分析和二手数据的结论，全面考虑各种影响因素，阐述管理决策问题和营销研究问题的界定过程及结果。研究问题还应说明指导这一研究的理论基础、模型、理论假设和调研方案设计的影响因素等。

（二）选择调研方法

这部分主要介绍解决所面临的问题所采用的一般研究方法以及调研方案的设计，比如研究设计的性质、量表、问卷设计、预调查、抽样技术和实地调查的执行等工作。具体阐明以下五个方面的内容：

1.调查设计。即说明所开展的项目是属于探索性调查、描述性调查、因果性调查，还是预测性调查，以及为什么适用于这一特定类型调查。

2.资料收集的方法。即说明所收集的是一手资料，还是二手资料；结果的取得是通过调查、观察，还是通过实验；具体采用的是访谈法、观察法，还是资料法等。所使用的调查问卷或观察记录表，应当编入附录。

3.抽样方式。即说明目标总体是什么，抽样框如何确定，是什么样的样本单位，如何被选取出来等。针对以上问题的回答依据及相应的运算，必须在附录中列明。

4.实地工作。这部分对于最终结果的准确程度十分重要，主要是对调研过程做出说明，包括：调研小组及人员分工，调研人员的培训与管理，实地调研过程的检查监督，调研计划安排及收集到的主要信息，调研费用预算及执行情况等。

5.分析方法。即说明所使用的定量分析方法和理论分析方法。

二、市场调查报告准备阶段的信息收集整理分析与结论

这部分是对市场调研情况数据进行科学分析，找出原因及各方面影响因素的过程，透过现象看本质，得出对调查对象的明确结论。

（一）调研数据分析

这部分内容主要介绍、叙述数据准备过程和所使用的关键分析技术。为方便使用者阅读，技术过程的描述要尽量精简，但应准确运用专业术语；写作内容的重点是描述分析结论的获得过程，以及在此过程中涉及的统计指标处理。

（二）调研结果

这部分内容涉及市场调研的主要发现，这是阅读者最为关注的部分。撰写者经过对调研数据的层层剖析后，综合说明调查报告的主要观点，深化文章的主题；或者在对真实资料进行深入细致的科学分析的基础上，对调查目标进行归纳与概括，从而得出报告结论。

调研结果应该围绕市场调研的目标，按照严密的逻辑安排相应的内容，在必要的情况下可以采用辅助图表说明问题。

（三）措施与建议

这部分内容涉及三种情况：一是对调研数据分析的演绎推导，在信息分析的基础上形成观点，提出解决问题的方法、对策、可行性方案或下一步改进工作的建议；二是提出主题，引发人们的进一步思考；三是展望前景，发出号召。

三、市场调查报告初步方案的局限性研究

完美无缺的调研是难以做到的，或多或少会存在一些样本容量局限、抽取局限和其他局限等。所以，讨论调研报告的局限性，是为正确评价调研成果奠定现实的基础。

知识拓展5-1   **如何设计一份好的市场调查报告**

一、市场调查报告的标题

标题是市场调查报告的题目，一般有以下两种构成形式：

市场调查报告标题——公文式标题，即由调查对象和内容、文种名称组成，如《关

于2×24年全省农村服装销售情况的调查报告》。值得注意的是，在实践中常常将市场调查报告简化为"调查"，也是可以的。

市场调查报告标题——文章式标题，即用概括的语言形式直接交代调查的内容或主题，如《全省城镇居民潜在购买力动向》。在实践中，这种类型的市场调查报告的标题大多采用双题（正副题）的结构形式，更为引人注目，富有吸引力。例如，《竞争在今天，希望在明天——全国洗衣机用户问卷调查分析报告》《市场在哪里——天津地区三峰轻型客车用户调查》等。

二、市场调查报告的引言

引言又称导语，是市场调查报告正文的前置部分，要写得简明扼要，精炼概括。引言一般应该交代调查的目的、时间、地点、对象与范围、方法等与调查者自身相关的情况，也可以概括市场调查报告的基本观点或结论，以便使读者对全文内容、意义等具有初步了解。然后用一过渡句承上启下，引出主体部分。例如，一篇题为《关于全市2×24年电暖器市场的调查》的市场调查报告，其引言部分写为："××市北方调查策划事务所受××委托，于2×24年3至4月在国内部分省市进行了一次电暖器市场调查。现将调查研究情况汇报如下："其用简要文字交代出了调查的主体身份，调查的时间、对象和范围等要素，并用一过渡句开启了下文，写得合乎规范。这部分文字务求精要，切忌啰唆芜杂；视具体情况，有时亦可省略这一部分，以使行文更趋简洁。

三、市场调查报告的主体

这部分是市场调查报告的核心，也是写作的重点和难点所在。它要完整、准确、具体地说明调查的基本情况，进行科学合理的分析预测，在此基础上提出有针对性的对策和建议。其具体包括以下三个方面的内容：

市场调查报告——情况介绍。市场调查报告的情况介绍，即对调查所获得的基本情况进行介绍，是全文的基础和主要内容，要用叙述和说明相结合的手法，将调查对象的历史和现实情况，包括市场占有情况，生产与消费的关系，产品、产量及价格情况等表述清楚。在具体写法上，既可按问题的性质将其归结为几类，采用设立小标题的形式，也可以时间为序，或者列示数字、图表或图像等加以说明。无论如何，都要力求做到准确和具体，富有条理性，以便为下文进行分析和提出建议提供坚实充分的依据。

市场调查报告——分析预测。市场调查报告的分析预测，即在对调查所获得的基本情况进行分析的基础上对市场发展趋势做出预测，其直接影响到有关部门和企业领导的决策行为，因而必须着力写好。要采用议论的手法，对调查所获得的资料条分缕析，进行科学的研究和推断，并据以形成符合事物发展变化规律的结论性意见。用语要富于论断性和针对性，做到析理入微，言简意明，切忌脱离调查所获资料而随意发挥，去唱"信天游"。

市场调查报告——营销建议。这段内容是市场调查报告写作目的和宗旨的体现，要在上文调查情况和分析预测的基础上，提出具体的建议和措施，以供决策者参考。要注意建议的针对性和可行性，能够切实解决问题。

任务2　市场调查报告的评估

【任务解析】

为了使已经完成的市场调查报告更加精准并且能够及时地提交，本任务对市场调查报告进行评估和提交，通过对市场调查报告修改含义的描述，根据市场调查报告修改依据对市场调查报告进行修改和评估，修改和评估后进行市场调查报告的提交。

【知识链接】

一、市场调查报告的修改

（一）报告修改的含义

初稿完成后，撰写人员针对初稿的格式、内容、结构、措辞等方面进行多次研究和修改，确认报告表达准确、逻辑合理、言之有理、持之有据、观点明确。在定稿之前，也可以通过召开会议，将整个调查报告内容整理出来，与有关方面进行沟通，从中得到有效信息，提高报告的质量。

微课 5-4

市场调查报告
的修改

（二）报告修改的依据

调查报告中容易出现问题的地方列举如下：

（1）审核报告的标题是否简洁、明了、富有吸引力，并且能够揭示调查主题的内容。

（2）审核报告主题的各部分内容与主题的连贯性，有无修改和增减。

（3）是否处理好篇幅和质量的关系。报告篇幅过大，不代表质量越好。对于很多决策者来说，一份几页纸的执行性摘要相比几百页的报告更具有实际阅读价值。

（4）资料的取舍是否合理。报告内容的撰写要尽量紧凑，与目标无关的资料大量出现在报告中是不合理的，并且会导致篇幅过长。

（5）对图表资料是否做出充分的解释和分析。对于图表和数据资料，尤其是用于推断调查结论的资料，如果仅是展示而不做出解释，会降低报告的可信度，引起读者对这些图表或数据资料的怀疑。

（6）审核所推断的结论是否科学，论据是否确凿，所提出的建议是否可行。不可行建议的提出，通常是由于撰写人员对企业的情况并不了解或对市场的判断过于轻率，这样的建议对于使用报告的读者来说是不具有借鉴意义的。

（7）是否过度使用定量技术。过度使用定量技术会降低报告的可读性，容易造成使用者的阅读疲劳，并引发对报告合理化的怀疑。当使用者是一位非技术型营销经理时，其会拒绝一篇不易理解的报告。

（8）报告的重点是否突出，报告的顺序安排是否得当，每个问题在整个报告中占有的篇幅和位置。

（9）语言是否做到严谨、简明和通俗。调查报告的行文要求自然流畅，尽量选用常见的词句，避免使用晦涩难懂和专业技术性极强的术语。

（三）市场调查报告的评估

一个完整的市场调查工作流程，应该包括效果评估这一环节。在市场调查工作结束以后，应该对此次调查工作的效果做出一次全面、深入、科学、合理的评估。调查目的是否达到？抽样方式和方法是否有效？问卷设计是否可行？工作流程是否流畅？调查预算的执行是否得当？调查时间（周期）的安排是否合理？分析预测的方法是否可靠有效？对实际情况能否起到指导的作用……这些都是我们要认真探究的问题。

企业对调查工作的关切点，按重要程度依次分为以下四点：①调查工作的质量；②委托方是否满意；③时间投入；④成本。这也构成了市场调查工作效果评估的四个方面的内容。

1. 调查工作的质量

无论是实验法，还是观察法、询问法，所获得的市场调查结果最终是服务于研究目标的。市场的动态、客户的差异化、调查人员的个人素质等因素的影响，决定了市场调查效益指数的不稳定性，这就需要对市场调查进行相关评估，从而完善和纠正市场调查的操作步骤，以提高市场调查的价值。

市场调查问卷和市场调查报告是市场调查工作中最重要的两份资料，其关系着整个市场调查工作的成败，因此，一定要重点加以评估。

（1）评估市场调查问卷

第一，问卷的真实性。结合市场相关数据，通过主观的判断，确定问卷的真伪度。因为问卷受调查人员以及调查对象的年龄、性格、受教育程度、生存环境、社会阶层等因素的影响，同时受市场动态、市场区域、人文精神等其他因素的影响，从而影响其答题的正确性和一致性。研究者通过对问卷的验证，可以了解问卷本身是否优良，并筛选、修正市场调查的数据，避免做出错误的判断。

第二，问卷的稳定性。在尽可能相同的条件下，隔一段时间对同一个区域进行两次调查，通过比较两次调查结果之间的相关分析或差异的显著性，评定问卷的稳定性。或者，针对同一种问卷、在同等条件下可以采用两种调查方法，通过对两种调查结果的比较，也可以判定问卷的稳定性。另外，也可以将相同条件下的两份问卷合并在一起，通过两份问卷各自的数据之间的关联性和逻辑连贯性，判断市场调查的稳定性。

第三，问卷的关联性。将市场调查问卷的数据与企业最初研究的目标相比较，分析问卷与调查目标的联系，检查问卷内容与目标之间是否合适，衡量选择的项目是否符合研究的目的和要求，同时分析市场调查所获得的数据是否符合市场经济发展的要求，是否是企业所需要的，是否经受市场变化的考验，时刻把握数据与目标的直接联系。

（2）评估市场调查报告

第一，科学性。在分析市场调查数据时，是否采用了科学的分析技术。目前主要的检验方法有目标抽样、主观抽样、随机抽样、概率抽样、整群抽样、分层抽样等方法。在抽样时，尽量做到科学严谨，不要任凭主观情感加以判断。在分析市场调查表时，尽量将数据转换成多种直观图。在对所有数据进行统计汇总时，应由全体研究成员以会议的形式共同审核，并将汇总的数据分析表交由相关专家鉴定，然后存档作为公司提供决策的数据依据。

第二，目标性。市场调查报告是否为企业最初研究目标所需要的数据？能否作为公司决策和制订战略计划的数据依据？市场调查报告能否给出公司需要的答案？调查数据是否抓住公司研究问题的核心？公司通过市场调查报告和最初拟订调查计划的比较，分析、研究调查是否达到期望的目标，为下一阶段的市场调查提供参考标准。

第三，有效性。对每一次的市场调查进行有效性评估，即对价值性、时效性、动态性等进行分析。首先，需要分析市场调查报告的价值有多大，在哪些环境有价值，而在哪些环境没有价值，需要分析调查数据的核心价值。其次，调查所获得的信息拥有生命周期，并不能无限制地使用，当然有些数据可以作为多个决策的依据，有些数据几年后也可以利用。所以，需要对每次调查的数据进行生命周期分析，对于生命周期短的数据，可以通过二次市场调查、三次市场调查进行更新和补充，以保证调查数据的最新使用价值。最后，市场的任何波动，都会影响市场调查数据的评估价值。公司的研究目标和问题来源于市场，因此，只有把握市场的发展趋势和动态，才能使市场调查真正服务于公司的研究目标和问题。

方案制订—设计问卷—选择抽样方法—整理手段的使用—分析预测方法的选择—调查报告的写作，每一个环节都要真实且准确，并保证整个市场调查工作的流畅性。

2.委托方是否满意

（1）总的调查目的是否达到。

（2）调查内容是否详尽、全面。

（3）调查的结果能否反映当前现状，体现企业背景。

（4）提出的建议或对策能否作为企业决策的重要依据。

（5）委托方的满意度如何。

3.时间投入

（1）调查人员的反应是否迅速，能否接到委托要求后，在短时间内就找到企业的问题，确定调查方案。真正高效的调查人员，拥有丰富的市场调查经验，具备经济学、统计学知识，能够迅速找到企业存在的问题，以及调查需要解决的问题。

（2）调查人员能否及时开展调查工作，如果不能，就可能错过现实的市场环境。

（3）在调查过程中遇到特殊情况，能否灵活应对，保证调查工作的正常开展。

（4）调查时间（周期）是否在预算范围内，有无延时现象。

4.成本

（1）调查工作成本的具体构成情况。

（2）是否超出预算，主要的差异体现在哪些方面。

（3）整个调查工作的效率分析。委托方是否采纳了调查建议或对策；采纳了建议或对策后，给企业带来了什么样的经济效益，如企业产品质量的改善、市场份额的增长幅度、市场竞争力的提高以及未来支出的减少等。

二、市场调查报告的提交

市场调查报告征得各方意见并进行修改后，就可以定稿并提交。

（一）以书面方式提交

调查人员将定稿后的调查报告打印为正式文稿，而且要求对报告中所使用的文字、字体、字号、颜色、字间距等进行细心的选择和设计，文章的编排要求大方、美观，有助于阅读。另外，报告应该使用质地较好的纸张打印、装订，封面应该选择专门的封面用纸，封面上的字体大小、空白位置应该精心设计。因为粗糙的外观或一些小的失误和遗漏，都会严重地影响阅读者的兴趣，甚至信任感。

微课 5-5

市场调查报告
的提交

如果市场调查项目是由客户委托的，则往往会在调查报告的目录之前附上提交信（一封致客户的提交信）和委托书（在项目正式开始之前客户写给调查者的委托书）。一般来说，提交信中可以大概阐述调查者所承担并实施项目的大致过程和体会（但不得提及调查的结果），也可以确认委托方未来需要采取的行动（如需要注意的问题或需要进一步实施的调查工作等）。有时，提交信中还会说明委托情况。委托书则是表明授权调查者承诺并实施调查项目，确认项目的范围和合同的时间、内容等。

案例分享 5-1　　　　　　　　　**提交信的写法示例**

尊敬的李总，

　　您好！

　　按照您2×23年12月9日委托书中的要求，我已经完成对2×23年11月A型数码照相机市场销售情况的调查分析。现提交标题为《中州公司A型数码照相机市场销售调查》的报告。该报告的基础是目标市场上120位已经成为中州公司顾客或对数码照相机感兴趣的消费者的现场访问、问卷调查，报告中进行了详细的描述。本次调查采用了市场营销调查的惯例，并且相信，该报告符合贵公司的限制条件，其结果是可靠且有效的。

　　我希望您对本次调查的结果（结论和建议）感到满意，并且该结果对贵公司A型数码照相机在2×24年的销售有所帮助。如果您有任何问题，请立即与我联系。

　　致礼！

××公司×××

（二）以口头方式提交

绝大多数的市场调查项目在准备和递交书面报告之前或之后都要做口头陈述。它可以简化为在使用者组织的地点与经理人员进行的一次简短会议，也可以正式向董事会做一次报告。不论如何安排，有效的口头陈述均应以听众为中心，充分了解听众的身份、兴趣爱好、教育背景和时间等，精心安排口头陈述的内容，将其写成书面形式。它可以使用各种综合说明情况的图表协助表达，还可以借助投影仪、幻灯片或大型图片等辅助器材，尽可能"直观地"向全体目标听众进行传达，以取得良好的效果。如有可能，应从市场调查人员当中抽取数人同时进行传达，每个人可以根据不同重点轮流发言，避免重复与单调。而且，应该留出适当时间，让听众有机会提出问题。

口头报告技巧这一词语应用在不同的场合，会有不同的意义，如广告公司向客户提报营销广告企划的会议，就称为"提案会"；厂商向消费者介绍新产品，则可能利用"发布会"；企业向新闻媒体宣布新动向时，就应召开"说明会""记者会"等。不论哪一种目的的口头报告，都应该注意以下事项：

1. 尽量使用浅显易懂的语言来传达信息

一场口头报告可以像一场戏剧一样，需要分析听众、构思流程、撰写剧本、反复演练。

2. 叙述时要简洁有力

任何口头报告都要避免冗长，千万不要说过多客套的"废话"，或做出过多与主题无关的阐述，务必让听众在最短时间内听懂你所要表达的事情。一般听众在五六分钟内就会对口头报告内容做出判断，此时，如果还无法吸引听众，表示这个口头报告还有未经完整构思的部分。回答听众的问题时，也应该予以明确、具体的回复，同时要视对方的立场和现场反应来回答。

3. 以激昂表情传达思绪

报告人必须是参与计划的人员，对计划的进行有相当的了解，如此才能表现出积极实现计划的热情。同时，在报告进行中要随时以目光关注听众，适当地运用肢体语言以及颔首微笑，引领听众进入报告人所要表达的情境之中。

4. 尽量发挥演出作用

口头报告其实就像是"演戏"，从某种程度上可以说是"制作性的演出"，如此才能控制听众的感情，使其不厌其烦地听完报告。以下有几个基本的手法：

（1）报告人需要站着说话，保持充沛的热情，给肢体动作留出足够的空间。

（2）更多地利用白、黑板或投影片进行图解说明，使听众容易了解。

（3）事先准备好若干道具，如纸张、样品、插图等，使提案会更加生动有趣。

（4）不要为口头报告的环境所限，必要时可以主动安排、改变报告的环境。

5. 事先不要出示所有文件

有的口头报告开始就会送上全本计划书，这样往往会造成台下的听众埋头苦读，而不理会台上的报告人，因此，正确的做法应该是在口头报告之后将文件分配出去。如果必须一次性送上全本计划书，则需要安排穿插一些展示环节或加大肢体动作以吸引听众的注意力。

6. 运用活泼简洁的动态资料

有的口头报告中长时间地放映录像带、幻灯片，分散了听众的注意力，冗长的影像资料往往会造成听众无法掌握重点，同时由于播放时灯光昏暗，也常常会造成听众注意力不集中而昏睡的情况。运用任何影像资料都要简洁有力，并且考虑是否确实有需求。

案例分享5-2　　　　　　　　　　**大学生消费情况调查组成员会议**

大学生消费情况调查小组成员在完成调查报告之后，为了达到良好的沟通效果，专门召开了调查组成员会议，确定调查结果，沟通需要提交的材料、内容、方式等。

调查组成员对需要做的准备工作进行了分工，协作完成了以下工作：

（1）汇报提要

为每位听众提供一份关于汇报流程和主要结论的汇报提要。汇报提要应当留出足够的空白，以利于听众做临时记录或评述。

（2）视觉辅助

使用便携式计算机、投影设备制作演示稿，内容包括摘要、调查方案、调查结论和建议的概要性内容。

（3）调查报告的复印件

调查报告是调查结果的一种实物凭证。鉴于调查者在介绍中省略了报告中的许多细节，为委托者及感兴趣者准备报告复印件，使其在听取介绍前就能思考所要提出的问题，就感兴趣的环节进行仔细阅读等。

（4）强调介绍的技巧

①注意对介绍现场的选择、布置；②语言要生动，注意语调、语速等；③注意表情和形体语言的使用。

知识拓展5-2　　　　　　　　　市场调查报告修改技巧

调查报告的语言要求简洁、明白、准确、生动。语言表达得好，报告就犹如锦上添花；如果表述不清，即使拥有较高价值的调查材料，也无法显示出报告的重要性，就会功亏一篑。显然，调查报告的语言提炼是非常重要的，撰写者必须予以重视。

（1）从表现手法上修改。调查报告最主要、最基本的表现手法就是用事实说话。用事实说话，即对事实予以客观的描述，并加以剖析和评判，也就是叙事和议论。行文时多用夹叙夹议方式，一方面要系统交代调查的背景、目的、时间、对象以及方法、经过等；另一方面要注意在叙述中详略结合，点面结合，数字与文字结合。撰写调查报告最容易出现的错误就是罗列杂陈、缺少分析，或空发议论、无的放矢。罗列杂陈不能概括反映事物的本质；脱离材料、空发议论，即使讲得头头是道、环环紧扣，也会因缺少事实根据而无法令人信服。因此，成文后进行修改时，应该看其是否做到了文字简洁"据事论理"，这是衡量一篇调查报告质量高低的重要标准。

（2）从语体上修改。语体是由于交际对象、内容、目的、方式和环境的不同而采用的不同语言的风格类型。不同的语体，选用的词汇、语法、修辞方式也不同。调查报告要注意语体色彩，如果采用抒情的语言来撰写调查报告，就会显得不伦不类。此外，在人称的使用上，一般应以第三人称或被动语态为宜，如"调查表明""调查结果显示""事实使我们不能不认为"等。有的撰写者在调查报告中使用"我们认为""我的意见"等第一人称写法，使人们读起来感觉不是根据事实说话的，而是报告人的意图。调查报告讲究依据事实下断语，结论应当准确、适当，并且明白清楚。如果使用"也许""可能""大概"等模糊语词，只会使读者对调查结论产生怀疑，降低结论的可信度。

（3）从生动灵活性上修改。调查报告在陈述事实时，应该语言客观、科学，不加任何虚饰，不掺杂撰写者个人的见解，以避免事实失真。但是，如果一味干巴巴地叙述和说明，只会降低报告的感染力，所以，语言也不应枯燥干瘪，令人不能卒读。尤其是在议论部分不必拘泥，可以在事实的基础上发挥，准确表明作者自己的思想倾向，引起读者的共鸣。可以说，调查报告的语言不需要以文学描写见长，并不等于不能运用比喻、对比、引用等修辞手法，而是要看作者如何运用，运用巧妙，运用得当，有助于加强生动性和说服力。比如有时作者在阐述一个观点和结论时，常常苦于无法精辟、深刻地表达，这时恰当引用名言警句是极有好处的。

（4）从文风上修改。调查报告是一种重要的新闻文体，其特点是针对性强，观点鲜明，因而表情达意要通俗易懂，避免语言模糊和咬文嚼字。在写作上，一忌使用生僻术语及华而不实的辞藻。要知道并非越深奥越见水平，越通俗越显平庸，将生僻难懂的词句塞进报告中，只会使读者望而生畏。二忌文字冗长。只求用简洁的文字把精华写出来，给人以启迪和思考。三忌过多的背景材料。为了说明问题，背景是需要交代的，但不必什么问题都从开天辟地谈起，也不必讲得过多，有的背景和主题并无多大关系，显得累赘，完全可以不写。

任务实施5-2

根据企业市场调查的实际需要，完成市场调查报告的修改及提交，并能够客观评价所做的市场调查报告。

情景分析：

某职业技术学院是全国一所知名的高职院校。学校西门有一条繁华的商业街，因地理位置的优势，是大学城里学生的重要娱乐、休闲及消费场所。商业街里商铺林立，餐饮、超市、服装店、数码港、体育用品店、影院、银行、SOHO办公室等一应俱全。今年3月份，该商业街东端新建了一栋商业大楼。该大楼目前已经封顶，管道铺设和外部装修基本完成，正在加紧路面铺设。虽然项目还在施工期，但已经吸引了众多投资商，项目招商正在火热进行中。

万德商贸有限公司是一家新近成立的商贸公司。公司老板是几位拥有梦想的年轻人，他们也想在这拥有近7万消费人群的商圈里实现他们的创业梦想。但是，该商业街里已有各类商铺，并且数量繁多，公司该立足何种业务，做出什么样的特色，才能在机会与竞争并存的商业街里分得一羹半炙呢？这可愁坏了几位年轻人。俗话说："知己知彼，百战不殆。"在这种情况下，有人建议不妨对现有商业街做一个全方位的市场调查，根据市场调查的结果再做定夺。

在此情况下，该项调查任务最终被该职业技术学院市场营销专业大二某班学生承担。该班"市场调查与分析"任课教师将学生分为若干小组，以小组为单位，每小组选定一个主题。该班学生在老师的带领下，一边进行本门课程的学习，一边开始了市场调查之旅……

本次市场调查之旅的任务是：①撰写市场调查报告；②修改市场调查报告；③评估市场调查报告；④提交市场调查报告。

一、市场调查报告的修改

各调查小组应当充分讨论，对市场调查报告进行修改，必要时还可与有关公司一并讨论。

二、市场调查报告的评估

各调查小组应对市场调查报告进行总结和客观评价。

任务总结

本任务主要讲述市场调查报告的内涵、结构，撰写市场调查报告应注意的问题，市场调查报告的修改、提交等内容。要求学生对市场调查报告的结构、修改的技巧、提交的方式加以掌握，进而完成市场调查报告的提交工作。

任务实训

实训1：设计一份市场调查报告

实训内容：

1.以身边的同学为调查对象，为学校餐饮中心食堂设计一份关于在校同学不同的饮食习惯和饮食偏好的调查报告。

2.根据餐饮中心食堂的实际餐饮项目，设计调查报告的形式。

实训组织：学生分成小组，根据自身的实际情况进行资料的整理收集，设计出报告雏形。

实训总结：学生小组之间的交流利用头脑风暴法、自由讨论等手段，研讨市场调查报告的合理性。

实训2：评估市场调查报告

实训内容：

1.对实训1完成的市场调查报告进行评估，给出评估意见。

2.对评估后的市场调查报告进行修改。

实训组织：学生分成小组，分工讨论报告的合理性等标准。每小组指派1名同学进行小组内部的意见集中汇总。

实训总结：通过小组讨论不断完善报告的合理性，在讨论过程中进行分工，不轮换评估内容，最终给出较为合理的市场调查报告。

基本训练

一、选择题

1.市场调查报告的特点包括（　　）。

A.针对性　　　　　B.合理性

C.时效性　　　　　D.新颖性

E.先进性

2.市场调查报告的作用有（　　）。

基本训练5

答案

A.为生产和销售方面的经营者提供决策依据

B.可以完整地表述调查结果

C.市场调查报告是衡量和反映市场调查活动质量高低的重要标志

D.能够发挥参考文献的作用

3.市场调查报告的写作标准包括（　　　）。

A.整体性　　　　　　　　　　　　B.准确性

C.清晰性　　　　　　　　　　　　D.简洁性

4.确定主题的步骤包括（　　　）。

A.选题　　　　　　　　　　　　　B.确定观点的原则

C.确定标准　　　　　　　　　　　D.确定结果

5.在取舍调查材料时，应注意（　　　）。

A.材料要充分而完整　　　　　　　B.多次取舍

C.去粗取精　　　　　　　　　　　D.去伪存真

二、思考题

1.市场调查报告的作用是什么？

2.市场调查报告撰写的原则与要求有哪些？

3.确定主题应注意的问题有哪些？

4.撰写市场调查报告应注意的问题有哪些？

5.市场调查报告的写作标准有哪些？

6.报告修改的依据是什么？

7.市场调查报告提交的方式有哪些？

三、案例分析题

案例（一）
酒类及餐饮类消费情景调查报告

为了深入了解本市居民家庭在酒类市场及餐饮类市场的消费情景，特进行此次调查。本次调查由本市某大学承担，调查时间是20××年7—8月，调查方式为问卷式访问调查，调查选取的样本总数是2 000户。各项调查工作结束后，该大学将调查资料予以总结，其调查报告如下：

一、调查对象的基本情况

略

二、专门调查部分

（一）酒类产品的消费情景

1.白酒比红酒消费量大

分析其原因，一是白酒除了顾客自我消费以外，用于送礼的较多，而红酒主要用于自我消费；二是商家做广告也多数是白酒广告，红酒广告很少。这直接导致白酒的市场大于红酒的市场。

2.白酒消费多元化

（1）购买因素比较鲜明，调查资料显示，消费者关注的因素依次为价格、品牌、质量、包装、广告、酒精度，这样就能够得出结论，生产厂商的合理定价是十分重要的，创求质量、巧妙包装、做好广告也非常重要。

（2）顾客忠诚度调查表明，经常更换品牌的消费者占样本总数的32.95%，偶尔更换的占43.75%，对新品牌的酒品持喜欢态度的占样本总数的32.39%，持无所谓态度的占52.27%，明确表示不喜欢的占3.40%。可以看出，一旦某个品牌在消费者心中占有位置，是很难被改变的，所以，生产厂商应在树立企业形象、争创优质品牌方面付出努力，这对企业的发展十分重要。

（3）动因分析。首先在于消费者自我的选择，其次是广告宣传，然后是亲友介绍，最终才是营业员推荐。不难发现，如何吸引消费者的注意力，对于企业来说是关键，如何做好广告宣传，消费者的口碑如何建立，将直接影响酒类市场的规模。对于商家来说，营业员的素质也应加以重视，因为其对酒类产品的销售有着重要的影响。

（二）饮食类产品的消费情景

本次调查主要针对一些饮食消费场所和消费者比较喜欢的饮食进行，调查结果表明，消费者有以下几个重要特点：

消费者认为最好的酒店不是最佳选择，而最常去的酒店往往又不是最好的酒店，消费者最常去的酒店大部分是中档酒店，这与本市居民的消费水平是相适应的，现将几个主要酒店比较如下：

（1）消费者大多选择在自我工作或住所的周围，有一定的区域性。虽然在酒店的选择上有很大的随机性，但也并非绝对如此，也有一定的远距离消费者惠顾。

（2）消费者追求时尚消费，如对手抓龙虾、糖醋排骨、糖醋里脊、宫保鸡丁的消费比较多，特别是手抓龙虾，在调查样本总数中约占26.14%，以绝对优势占领餐饮类市场。

（3）近年来，海鲜与火锅成为市民饮食市场的两大亮点，市场潜力很大，目前的消费量也很大。调查显示，表示喜欢海鲜的约占样本总数的60.80%，喜欢火锅的约占51.14%。在对季节的调查中，喜欢在夏季吃火锅的约占81.83%，在冬天的约占36.93%，火锅不仅在冬季有很大的市场，在夏季也有较大的市场潜力。目前，本市的火锅店和海鲜馆遍布街头，构成居民消费的一大景观和特色。

三、结论

（1）本市的居民消费水平不算太高，属于中等消费水平，收入为1 000元左右，相当一部分居民还没有达到小康水平。

（2）居民在酒类产品消费上主要是用于自我消费，并且以白酒居多，红酒的消费比较少，用于个人消费的酒品，无论是白酒还是红酒，其品牌以家乡酒为主。

（3）消费者在购买酒品时，大多注重酒品的价格、质量、包装和宣传，也有相当一部分消费者持无所谓的态度。对新牌子的酒品，认知度较高。

（4）对酒店的消费，主要集中在中档消费水平上，火锅和海鲜的消费潜力较大，并且已经拥有相当大的消费市场。

阅读材料，回答以下问题：

（1）此份市场调查报告的结构合理吗？

（2）此份市场调查报告中存在哪些问题，根据已经学完的知识完善市场调查报告。

案例（二）

顾客满意度调研报告

银行是典型的服务行业，客户的满意和信任，是实现企业生存和永续发展目标的出发点和立足点。在客户成为市场竞争至关重要的资源的同时，客户满意度则成为至关重要的服务资料。随着银行零售网点的改革转型的不断深入，"以客户为中心"这一服务理念和服务宗旨也不断深化。

一、调研方式

对××银行进行了暗访调查，经过以顾客身份办理业务的方式对银行在礼貌优质服务、服务效率、便民服务等方面进行了调查。调查结果具有现实依据，能够真实反映该网点的服务质量。

二、调研结果

（一）调查表及调查结果

略

（二）银行整体满意度

根据以上数据分析得知，当前银行顾客满意度处于中等水平，虽然客户已经获得比较规范的服务，但是服务过程的愉悦感仍有待加强。例如：

（1）填单台与休息等候区、高柜区之间距离较远，一些客户填单速度较慢，很容易出现过号现象。这让一些顾客办理业务时感到非常不方便，也不便捷。

（2）排队现象时有发生。午餐和交接班时间，由于员工办事效率较低，常常引起排队等候现象。另外，由于特殊业务办理程序复杂，消耗时间也过长。例如，大额现金存取、挂失、开户、购买基金、电子银行签约等特殊业务需要花费很长的时间，很容易引起排队现象。

（3）自助设备供小于求。一些顾客抱怨缺少自动补录折、流水打印等自助银行服务设备；自助设备不能办理电费、电话费、交通罚款等中间业务；ATM机经常出现缺钱、缺纸的现象，有时还会出现卡钞、吞钱等系统故障。

（4）供给业务不是很丰富。比如，水费、移动电话费、煤气费等中间业务都还没有实现代收代扣。

（5）投诉提议通道不是很通畅，补救措施不是很得当。

所以，礼貌规范的服务是银行业最基本的职责，是打造银行优质品牌、提高银行核心竞争力的关键。作为现代服务业，银行业的竞争归根结底是服务的竞争。要在日趋激烈的国际化竞争中站稳脚跟，取得并保持优势，必须将优质服务作为永恒的主题，以客户为中心，实施服务制胜战略，将礼貌规范服务的要求和标准嵌入到经营管理的各个方面，融入银行各个业务领域，不断地改善服务环境、完善服务设施、改善服务手段、创新服务品种、规范服务行业、提高服务效率。

阅读材料，回答以下问题：

此份调查报告存在哪些问题？请给出合理建议。

案例（三）

沙发产品及消费者调查报告

目前，市场上的沙发按照材质主要分为木质、真皮、布艺以及二者结合四种。其中，木质沙发直接由各种木材打造，坐垫和靠背上没有任何面料修饰，实用性和环保性比较好，但原木较为生硬，舒适感不强，缺乏人性化设计，难以满足现代沙发舒适性的要求。目前，市场上的沙发高档品牌主要有以整体家居布置、沙发配套为主的全友家私、皇朝家私、香港富得宝、香港乐其、宜家家私等，以及主营沙发的芝华士；中档品牌则包括吉斯、喜梦宝、世纪博森、伊诺维绅、成都南方等；低档品牌则汇聚了一些来自本土和其他各地区县城的小品牌。

一、××沙发市场概况

目前，××沙发销售地主要聚集在××大街处银座家具城、富雅家具城、欧亚商城、东亚商城、清河家具城、国贸家具城、二印家具城。从产品和品牌档次来看，银座家具城、富雅家具城属于高档品牌的根据地，东亚商城、清河家具城、国贸家具城、二印家具城则汇聚了来自天南海北的中低档沙发品牌。从经营定位来看，各商城均有自我的差异化定位，知名品牌、高档商品的专卖店向富雅家具城、银座家具城集中；中档及部分专业市场多数集中在东亚商城；低档商品的批发业务主要集中在国贸家具城和二印家具城；欧亚商城则走专业化办公家具道路，与其同一东家的银座家具城形成互补，对其他的家具城构成威胁。

××沙发按照材质主要分为真皮、布艺以及二者结合三种。目前，进驻市场的沙发高档品牌主要有以整体家居布置、沙发配套为主的全有家私、皇朝家私、香港富得宝、香港乐其、宜家家私等，以及主营沙发的芝华士；中档品牌则包括吉斯、喜梦宝、世纪博森、伊诺维绅、成都南方等；低档品牌则汇聚了一些来自本土和其他各地区县城的小品牌。

二、消费者调查

1.消费者细分特性描述一（低档、中档、高档）

（1）平民百姓、普通工薪族是低层次、低价位的主要消费群体。他们的要求是，简洁实用而又有现代美感；功能较多，以便充分利用有限的居住空间；期望中高档次的设计及风格，但价位偏于中低价，心理上感到物有所值。这一类消费群体还是"杂牌"的主攻对象，其善于抄袭与模仿，拙于原创与设计研发。所以，它们利用自身的各项成本优势，吸引了广大的中低层次的消费者。

（2）中高层次的消费群体。这部分消费者包括企事业单位的管理人员，以及城市"白骨精"（白领、骨干、精英）。他们事业有成，思想独立，个性化追求较为明显。他们对家私的性价比、设计风格、用材、品牌定位较为看重。这部分生产厂家较多，他们以自我的原创设计以及针对目标消费者的技术研发，满足了追求不一样风格的消费者的需求。

（3）都市新贵或富豪的高层次群体。这部分消费者居于消费金字塔的顶端，一般都有别墅或宽敞豪华的住房，对家私的要求，首先就是品牌要与自我的社会或金钱地位相匹配，通常选择的是国际品牌或知名品牌。

2.消费者细分特性描述二（办公、家居）

（1）办公沙发的消费群体主要是经济水平处于中高层次的群体，购买群体也大多属于这个群体。经济佳者，由于公司形象或私人喜好的需要，更加看重品牌，所以选择的一般都是知名品牌。经济一般者，则会选择中档品牌，既顾及了形象，又节省了资金。

（2）家居沙发的消费群体的范围比较广泛，几乎涵盖了所有成家立业或将近成家的消费者。对于私人使用物品，他们选择起来相当慎重，不仅注重质量，而且在与室内风格的匹配上也花尽心思。由于经济状况的不同，选择的品牌档次亦各不相同。

3.影响消费者购买沙发的主要因素

访问5人，综合情况如下：

①消费者选择标准——无污染、没怪味、舒适、款式合理；②高消费——大品牌、价格实惠；③中低消费——舒服、价格便宜；④现用沙发品牌——成都南方、泰新，以及本地产布艺沙发；⑤认为较好的沙发品牌是芝华士、皇朝家私、全有家私，以及一些进口品牌等。

三、沙发产品的未来发展趋势

经过访谈和查找二手资料，沙发产品具有三大走势：

（1）产品设计开发方面：力求创新，国际一体化，简约、舒适成为城市人群放松压力的生活主题。

（2）产品使用方面：力求方便搬运，使用年限减少，色彩丰富和时装化的家私受到越来越多人的欢迎。

（3）品牌方面：由于产品日趋细分，沙发品牌呈现两极分化发展，知名品牌更加注重其品牌的建设和推广，某些中档品牌则在竞争中被淘汰，而那些"杂牌"和小品牌则依旧利用自我的成本、价格以及地域优势，占据中低层消费区域。

阅读材料，回答以下问题：

此份调查报告存在哪些问题？请给出合理建议。

主要参考文献

［1］夏学文，周惠娟．市场调查与分析［M］．3版．北京：高等教育出版社，2024．

［2］居长志，周峰．市场调查与数据分析［M］．北京：高等教育出版社，2022．

［3］宋文光．市场调查与分析［M］．2版．北京：高等教育出版社，2020．

［4］覃常员，彭娟．市场调查与预测［M］．7版．大连：大连理工大学出版社，2023．

［5］吕燕．市场调查与预测：理论、技术与实务［M］．北京：机械工业出版社，2023．

［6］刘锋．市场调查与预测——营销调研大数据分析［M］．2版．北京：机械工业出版社，2022．

［7］刘艳玲．市场调查与预测［M］．4版．北京：清华大学出版社，2024．

［8］唐文．市场调查与预测［M］．北京：清华大学出版社，2024．

［9］肖涧松．现代市场营销［M］．4版．北京：高等教育出版社，2023．

［10］毕思勇．市场营销［M］．6版．北京：高等教育出版社，2024．